基于儿童立场的
幼儿园主题教育活动的组织与指导

罗晓婷　著

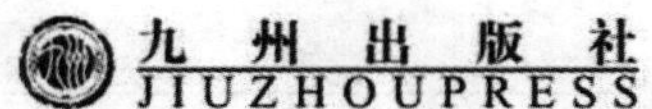
九　州　出　版　社
JIUZHOUPRESS

图书在版编目(CIP)数据

基于儿童立场的幼儿园主题教育活动的组织与指导 / 罗晓婷著.--北京:九州出版社,2023.6
ISBN 978-7-5225-1938-8

Ⅰ.①基… Ⅱ.①罗… Ⅲ.①活动课程—学前教育—教学参考资料 Ⅳ.①G613

中国国家版本馆 CIP 数据核字(2023)第 117780 号

基于儿童立场的幼儿园主题教育活动的组织与指导

作　　者　罗晓婷　著
责任编辑　曹　环
出版发行　九州出版社
地　　址　北京市西城区阜外大街甲 35 号(100037)
发行电话　(010)68992190/3/5/6
网　　址　www.jiuzhoupress.com
电子信箱　jiuzhou@jiuzhoupress.com
印　　厂　北京市北方华天彩色印刷有限公司
开　　本　787 毫米×1092 毫米　16 开
印　　张　13
字　　数　226 千字
版　　次　2024 年 5 月第 1 版
印　　次　2024 年 5 月第 1 次印刷
书　　号　ISBN 978-7-5225-1938-8
定　　价　68.00 元

前　言

幼儿园开展主题教育活动，教师可以适当借助幼儿园内不同分区的作用，设定不同类型的主题活动，按区域调整主题活动的内容。在主题教育期间，幼儿教师应当根据幼儿园在各阶段的幼儿情智教学目标和幼儿自身发展水平，借助多样化的主题操作材料和活动道具，带领幼儿就各个主题的教育本质展开探究，寻找适合的时机和方式对幼儿进行指导，从而利用主题教育来培养幼儿情智，将主题教育的作用和价值全面发挥出来。

本书主要研究基于儿童立场的幼儿园主题教育活动的组织与指导，从幼儿园主题教育活动基础介绍入手，针对幼儿园教育活动的组织与指导、幼儿园五大领域教育活动以及幼儿园区域游戏活动进行分析研究，根据支持幼儿身心全面发展的需要，结合幼儿园课程融合发展的趋势，反思实践幼儿园领域教育活动的整合发展，提炼基于儿童立场的幼儿园主题教育活动的组织与指导实践体系，针对儿童立场视角下的幼儿园主题教育活动、幼儿园主题教育活动的观察与支持策略做了介绍；对幼儿园主题教育活动的典型探索——STEM 教育已有的实践进行总结、探索和反思。本书从多个角度，系统地阐述了幼儿园主题活动设计与指导的全过程，有助于教师有的放矢地开展主题教育活动，呈现出教师研究幼儿、研究教学、研究课程的智慧结晶。

本书凝聚着教师长期不间断的思索与在身体力行中获取的宝贵经验，希望能抛砖引玉，促进同行灵感火花的迸发和更富有激情的教育尝试，也希望与同仁携手并进，带着爱上路，带着思索起航，迎接孩子们的美好明天！

在本书撰写的过程中，参考了其他学者的相关研究成果，在此表示由衷的感谢！鉴于时间较为仓促，水平有限，书中难免出现一些谬误之处，因此恳请广大读者、专家学者指正，以便后续对本书做进一步的修改与完善。

目 录

第一章 幼儿园主题教育活动概述

第一节 幼儿园教育活动概述

幼儿园教育是为幼儿一生的发展打基础的教育。应针对 3～6 岁幼儿生理、心理特点，通过幼儿园课程对幼儿实施全面和谐发展的启蒙教育。

一、幼儿园课程

（一）幼儿园课程的含义

1. 课程的含义

学校教育都是通过课程的方式去实现教育目标，并把教育内容转达到每个学生的。那么，究竟该如何定义课程呢？

对课程的理解是受一定教育思想影响的，不同的教育思想就会有不同形态的课程。同时，课程又是一个发展的概念，它随着教育思想的发展和教育实践的深化而变化。例如，现代教育科学基础理论的发展与应用，使人们认识到，学校和幼儿园不再仅仅是传授知识技能的地方，而应当为人的终身学习和发展奠定基础，实施全面和谐的素质教育。其中更重要的是健康人格的塑造，因而课程概念就随着对学校教育的认识发展而发生变化。现在，人们对课程的认识已经从狭义的理解转变到广义的理解，注重校园文化环境，重视教师的素质对学生可能产生的潜在影响等。

大多数课程研究学者基本认同“课程系指在学校的教师指导之下出现的学习者学习活动的总体”。[①] 这里的教师指导包括直接指导和间接指导。

从这一课程意义上来说，课程不仅包括课表上所指定的教师有计划组织的各学科的教学活动，还包括学生自动自发的和有计划组织的所有课外活动，甚至包括课间活动。

广义的课程是指学校为实现培养目标而选择的教育内容及其进程的总和，它

① 钟启泉．现代课程论［M］．上海：上海教育出版社，1989．

包括学校老师所教授的各门学科和有目的、有计划的教育活动。狭义的课程是指某一门学科。

课程的作用体现在：

①教育教学活动的基本依据。

②实现学校教育目标的基本保证。

③学校一切教学活动的中介。

④对学校进行管理与评价提供标准。

2. 幼儿园课程

如何界定幼儿园课程呢？我国幼教先驱们对幼儿园课程的阐释如下：

陈鹤琴："幼儿园应该给儿童一种充分的经验，这种经验的来源有二，一是与实物的接触，二是与人的接触。应该把儿童能够学而且应该学的东西有选择地组织成系统，应该以儿童的两个环境——自然环境和社会环境为中心组织幼儿园课程。"

张宗麟："幼稚园课程者，由广义的说之，乃幼稚生在幼稚园一切活动也。"

张雪门："课程是什么？课程是经验，是人类的经验用最经济的手段，按有组织的调制，用各种的方法，以引起孩子的反应和活动。幼儿园的课程是什么？就是给三足岁到六足岁的孩子所能够做而且喜欢做的经验的预备。"

发展到今天，中国幼教界一致界定幼儿园课程为："幼儿园课程是实现幼儿园教育目的的手段，是帮助幼儿获得有益的学习经验，以促进其身心全面和谐发展的各种活动的总和"。①

我们可以从以下三个层面来理解：

第一，幼儿园课程是"活动"。

活动是一种存在方式，包含着必须同时关注的两个方面：学习主体（幼儿）和学习对象（教学内容）。

幼儿学习的本质具有直接经验性，而活动又具有双重转换性特点——外在的客观对象和活动方式会通过活动内化为幼儿的主观经验，幼儿的主观经验也可以通过活动"外化"为态度、动作方式和技能等。

第二，幼儿园课程是实现幼儿园教育目的的手段。

幼儿园课程帮助幼儿获得有益的学习经验，促进其身心全面和谐发展。它进一步明确了活动的指向性、目的性，使过程与结果、形式和实质更加密切地融合为一体。

---

① 冯晓霞. 幼儿园课程［M］. 北京：北京师范大学出版社，2001.

第三，幼儿园课程是各种活动的总和。

幼儿园课程表现形式是多样化的，多途径的。凡是作为实现幼儿园教育目的的手段而运用的、能够帮助幼儿获得有益的学习经验的活动，无论是集体教学活动、游戏活动，还是生活活动……都是幼儿园课程的组成部分。

综上所述，幼儿园课程是学前教育思想、理念转化为教育实践的中介和桥梁，是关于幼儿园课程目标、内容、方法和评价的一个完整的系统。

（二）幼儿园课程的形式

幼儿园课程的形式有显性课程、隐性课程两种。这两种课程形式相互转换、互补互融和协调统一，共同影响幼儿身心发展，实现幼儿教育目标。

1. 显性课程

显性课程又叫正式课程，是指为实现一定的教育目标而正式列入学校教学计划的各门学科，以及有目的有组织的课外活动。幼儿园显性课程是指幼儿园为帮助幼儿达到预期的学习和发展目标而采取的一切有计划、有组织的活动。

如幼儿园作息表上的一日生活各环节包括游戏活动、集体教学活动、生活活动等。

2. 隐性课程

幼儿园隐性课程是指以间接、内隐的方式作用于幼儿并对幼儿的发展产生影响的课程。也称为潜在课程。

其涵盖范围很广，几乎涉及幼儿园的各个层面、各个角落以及各种行为。

在物质层面上，包括幼儿园的建筑、教室的布置、桌椅的排列、园所环境等。

在行为层面上，包括幼儿间的交往、教师间的交往、师幼间的交往、教师与家长的交往、社区与学校的交往等。

在制度层面上，包括幼儿园管理体制、幼儿园组织机构、班级管理方式、班级运行方式等。

在观念层面上，主要有园风、办园方针、教学风格、教学观念、教学指导思想等。

隐性课程具有非计划性、非系统性，它有机地渗入显性课程中，也内在地附着于幼儿园全部课程之中。有意无意地在自然情景中对幼儿产生个别的、零散的影响，是影响幼儿非智力因素形成的主要因素：如教师的语言、表情、动作、手势等给幼儿积极或消极的暗示，并随时随地为幼儿所模仿。

（三）幼儿园课程的特点

1. 幼儿园课程目标的全面性、启蒙性

学前教育是全面发展的教育，幼儿园课程是实现学前儿童全面发展目标的中介。因此，幼儿园课程必须以实现学前儿童在身体、认知、情感、个性、社会性等方面的全面、和谐发展为目标。学前儿童的全面发展与其他年龄段的学习者相比有特殊之处。在学前儿童发展的诸方面中，身体的发展是首要的目标，因此，幼儿园课程应充分遵循学前教育和保育相结合的原则，做到教育目标和保育目标的融合。

学前阶段是人生发展的重要阶段，也是人生启蒙的阶段，学前教育的目标应使幼儿在原有发展水平的基础上得到初步的身心锻炼和启迪，使幼儿在享有快乐童年的同时，身心得到与其发展水平相适应的发展和提高。所以，幼儿园课程的目标应是启蒙性的，不宜追求过高的目标，尤其不应追求过高的认知目标。

2. 幼儿园课程内容的生活性、浅显性

幼儿园课程是为学前儿童设计和组织实施的，学前儿童处在身心发展的特殊时期，他们的思维是感性的、直观的。对学前儿童来说，最有效的学习就是他们感兴趣的学习，最有效的学习内容就是他们可以感知的、具体形象的内容。这种学习内容主要源自儿童周围的现实生活。因此，幼儿园课程的内容与现实生活的距离越近，越能引发幼儿的学习兴趣，幼儿的学习也就越有效。当然，现实生活是多层次的、复杂的，生活中有有益的经验，也有无益的或有害的经验。因此，必须对生活进行过滤，才能使之成为课程内容，且这些内容不应是以知识的逻辑组织起来的严格的学科，而应是以生活的逻辑组织起来的多样化的、感性化的、趣味化的活动。幼儿园课程的生活性还意味着幼儿园课程的内容并不是严格的学科知识的再现，课程内容是随着生活情境的变化而发生变化的，幼儿的兴趣是确定课程内容的重要依据。

3. 幼儿园课程结构的整体性、综合性

既然幼儿园课程是以生活的逻辑加以组织的，是以幼儿的兴趣为引导的，那么，幼儿园课程就不应以至少不应只以成人确定的系统的学科加以组织。生活是整体的，不可能只反映人类知识体系中的某一部分。生活中往往蕴藏了多方面的发展机遇和可能。所以，幼儿园课程不应追求将现实生活割裂的或与现实生活不一致的知识系统；从幼儿的方面看，多个发展领域之间是相互联系、相互促进的，它们构成了一个有机的发展整体，所谓发展领域只是一种人为的划分，在现实的课程实施中，儿童是以“完整人”的形象出现的。因此，幼儿园课程的内容

应是综合的，应尽可能使不同的课程内容产生联系，以促进学习迁移。我们主张，让幼儿以完整的人的面貌面对完整的生活、有机的经验，不要把学科、领域这种人类划分知识的方式用以划分幼儿的经验，并以单一的经验作为学前儿童活动的起点。

4. 幼儿园课程实施的活动性、经验性

幼儿园课程实施的特点是由学前儿童生理、心理发展特点、学习的特点和幼儿园课程生活化的特点所决定的。学前儿童心理发展的特点尤其是学前儿童学习的特点决定了学前儿童学习的内容应是直观的、形象的，因此、学前儿童的学习一定要借助具体的情境、具体的事物，在参与、探索和交往的过程中学习。教师的语言传递不是学前儿童学习的主要方式，书本化的系统知识也不是学前儿童学习的主要内容，端坐静听是有悖学前儿童发展规律和学习特点的。因此幼儿园课程的实施，关键在于创设丰富的活动情境，创设有利于幼儿自发主动活动的氛围，为幼儿提供各种互动的机会，为幼儿提供与其发展相应的帮助。幼儿的心理特点和学习特点还决定了幼儿园课程的实施经常需要利用游戏的手段，游戏是幼儿园课程实施的重要途径。由于幼儿园课程是与学前儿童的生活联系在一起的，所以，幼儿园课程的实施必然是情境性的、参与性的，与现实的一日生活紧密地联系在一起的。幼儿在现实情境中，通过操作、探究，通过教师的引导和帮助获得知识、体验。教师与幼儿之间的真诚对话、有效沟通是幼儿园课程实施所不可缺少的。

二、幼儿园教育活动

（一）幼儿园教育活动的含义

幼儿园的教育是为所有在园幼儿的健康成长服务的，要为每一个儿童，包括有特殊需要的儿童提供积极的支持和帮助。

幼儿园教育活动，是教师以多种形式有目的、有计划地引导幼儿生动活泼、主动活动的教育过程。

其含义有以下几方面：

第一，幼儿园教育活动是有组织的活动，而不是幼儿自发的活动，强调了幼儿活动的重要性，而且是以幼儿的主动活动为前提，以教师组织的多种活动形式为辅助，以达到教育活动的目的。是以幼儿为主体、教师为主导的活动。

第二，幼儿园教育活动是一个过程，而且是一个不断变化的、动态的过程。

第三，幼儿园教育活动是“多种多样”的教育活动。因此，幼儿园教育活动

既是实现幼儿园教育目标、落实幼儿园教育任务的手段，也是教师创造性地开展工作的过程。

第四，寓教育于游戏当中。

第五，幼儿园教育活动是一个整体性概念。

任何教育活动总是有一定的思想指导的，无论这种教育思想是明确的还是教育者本人没有意识到的，都会在具体的教育活动中反映出来。有什么样的教育思想，就会有什么样的教育行为，必然会对幼儿造成不同的影响。

幼儿园的教育活动多种多样，活动形式丰富多彩，作为在教育活动中起主导作用的教育者来说，必须有整体性的观念，认真学习和贯彻《幼儿园工作规程》(后文简称《规程》)、《幼儿园教育指导纲要》(后文简称《纲要》) 和《3－6岁儿童学习与发展指南》(后文简称《指南》)，在正确的教育思想指导下，组织符合幼儿身心发展规律的教育活动，立足于让幼儿获得终身学习和发展的动力，为幼儿的终身健康和幸福奠定基础。

(二) 幼儿园教育活动的特点

幼儿园教育活动的特点概括起来有以下五点。

1. 广泛性和启蒙性

幼儿的年龄特点和身心发展需要，决定了幼儿园教育目标和内容的广泛性，也决定了保教合一的教育教学原则。对于幼儿来讲，除了认识周围世界、启迪其心智的学习内容以外，一些基本的生活技能和“做人”所需要的基本态度，如卫生习惯、生活自理能力、交往能力等，都需要学习。但是这样广泛的学习内容不可能仅仅依靠教师设计、组织的教育教学活动来完成，也不可能通过口耳相传的方式来实现，儿童只能在生活中学习生活，在交往中学习交往。即使是认知方面的学习，也要紧密结合幼儿的生活经验，才能被幼儿理解和接受。因此幼儿园课程具有浓厚的生活化的特征——课程的内容来自幼儿的生活，课程实施贯穿于幼儿的每日生活。幼儿园教育活动应立足于儿童的现有生活，丰富儿童的生活经验，并充分利用儿童的生活环境，让儿童在实际的生活情景中学习。

2. 趣味性和游戏化

学前儿童好动、好奇、好模仿，情绪作用大、自制力差，只有活动充满趣味才能激发他们活动的兴趣和欲望，提高他们的学习效率。

新奇、有趣，是幼儿加入活动和探究的最直接而朴素的缘由。

幼儿园教育活动的趣味性首先体现在活动内容和活动形式上。只有选择符合并贴近幼儿生活的活动内容，采用生动有趣的活动形式，才能迎合幼儿的天性，唤起幼儿的热情，引发幼儿的探究，促进幼儿的发展。

幼儿园教育活动的趣味性还体现在活动环境和活动材料的丰富多样上。活动中，教师为幼儿提供和创设的新奇、多变的活动环境和活动材料，满足幼儿的好奇心和好动天性，激发幼儿的探究欲，启发幼儿的思维，支持和引发幼儿与环境、材料的互动，促进幼儿的大胆体验和积极创造。

游戏符合幼儿的年龄特征，能够满足幼儿的各种身心需要，是幼儿园的基本活动，也是幼儿园教育活动必须采用的活动形式。

3. 活动性和直接经验性

幼儿主要通过各种感官来认识世界。只有在获得丰富的感性经验的基础上，幼儿才能理解事物，才能对事物形成相对比较抽象概括的认识。幼儿的这种具有行动性和形象性的认知方式和认知特点，使得幼儿园课程必须以幼儿主动参与的教育性活动为其基本的存在形式和构成成分。对幼儿来讲，只有在活动中的学习才是有意义的学习，只有在直接经验基础上的学习才是理解性的学习。

4. 随机性和潜在性

从本质上讲，幼儿园教育是有目的、有计划的教育过程，幼儿园课程也有明确的课程目标和基本的学习领域，但是由于幼儿身心发展和学习的特点，使得幼儿园课程不是体现在课表、教材、课堂中，而是体现在生活、游戏和其他幼儿喜闻乐见的活动形式中。虽然怎样创设环境，怎样支持幼儿的探索学习，都是教师根据幼儿园课程的目的、内容要求精心设计的，但这些内容、目的和要求仅仅存在于教师的意识和行动中，幼儿并不能清楚地认识到。幼儿感受到的更多的是环境、活动、材料和教师的行为，而不是教育者的教育目的和期望。也就是说，幼儿园课程蕴含在环境、材料、活动和教师的行为中，潜移默化地对幼儿起作用。并且幼儿园教育活动中教师要“善于发现幼儿感兴趣的事物、游戏和偶发事件中所隐含的教育价值，把握时机，积极引导”。

5. 综合性和整合性

幼儿园教育活动内容选择的是幼儿感兴趣的事物和问题，并且各领域的内容有机联系，相互渗透，注重了综合性、趣味性、活动性，从不同角度促进幼儿情感、态度、能力、知识、技能等方面的发展。

幼儿园教育活动，是在充分协调多种教育资源、利用多种教育途径与形式、结合多个领域内容、发挥多种因素影响的基础上而构成教育活动系统的。

活动目标与内容等，随时随地根据儿童的“最近发展区”进行调整活动形式，体现人与人、人与环境之间的积极互动；活动环境表现为能不断调整、修改、构成与再构成。

三、幼儿园课程与幼儿园教育活动的关系

幼儿园课程和幼儿园教育活动是两个在理论层面的探究和实践层面的操作中都密切相关的概念。

（一）从理论层面的探究角度看

幼儿园课程是关于幼儿园课程目标、内容、方法和评价的一个系统，是教育思想、教育理论转化为教育实践的中介和桥梁，教育实践通常以课程为轴心展开，教育改革也常以课程改革为突破口进行。

幼儿园课程最为核心的要素是课程所依据的教育哲学以及所反映的教育目的，这是幼儿园课程的价值取向之所在。幼儿园课程的目标、内容、方法和评价等要素都是在特定的课程理念统合之下形成的一个整体的系统。

各种幼儿园课程都能在反映教育理念和教育价值取向的连续体中找到适合的位置，并以此作为决定幼儿园课程的其他成分——课程目标、内容、方法、组织形式和评价等的依据。

幼儿园教育活动作为幼儿园教育的基本形式以及幼儿园课程的实施载体，它是以幼儿为主体，在教师创设的以适合幼儿身心发展需要和特点的多种形式的活动和与环境材料的互动过程中，引发幼儿积极参与、主动探索并大胆表现的教育活动系列，旨在促进幼儿全面、健康、和谐、整体发展。

在不同的课程观和课程模式支持下会产生不同的教育活动设计与实施状态，而幼儿园各种不同风貌的教育活动背后也一定有着与之对应的幼儿园课程理念的支撑。

（二）从实践层面的操作角度看

幼儿园课程作为将幼儿教育理念转化为幼儿教育实践的中介，这种转化是通过具体的、各种类型的教育活动的设计与实施来实现的。幼儿园各种类型的教育活动组成了幼儿园课程。

由此可以说，幼儿园课程是宏观的类概念，幼儿园教育活动是中观的子概念，二者是包容与被包容的关系。

幼儿园课程既然“是实现幼儿园教育目的的手段，是帮助幼儿获得有益的学习经验，以促进其身心全面和谐发展的各种活动的总和”，那么，从实践层面理解，幼儿园课程和幼儿园教育活动几乎是两个同等的概念。

对于幼儿园课程的理论探究和设计，可以由课程专家、学科专家、研究或管

理机构成员以及幼儿园教师共同担当，而幼儿园教育活动的设计与实施，则是每一位幼儿教师所要承担的基本工作。

总之，幼儿园课程与幼儿园教育活动二者既是同等的又是互为关联的。幼儿园课程是幼儿园教育活动设计及实施的依据和基础，幼儿园教育活动则是幼儿园课程得以实现的中介和途径。

第二节　幼儿园主题活动概述

一、幼儿园主题活动的概念

（一）主题活动的概念

主题也叫“主题思想”，一般指文艺作品中所蕴含的中心思想，是作品内容的主体和核心。狭义指作者在说明问题、发表主张或反映社会生活现象时，通过文章或作品的全部内容表达出来的基本观点；广义指题材概念，是社会生活或现象的某一方面，如改革主题、战争主题等。

主题活动是指在集体性活动中，以一个主题为线索，围绕主题进行活动与交流。主题活动引申到社会上具有更广泛的应用价值，如主题酒吧、主题餐厅、主题医院、主题公园等。每每走进带有主题特色的地方，都会给人以特别的感受，情景化、趣味化、游戏化让主题活动极具魅力。在主题活动里，人们是自由的、自主的，有许多可以让自己选择的活动，让人们感到被尊重、有自信。

具体到幼儿教育，主题活动是幼儿园教学组织的一种形式与手段，因促进幼儿获得完满的学习经验和健全的人格而独具魅力。主题活动的内在目的与价值功能得到了大多数幼教人的高度认可和关注。一方面在主题活动中，系统的学科知识已经成为主题活动的基础与前提，教师在预设主题活动时，将学科知识视为资源，配合主题情境、相关的探索活动以及幼儿的学习需求进行适当的安排，让学科知识进入生活，使得学习内容与幼儿生活之间呈现一种有机关联的状态。另一方面，在考虑幼儿的心理发展、学习与生活状况的基础上安排学习内容的逻辑顺序，以适应将来的生活。

（二）幼儿园主题活动的内涵

1. 幼儿园主题活动的定义

幼儿园主题活动是指在一定的时间里，围绕一个中心内容（主题）组织的教育教学活动。幼儿园主题活动打破了学科之间的界限，将各种学习内容围绕一个主题有机地连接起来，从幼儿的兴趣和需要出发，紧密跟随现实生活中发生的新变化和新形势，有计划、有针对性地展开一系列的活动，让幼儿通过对这一主题的探索和学习，获得与该主题相关的比较完整的经验。幼儿园主题活动以培养幼儿初步的问题解决能力、创新意识和创造能力为主要目的，同时，特别注意培养幼儿良好的情绪情感、合作意识、分享意识和表现意识等，进而建构起幼儿健全的人格。

2. 幼儿园主题活动的特点

幼儿园主题活动是教师依据《幼儿园教育指导纲要（试行）》精神，整合《3－6岁儿童学习与发展指南》（以下简称《指南》）目标，基于幼儿的现实兴趣和需求，设计与开发的课程之一。幼儿的学习特点及发展需要决定了幼儿园主题活动具有以下几个特点。

（1）综合性

主题活动以横向组织原则来整合课程内容和活动，这与传统的以纵向来组织课程的学科教学有着根本的区别。在主题活动中，幼儿的发展呈现整体性与和谐性，学习内容、目标，以及教育环境、活动组织形式、教师的指导乃至幼儿的学习方式均是有机结合在一起的，相互之间连贯搭配。主题活动打破了学科之间的界限，在不同学科相互作用、相互结合的基础上得以产生，使幼儿在问题解决过程中学习，进而达到促进幼儿全面发展的目的。与传统的分科教学相比较，主题活动体现了鲜明的特色，更适合幼儿的学习与认知方式，也更符合社会发展对人才素质的要求。

（2）开放性

幼儿园主题活动的研究对象主要源于三个方面：不同学科的交叉知识、幼儿的生活经验和综合性的社会问题。不同学科的知识在演进的同时必然会出现彼此渗透、交融的现象，学习知识本身就是学科知识不断开放、更新和发展的结果。同时，随着社会的飞速发展，幼儿的日常生活环境和整个大的社会背景日新月异，幼儿在生活中会经常性地面临新的境况，人类社会的综合性问题也层出不穷。可见，由于研究对象的开放性，主题活动是具有丰富的柔韧性和弹性的，为此，相对于学科课程而言，主题活动更要灵活地安排学习时间、空间以及指导方式。时间上，一次主题活动的延续时间可长可短，可间隔零散安排，也可利用整块较长的时间；空间上，可从幼儿园延伸到家庭、社区。主题活动的材料具有的丰富性与多元化特点也体现出其鲜明的开放性。

（3）活动性

幼儿的认知发生于动作，是幼儿自身与外部世界不断相互作用而逐渐形成的一种结构。幼儿的智慧是其自身在与周围环境的人、事、物发生关系的过程中逐步建构起来的。幼儿的发展离不开外界环境，更离不开幼儿自身与外界的积极交往，所以，主题活动要促进幼儿的认知发展，就离不开操作活动。而用活动的形式构筑主题活动过程，就意味着要让幼儿充分地动手、动口、动脑；也意味着要让幼儿更多地直接接触自然、接触社会，积极主动地参与活动过程，掌握学习内容；还意味着主题活动与游戏、参观、劳动、制作、表演分不开，只有这样，幼儿才学得主动积极，兴趣盎然。

（4）探究性

幼儿园主题活动应极其重视培养幼儿初步的探究意识、能力和态度。探究不仅是幼儿个体的行为，更是集体的合作。幼儿的探究不仅包括对已知世界的探究，更包括对未知世界的探究。主题活动的探究是幼儿在教师的引导下，对感兴趣的主题进行主动探究和解决问题的过程。

（5）直接经验性

对于幼儿来讲，只有在活动中的学习才是有意义的学习，只有以直接经验为基础的学习才是理解性的学习。他们必须借助具体的情境、具体的事物，在参与、探索和交往中学习。幼儿园主题活动创设了有利于幼儿自发、主动探究的活动氛围，为幼儿的主动参与和合作提供了更多的机会和途径。从主题的选定、计划的生成到调查研究以及相互展示和评价等，都为幼儿成为自身发展和成长的主人创造了条件。幼儿强烈的学习兴趣和动机、相互交流和帮助的愿望有了保障，他们就能够在教师的引导下、在主动探究和合作中解决主题活动中复杂的综合性问题，从而发展了解决问题的能力和良好的交流、交往技巧。幼儿园主题活动一般选择季节性、节日性以及幼儿的兴趣点为话题，这样的话题贴近生活，更容易被幼儿接受，幼儿也会比较感兴趣，而且由于贴近生活，更具有实用性，能够学以致用，当幼儿运用自己所学的知识解决生活中的问题后，学习的兴趣会更浓，主动性会更强。

另外，主题活动注重幼儿动手能力的培养，区域活动就是一大特色。作为主题活动的一部分，每次主题活动时，都会相应地组织一些区域活动，以促进幼儿思考能力、动手能力的提高。

二、幼儿园主题活动的发展

（一）综合课程是主题活动的萌芽阶段

1. 幼儿园综合课程的内涵

20 世纪 80 年代初，我国幼儿园课程理论与实践研究领域就出现了各种具有综合课程性质的幼儿园课程，例如“单元教育课程”“综合性主题教育课程”“发展幼儿能力课程”“幼儿园游戏课程”“幼儿园建构式课程”等。这些课程都试图超越分科课程的局限，从不同角度使多个学科发生联系而形成整合的关系。有学者认为，“综合课程应当是跨越学科课程及活动课程的一个中间过渡环节”，其定义“是一种以儿童的直接经验和实际生活为基础，以儿童身心的均衡发展为最高目的，围绕着某一主题或话题，配合儿童的实际能力、兴趣和发展需要而展开的多层次、多角度、多学科甚至是超学科的教学活动”。这一界定凸显了幼儿园综合课程与幼儿园学科课程、幼儿园活动课程的关系，体现了综合课程对学科的组合、整合到超越的不同层次，同时影射了综合课程向活动课程发展的阶段和趋势。因此，幼儿园综合课程的出现和发展是建立在对分科课程的质疑、批判和超越的基础上的。

2. 幼儿园综合课程的特点

幼儿园综合性主题教育活动采用“合并”相邻学科的办法，以常识内容为基础，将语言、音乐、美术等内容综合进去，以主题形式展开活动，相互配合进行教学；同时，又保留逻辑系统性较强的计算和独立性较强的体育活动，整个课程内容有分又有合，既照顾了某些学科领域本身的逻辑性和独立性，又考虑了幼儿学习内容的联系性和广泛性，是一种比较灵活的课程方案。例如，以季节和时令为主线，采用跨领域界限的综合形式，将形象性较强的、联系紧密的常识、语言、音乐、美术等领域内容有机地综合进去，形成一种综合型教育课程——主题活动。有以培养幼儿卫生习惯、学习习惯、行为习惯为出发点的主题活动，如“幼儿园真好”“小鬼当家”“从小爱清洁”“美丽的家园”等；有以丰富幼儿知识、发展认知能力为出发点的主题活动，如“美丽的春天”“冬天来了”等；有以发展幼儿语言为出发点的主题活动等。其特点如下。

（1）强调创设一个良好的教育环境

环境直接或间接地以各种方式影响着幼儿的发展。在综合性主题教育活动中，教师除了要充分利用幼儿园环境中的有利因素教育幼儿外，还应注意主动创设一种与教育活动相适应的、不断更新的动态环境。这种环境渗透了教师的教育意图，可随教育需要设计或改变。教师可以进行环境布置吸引幼儿参与活动和操作，并通过改变环境对孩子的活动加以影响和控制，进行隐性指导。如“有趣的沉浮”活动，教师可以为幼儿提供水盆、水、木块、塑料块、橡皮泥等各类物品，让幼儿在操作中进行探索，在与环境互动中发现问题，获得有关的知识经验。

教育环境除物质环境外，还有精神环境。这主要是指师生间平等、民主、和谐的关系和融洽的活动氛围，幼儿同伴间的友好关系等。教师要鼓励、支持幼儿参与活动，尊重幼儿的选择，让幼儿自由地、有趣味地进行活动，同时，教师要以饱满的热情参与幼儿的活动，启发思考，扩展想象，这也是创设环境的重要方面。

（2）合理安排一日生活

综合性主题教育活动一般将幼儿的一日活动划分为生活活动、日常体育锻炼、主题活动、数学活动、自由游戏和户外体育活动六个部分。这六个部分都有其特定的内容和形式，有目的、有计划地安排好这些活动是教师的重要任务。

（3）灵活多变的组织形式

综合性主题教育活动的组织形式有集体活动、小组活动和个别活动，这些形式考虑实际情况可有机地结合运用。主题活动内容多变、灵活机动，可以采用集体教学，也可以采用小组实验、个别观察或自由游戏。

数学活动中，因幼儿在数学学习方面存在明显的差异性，其数学水平、学习速度、领会能力也各不相同。教师在进行教学时，要求不同特点的幼儿采用同一种方式学习是不恰当的，那会使能力差的幼儿越来越差，能力强的又因为太容易而失去兴趣。因此，教师需要采用集体活动、小组活动和个别活动相结合的办法安排教学。

体育活动的组织形式更为灵活。早操、课间操是集体活动，户外体育活动先是集体活动，之后可变为小组游戏和自由活动。

（4）科学的方法体系

综合性主题教育活动教学丰富，教学方法随组织形式不同而不同。在集体教学活动中，往往以口授法、直观法为主，或提供感性环境，让幼儿动手操作进行尝试，获得直接体验或感受；然后让幼儿动口、动脑，对操作中发现的问题进行讨论，互相补充；再由教师带领幼儿去寻找和发现答案；最后，教师鼓励幼儿运用刚才使用的方式和获得的经验，继续从事有趣的活动。在小组活动和个别活动中，教师主要通过提问、提示、参与、暗示等方式指导或影响活动，从而达到促进幼儿发展的目的。

3. 幼儿园综合课程的作用

幼儿教育的对象是3～6岁的幼儿，其心理发展水平决定了其对事物的理解往往是笼统的、片面的。幼儿概括能力较低，对幼儿进行的教育不能过于分化，年龄越小越需要运用综合的形式、手段和方法来认识某个具体而综合的事物。综合课程将多个学科领域知识整理交叉成统一、有序、互为联系的知识体系，有利于幼儿吸收，提高学习效率。综合教育就是想办法整合各种教育因素，强调教育手段、教育方法、教育形式的协调配合，全面地落实幼儿教育任务，促进幼儿智能、身体、个性、情感、品德同步协调发展，提高教育的整体效益。概括起来它有以下几个方面的作用：

①可以提供整体的观点，既见树木，又见森林，比分科教学更易于接受知识的变化。

②按照幼儿的需要、兴趣、好奇心和活动特点来编制课程，比分科课程按逻辑原则编制更有助于幼儿的学习。

③幼儿园综合性主题教育活动是全面的综合，不仅有知识的综合、学科的综合、领域的综合，还努力寻求教师与教师之间、教师与幼儿之间及幼儿与幼儿之间的真正合作。教师之间的交流、讨论、合作有助于教师自身综合知识和综合素养的提高；教师与幼儿之间的合作反映了课程双主体之间的互动；幼儿与幼儿之间的合作则是一种和谐的综合学习方式之一。

④保证课程的人文主义化。不同的内容组合形成一个经验的融合体，有助于理解人类的意义。

（二）整合课程观奠定了主题活动的课程思想

整合课程解决问题的关键是立足于人是整体、教育是整体、生活是整体的观点，在课程开发和教学中采取实事求是的态度，该整合的坚决整合，该分科的坚持分科，整合中有分化，分科中有整合，取长补短，相得益彰。这就是整合课程观，它为主题活动的课程思想奠定了坚实的基础。

1. 整合课程的含义

“整合”在哲学上是由系统的整体性及其系统核心的统摄、凝聚作用而导致的使若干相干部分或因素合成为一个新的统一整体的建构、有序化过程。整合课程是一种新的课程形态，它以内在的价值整合观念，如人文、自然、社会学科的整合，幼儿与文化的整合，使教学系统中分化的各要素及其各成分之间形成有机联系的课程形态。整合课程在克服了学科课程各种弊端的同时，强调课程的幼儿本体价值与文化社会价值的整合，强调学科知识、技能与能力的整合，强调幼儿认知发展与情感发展的整合。整合课程在实施上强调游戏、体验与对话在课程中的作用，强调智性、情性与德性的结合，使幼儿在知识、道德、审美的有机融合中，通过体验和对话，获得健全发展。整合课程的类型是比较多样的，包括学科领域课程、单元主题课程、项目获得等。

（1）以幼儿核心经验（核心概念和核心技能）为单元来建构课程

单元网络的核心圈是这个单元幼儿经验的切入点，也是这个单元的教育活动内容核心。整合课程的目标是从整体出发来统领各个领域的目标要求。在这种情况下，整合的教育目标和教育内容设计组织之间是无法分割的。于是，寻找适合当前幼儿发展需要的核心经验就成为课程设计的一个关键问题。以“房子的秘密”为例，我们没有从成人所理解的热爱家乡的角度来切入课程内容，而是从幼儿的经验出发选择了“房子的秘密”作为建构课程单元的核心经验，通过实地参观、资料收集等途径了解房子的多样性，了解各种房子的不同功能、风格和特点，让幼儿多方位探究房子的搭建过程，了解建筑工作的环境和内容，激发幼儿对劳动者的感激之情。

(2) 关注各大领域的发展要求和多元智能的理论基础

整合课程在整合课程内容的时候充分注意了各大领域的发展要求，围绕核心圈的是两层扩展的领域教育圈。内层是按照《幼儿园教育指导纲要（试行）》划分的五大领域；外层是根据多元智能的八大领域划分的幼儿发展要求。无论从怎样的角度来划分，幼儿的发展和幼儿教育领域实际上存在着某种对应关系。

(3) 围绕幼儿的有关经验来策划具体教育目标

从领域教育圈继续向外扩展是这个单元教育的具体目标。这些教育目标包含两方面的特点：一是目标的各部分内容相关。例如“房子的秘密”课程单元中，无论是从语言角度提出的教育目标，还是从社会角度提出的教育目标，都紧紧扣住“房子的秘密”的核心经验。二是各个领域的具体目标中都蕴含了对幼儿发展核心概念和核心技能的系统规划。例如语言领域，在关注培养幼儿语言能力的同时，我们注意培养幼儿早期在语言形式、语言交流和语言审美三个层面核心概念和核心技能的形成，这也恰恰是幼儿在语言运用中获得语言发展的过程。

(4) 课程单元的整体环境为幼儿创设了与之相匹配的学习内容

课程单元网络最外圈展示了本单元为幼儿提供的教育内容。幼儿可以通过这些学习活动不断地整合和扩展自己的经验，从而达到整体性发展的目的。需要说明的是，课程单元的整体环境为幼儿创设了与之相匹配的学习内容，有的不一定能够在网络图上反映出来。例如，“房子的秘密”课程单元中，有一部分活动称之为“树房子”或者“花房子”。在这种活动中，教师和幼儿可以发现学习各种与特定造型相关的内容。

(5) 课程单元内的活动以某一点切入，侧重某一个或者两个领域的内容

每一课程单元内的活动都会从某一点切入，侧重某一个或者两个领域的内容，但是，其中所包含的促进幼儿发展的因素应当是全面而有效的。如“房子的秘密”课程单元中的故事《小猪盖房子》，幼儿在学习过程中获得的不仅仅是语

言方面的信息，还获得了有关建筑材料的特性等方面的信息。用多元智能的观点去分析，这个学习活动的领衔领域是语言智能，但是学习过程中同时需要其他智能的综合运作。

2. 整合课程的特点

（1）开放性

幼儿园整合课程中每个主题都具有开放性特点，表现在以下四个方面：一是学习时空的开放，从幼儿园延伸到家庭、田间、社区，从师幼活动延伸到家长、社会各方人士共同参与；二是学习资源的开放，要求师幼回归生活，挖掘生活素材并充实让幼儿动手动脑地操作材料，通过学习资源的运用凸显主题蕴涵的教育思想；三是内容与成果的开放，为师幼留下充分思考的余地和想象空间，或给幼儿一定的选择，满足幼儿个性化的学习需求；四是师幼教学形式的开放，教学的过程是动态的、发展的、因时因地制宜的，师幼可创造性地拓展和探索主题，可集体讨论，也可以区域小组活动，没有固定模式。

（2）情感化

对于幼儿来说，体验是他们本真的存在方式，因而有体验的知识才是真知识，融情感的活动才是真正能够打动幼儿心灵的活动。从人是整体、教育是整体、生活是整体的观点看，幼儿园整合课程关注的不是教给幼儿具体的知识，不是为系统知识的传授而存在，而是幼儿发展的任务和发展的方向与动力，是人类生命准备期的情感态度价值观，这将为幼儿未来的完整认知和人格奠定良好的基础，主要包括：乐观积极、自信同情、合作分享、乐于交往、初步的责任感、敏锐的感受能力、强烈的感受欲望等。

（3）生活化

幼儿园整合课程强调幼儿生活的基础性，注重与现实生活的无缝连接，课程内容紧紧围绕幼儿熟悉的生活来组织，学习有关生活常识，懂得生活的规范，掌握参与生活的能力，感受生活的美好。在生活中学习，在学习中生活。如少年儿童出版社出版的《多元整合幼儿园活动课程》一书中，《走来走去》《纽扣钻洞》等主题都是这一思想的体现，使幼儿感到亲切，乐于参与。

（4）游戏化

游戏是幼儿自发自愿的、不受外力约束的自主活动，也是幼儿最喜爱的活动。在游戏中，幼儿是积极的、愉悦的，在追求快乐的同时也能自发地促进自己身体、认知、情感和社会性的发展。幼儿园整合课程特别强调游戏在课程中的作用，课程的实施必须与游戏整合。幼儿的生活经验和学习内容都会反映在游戏之中。无论课程是以主题、领域还是方案的形式切入，都要照顾幼儿的兴趣、需要，使课程活动充满游戏的乐趣，使幼儿在活动中开心地学习。

3. 整合课程的作用

整合课程是我国当代幼儿园课程变革中正在着力建设的一种新的课程形态，代替过去传统的分科课程成为幼儿园课程的主流。整合课程的目的不是多学科的叠加，它更多地代表了一种课程价值取向，即整合课程专注幼儿“完整人格”的培养，强调知、情、意、行的统摄，追求幼儿、知识、社会的统一。

（三）瑞吉欧的方案教学是主题活动的理想境界

意大利的瑞吉欧教育体系也是在方案教学的基础上延伸而来的。这一系列理论的探讨研究，都与幼儿园主题教育活动发展有着密切联系。瑞吉欧方案教学之所以是主题活动的理想境界，是因为瑞吉欧的教师非常注重吸收家长及社区参与课程计划实施方案的决策，将全体幼儿、教师、家长、行政人员、居民纳入课程之列，超出了传统意义上的狭义的课程概念，是由多方面构成的显性课程和潜在课程的大课程观。但在瑞吉欧方案教学本土化的过程中，发现家长观念滞后，社区文化不够完善，参与幼儿园课程建设的意识不强，造成幼儿园孤立作战的局面。因此，方案教学的先进课程理念是值得我们借鉴和学习的，但在实施方面还需要一个过程。

1. 方案教学的含义

方案教学是整个班级（有时是班级内的一群幼儿，偶尔也会是一幼儿个体）对某一主题进行广泛深入研究的活动。当整个班级参与活动时，幼儿也会典型地以一个组或个体的形式参与研究大主题下的特定分主题。这种活动可以使幼儿对主题的多个方面进行研究，而这个主题在理论上应该是参与活动的幼儿所感兴趣的，同时也是值得他们注意并努力的。在与教师讨论时，幼儿会针对主题的具体方面提出问题，活动中的探索调查也融合了一系列的智力技能、审美技能和社会技能，参与活动的幼儿凭着已获得的这些方面的技能，共享与那个主题相关的经历，收集数据、书写、测量、计算、动手制造、阅读、编故事、表演戏剧、进行美术活动等。理想中的方案教学应该让幼儿获得有关科学、社会研究、文学、艺术等多种学科有价值的知识和概念。在方案活动中，教师会鼓励幼儿找到特别感兴趣的分主题，选择他们负责的特殊任务。除了获得了新知识、新技能，经过长期努力而获得的对主题的主控感，会为孩子形成对有价值主题的理解打下基础。方案活动区别于向幼儿介绍知识的传统教育方式的主要特征表现在：将研究主题的各项内容一并提出，在探索中解决问题，儿童是直接和主要的参与者；允许研究的方向随着方案活动的进行发生转移；儿童负责完成方案活动，教师负责准备和汇报进行的研究线索的各种表征。方案活动纳入学前课程，不仅基于我们对教育目标的看法，同时还基于我们对实现目标改进途径的一些想法。

2. 瑞吉欧方案教学的特点

(1) 从课程思想上，追求活动性，倡导综合性的项目活动

瑞吉欧方案教学继承了20世纪以来进步主义的传统，接受了20世纪60年代以来开放教育的思想，创建了马拉古齐等人总结出的对课程和教学概括的项目活动，“项目”一词还可以译为“方案”，洛利斯·马拉古齐（Loris Malaguzzi）等人将方案看作以某一主题为中心，并以该主题向外扩散形成主题网络，网络中的每一个副主题，或由副主题分化出来的下一级主题都可以成为幼儿探究活动的学习内容。这种活动的基本要素包括：解决儿童真实生活中的小问题，小群体共同进行长期、深入的专题研究等。方案活动涉及各种智慧的、学业的和社会的机能，具有全面性和综合性的特征。方案活动的开展依赖参与活动的幼儿拥有综合性的知识技能。因此，方案活动的起点是幼儿的自发性、兴趣和教师敏锐的判断，它非常注重活动过程对幼儿教育的意义，在活动过程中不强调幼儿对某些知识和技能的习得，而把知识和概念编制成主题网络，让幼儿把各种知识和概念放置到特定的背景中考虑，从存在着复杂关系的各种事物的相互联系中去主动探索，积极设问，自主建构，自由创造。对活动中存在的偶发性问题，教师随时给予协助，活动的结果使得幼儿能自由表达并且能创造性地解决问题。项目活动是一种弹性课程，具有非规定性或非结构性的特征，有利于幼儿整体发展，有利于幼儿自由操作，有利于幼儿创造力的培养。

(2) 从课程内容上，强调从幼儿出发，选择符合幼儿天性的主题来编制主题网络

瑞吉欧方案教学中主题的选择主要是依据幼儿生活经验和兴趣确定，主题的每一个方面都是参与活动的幼儿感兴趣的，也是贴近幼儿生活的。也就是说，当教师发现幼儿对主题网络中的某个点感兴趣，愿意探索研究时，既可以以此为主题展开活动，还可以进一步延伸。可以说，是幼儿决定了学什么，怎么学，是幼儿决定了活动的时间和空间。例如，方案教学中典型案例“人群”这一主题，幼儿可以首先讨论每个人对人群的印象，可以用图画画出人群，可以选一个真人进行研究，还可以自发地与几个幼儿合作用泥塑做出“人群”或者在老师的帮助下到街上亲身体会等，每一个主题往往会很明确地标明研究活动的方向，这都是幼儿进行“操作”的内容。幼儿可以根据该主题收集有关的各种副主题的资料，展

开主题网络，网络中的每一个节点都是可供幼儿学习和探索的。瑞吉欧创建人认为，只有来自幼儿生活的内容，才可能是最符合幼儿天性的、最自然的、最富有生命力的东西。

（3）从课程方法上，推崇主动学习，注意培养幼儿的创造力

瑞吉欧的教育者坚信，方案教学必须是幼儿自己参加的活动，幼儿不是“训练”出来的，而是一个主动的学习者。因此，方案教学以幼儿这个最关键的要素为出发点和基础。方案是幼儿学习的丰富资源，虽然是由教师策划，但是，在方案实施过程中，基本上以幼儿为中心，教师是活动的参与者、协助者、记录者，教师为幼儿提供多样化的选择、暗示性和支持性的环境。瑞吉欧的教师视幼儿为创造者、发明者和发现者，能激发起幼儿极大的兴趣，使他们在活动过程中充满喜悦和探索的渴望，增强了他们主动地、自由地发现问题的能力，培养了他们的创造力。

①方案教学主题的选择贴近幼儿的生活经验，从而能引起儿童的学习兴趣。

②能充分运用幼儿园和社区的现有资源，容易获取幼儿能动手操作的各种材料和设施。

③网络的编制可由教师预先设定，也可由教师与幼儿共同讨论而确定。在实施的过程中，网络还可以根据幼儿生成的内容而扩展。

3．方案教学在幼儿园教育实践中的作用

方案教学给予幼儿的不是一大串的钥匙，而是一把能打开各种锁的万能钥匙。方案教学并不注重幼儿对某种知识和技能的习得，它更注重的是幼儿对自己已有经验的重新组合。将各种知识和概念编制成网络，让幼儿把众多的知识和概念放置于背景中去考虑，在对各种存在着复杂关系的事物的相互联系中去主动探索，积极设问，自主建构，自由创造。

（1）方案教学强调的是幼儿诸多方面的均衡发展

方案教学以主题网络的展开作为课程实施的主线索，融语言、数学、健康、美术、音乐、科学等活动于一体，能较好地被教师把握。

（2）方案教学给予幼儿主体性的发展以很大的空间

方案教学的实施过程虽然经由教师策划和参与，但其根本上是以幼儿为出发点而展开的。在实施过程中，教师是活动的参与者、协助者、记录者、引导者，教学活动的进展无时无刻不以幼儿的兴趣、需要和能力为立足点。

在方案教学中，教师允许幼儿以民主的方式参与活动，通过相互合作、解决争议、共同讨论等方式进行学习，让幼儿在认知情感上获得接受挑战的机会。为

此，幼儿的自主性、主动性和创造性等能够在最大程度上得到充分发展。

三、主题活动中教师与幼儿的角色定位

（一）教师在主题活动中的主导地位

在主题活动中，在对教师介入角色的定位和把握上，我们认为作为一种师幼双边互动的活动，教师与幼儿的互动方式可以是指导性的互动，也可以是引导性的互动和中介性的互动。在与幼儿的交流和互动过程中，教师不应是一个“高高在上”的权威和领导者，而是幼儿活动和学习的参与者和支持者。而且，教学过程并不仅仅体现在教师对幼儿活动的直接指导方面，还体现在对幼儿活动的“隐性支持”方面，这种认识能够帮助教师在活动设计中对其“主导”作用和价值有一个更正确而全面的把握，进而更好地推进幼儿的学习和发展。在主题活动中，幼儿思维常会处于消极停滞状态，其动作的有效性也较低。这时就需要教师及时发现幼儿思维的盲点，给予适当的点拨和指导。

（二）幼儿在主题活动中的主体地位

教师是幼儿与主题活动之间的中介，在主题活动中，既要发挥教师的主导作用，又要突出幼儿的主体地位。要想突出幼儿的主体地位，我们应该重点考虑以下几个方面：

第一，教师要善于激发幼儿的学习兴趣，做到教师和幼儿之间的心理同步。例如，幼儿发现蚯蚓，一群幼儿在那儿指指点点，围观谈论，这时教师就应该走过去，惊奇幼儿的惊奇，与幼儿一起探索并和幼儿共同商量，把主题活动转移到蚯蚓上来。

第二，幼儿虽然年龄小，但他们是独立的个体，也有被人尊重的需要。因此，在活动中，教师要放手让幼儿去想、去做，即使幼儿没有遵守游戏规则或活动要求，教师也要把幼儿当成朋友，无论幼儿的提问或回答多么幼稚和普通，教师都要认真回应，以表示对幼儿的尊重。

第三，教学经验及心理实验证明，适宜的刺激能激发幼儿更强的求知欲和引起他们的思维活动。作为教师，应提供适宜的教学内容，努力为他们创设机会，在要求上不能“一刀切”，而应考虑幼儿的个体差异，帮助每个幼儿获得不同程度的成功。我们所创立的主题区角活动中的材料，要充分考虑幼儿已有水平的差异，材料的种类要丰富，操作的方法要多样，目标的确立要多层次。

第四，教师在为幼儿设计各种活动时，要给他们留出创造的余地，充分开发他们的潜在创造力。

第五，教师及时、恰当的评价是突出幼儿主体地位的关键。教学活动结束后，教师适当的评价能给予幼儿精神、心理上的满足，并激发他们的内在动力，促使他们继续求知、探索。对幼儿的主动参与，积极思考，教师也应及时给予表扬、鼓励。

总之，只有让幼儿真正成为主题活动的主人，给他们充分展示自己的机会，他们的各种能力才能不断提高。

（三）主题活动中教师的角色定位

在主题活动中幼儿是在自主状态下主动建构知识和经验进行学习的，是充分展示智慧和个性的学习，是一种真正有意义的、有价值的学习。在中国的教育背景下，中国的教师受传统的教育思想和方法的束缚，受课程指导的影响，目标非常明确，对不同年龄段的孩子必须完成什么样的教育目标非常有计划性，往往是目标在前，活动在后。目标意识强，学习的环境较为封闭，老师们大多以集体教学、集体讨论、集体练习的形式为主，在活动中更多地关注教育活动的计划如何实施，目的是否达到，任务是否完成等。对于某些知识、技能的掌握能有一定的效果，但幼儿学习被动，思维模式化，而且动手能力也差。同时，由于班上的幼儿过多，老师不可能关注到每个幼儿，无法对每个幼儿进行观察，没有观察就没有正确的评价，教育教学的有效性就很难实现。

主题活动是幼儿园普遍采用的一种教育活动形式，是孩子们自由选择、自发探索和操作的一种自主性学习活动。这就要求教师转换角色，在活动中成为一个"幕后工作者"，发挥自己潜在的教育功能，关注孩子的发展，跟随记录孩子的发展，在幕后为孩子的发展创造一个"有准备的环境"，让孩子畅游其中，逐渐领会学习的乐趣，从而主动学习，在活动中健康地成长、发展。下面就谈谈在"主题活动"中，教师如何进行角色转换来培养孩子自主学习能力的实践与思考。

在主题活动中，教师和幼儿的角色与地位是动态的，是在不断转换的，这主要体现在以下几个方面。

1. 教师是主题环境的准备者，起主导作用

以前，对于幼儿园的教育环境创设，教师处于主体地位，是从自己的角度来设计、布置环境，教师大部分的时间都在制作一些大型的墙饰和壁画，把精力过多地放在关注环境的布局、美观和完整上，忽略了环境对孩子发展的影响。对于主动学习而言，空间是最基本的条件，可以让孩子在一个美观丰富，同时又井然有序的环境中得到最佳的学习效果。这一空间的布置非常重要，因为它将影响孩子全部的活动，包括孩子的主动性和自由交谈展开的程度；对活动的选择到完成

的心理状态；与他人的关系及摆弄材料的方式等。由此可见，教师在环境的创设上，要揣摩孩子的需要，关注孩子的发展，为孩子的主动学习创设一个有准备的环境，让环境直接与孩子对话，让孩子独立自主地活动。这时，教师要起到主导作用。

2．材料是教师隐性作用的体现，幼儿位于主体地位

在主题活动中，材料的准备与投放要贯穿主题发生与发展的全过程。教师要将材料推到显性的地位，将问题巧妙地隐含在材料中，通过对材料的操作，让幼儿解决问题，从而达到隐藏在问题背后的教育要求。所以，教师应了解孩子的需要，把更多的精力放在材料的投放和创作上，我们应赋予材料生命力，让它说出教师的话，告诉幼儿可以干什么，该怎么做，让材料成为一名不说话的老师。这时，教师的主导作用还在，只是退到幕后，为幼儿的自主性学习提供机会和空间。

3．教师是幼儿自主学习在家庭中得以持续的促进者

自主学习强调创设教育情景或环境，使幼儿由于“动机、兴趣、需要”展开各种活动，自主地选择学习的方向与目标，在自由的探索和学习中获得成长。这种教育情景或环境不仅仅指的是幼儿园，更应该包括家庭。所以，家长工作是幼儿教师的一项十分重要的工作。家园双向互动，多方支持，创造幼儿探索的空间。教师的这一角色的转换，改变了以前幼儿在家里，家长只是帮助幼儿复习在园学过的故事、儿歌、舞蹈等这种被动配合的局面，而是将内涵扩大，把探索的触角延伸到息息相关的家庭生活中，促进家长参与班上的教育工作，使教师和家长、家长和家长、家长和孩子、孩子和孩子、孩子和教师间建立良好的关系并进行互动，把家长看成任何教育事业中发挥作用的关键人物。所以，教师要转变以教育者“自居”的观念，尊重家长，转变家长；还要转变重智轻德，轻视习惯培养的观念和现状，树立生活即教育、培养完整幼儿的意识，采取家园配合、共同教育的方法，促进幼儿的自主学习在家庭中得以持续发展，使孩子形成良好的学习习惯。

四、幼儿园主题活动的评价

《幼儿园教育指导纲要（试行）》中指出：教育评价是幼儿园教育工作的重要组成部分，是了解教育的适宜性、有效性，调整和改进工作，促进每一个幼儿发展，提高教育质量的必要手段。面对幼儿园主题活动这样一种新的课程模式，主题评价也就成为教育工作的一个必备环节。只有评价的参与、调节和指导，才

有助于保证主题教育目标的实现，有助于选择最佳的教育方法。面对幼儿丰富多彩的主题活动，如果我们采用单一的评价内容与方法，就无法真正认识幼儿的发展特点，难以有针对性地引导幼儿得到进一步发展。只有充分了解幼儿的实际发展水平，我们才能够提供适宜的支持性学习策略。

（一）幼儿园主题活动的评价指标

当整个主题活动方案初步设计好后，可以从主题的选择、目标的制订、内容的选择、活动的设计、方法的运用、环境的创设、家长工作等方面对整个方案进行反思、评估，并在此基础上对整个方案进行调整与修改。

1. 对主题选择的评价

①是否符合幼儿的兴趣与需要。

②是否包含多方面的教育价值，有助于达成多项教育目标。

③是否涉及各个学习领域。

④是否具有可行性。

2. 对主题目标的评价

①是否符合幼儿教育的目的和课程总目标。

②是否符合幼儿的发展水平。

③是否包含认知、情感态度、动作技能三大教育目标领域。

④单元目标与具体活动的目标是否吻合。

3. 对主题内容的评价

①内容与目标之间是否对应。

②内容是否符合幼儿的发展程度（难易度）。

③内容是否符合幼儿的兴趣与需求。

④内容是否包含主要课程领域。

⑤内容是否合理安排动静态活动。

⑥内容是否注意到季节性与地方性。

⑦内容是否注意到文化的传承与介绍。

⑧内容是否潜在地包含歧视性倾向（性别、文化、阶层、种族等）。

4. 对主题方法的评价

①采用的教学法是否能充分反映内容的特质。

②教学方法是否符合幼儿的学习方式和特点。

③活动流程的转换是否适宜。

④教具或资源的使用是否适宜。

⑤对活动过程中可能出现的问题是否有所准备。

（二）幼儿园主题活动的评价方法

幼儿园主题活动的评价要看幼儿对学习、探索活动的坚持性，克服困难的勇气和耐力，善于倾听他人、接纳他人意见以及与他人友好合作、交流协商等方面。作为教师或评价者应当认识到活动中显现出的某些现象往往带有一定的表面性：在有些活动中，表面看来幼儿有讨论、游戏、操作、表演等学习方式，但究其实质，幼儿还是被动地按照教师的要求、指令进行看似热闹的操作或合作，实际上，有大部分幼儿并不知道在做什么、为什么做，幼儿的“动”仍然是由教师牵着鼻子的“动”，对幼儿来说，仍是一种无效的参与。因此，要注重和体现教育活动的实际效果，强调面向全体幼儿，使每一位幼儿都能在原有基础上获得最大程度的提高和发展，评价不能仅仅通过表面的、定量的形式进行，而应当结合深入的、全面的、实录式的、描述性的观察和记录展开，这种评价可以以“幼儿园主题活动评价记录表”的方式，以描述性、实录式的语言，通过对教育活动目标、内容、材料、环境创设、活动过程中的教师与幼儿等方面情况的原始记录，统计参与活动的幼儿人数、时间、参与广度、师生互动的频率、环境材料的适宜等问题，找出影响幼儿参与程度的主要因素，寻找有效的教育教学方法，以促进幼儿真正有机会能够按“自己喜欢的方式”进行学习。

1. 对幼儿制作的主题活动表现作品的评价

幼儿制作的主题活动表现作品形式多种多样，它既是幼儿参与主题活动的结果之一，也成为环境的主要组成部分。将作品布置在幼儿能接触到的位置，他们可以随时分享、交流，在与同伴简单交流的互动中学习。从幼儿的创作作品中，教师可以获得幼儿学习、发展情况的信息，从中分析评价幼儿的发展水平、兴趣取向、需要进一步研究的问题、需要提高的能力等，从而进一步对教育行为、教育方式进行调整，帮助幼儿获得更大的提高。幼儿在主题活动中的创作表现形式多种多样，有绘画、制作、汇报、歌舞表演等。赞扬是一种重要的评价方式。在评价幼儿主题活动绘画的作品时要积极鼓励，尤其是我们认为有待进步的作品，可以通过适当评价而给予指导，帮助幼儿提高。幼儿的表现作品是过程性的，思维在哪里就会画什么，因此，在评价时，要让幼儿把绘画作品描述下来再进行评价和指导，不要只看作品表面。

2. 对幼儿的收集材料的评价

在主题活动过程中各种资料的收集是重头戏。主题可收集的资料包括：图片、图书、文字资料、网络信息，甚至是幼儿与家长在经过对该主题内容一定了解的基础上而形成的幼儿自己的绘画作品或资料剪贴作品。老师将幼儿收集的各种资料在展板上进行展示，让展板成为学习与评价的对象。教师可以获得幼儿学习、发展情况的信息，从中分析评价幼儿的发展水平、兴趣取向、需要进一步研究的问题等，从而进一步对教育行为和方式进行调整，帮助幼儿获得更大的提高。对幼儿收集的资料的评价恰当与否，关系到主题探究活动开始阶段幼儿的学习兴趣、情感态度、探究基础是否扎实。在资料收集过程中，有很大一部分的幼儿是从自己喜欢或熟悉的角度出发，进行主题资料的收集的。在他们收集的各种资料中，大多突出体现自己喜欢或熟悉的。当幼儿获得老师对自己所收集资料的肯定或获得展示、解释自己所收集资料的机会时，幼儿的自我得到充分体现，从中获得一定的“价值体验”。同时，幼儿希望得到他人认同的需要也得到满足，这种“价值体验”和需要的满足将激励幼儿继续进行新的探究活动，从而成为其学习过程中的内在动力。

3. 对主题活动中家园共同参与的评价

首先，要转变家长观念，让家长了解幼儿的多元智能，知道幼儿的发展是多元的，从而肯定和认识每个幼儿的个别差异，鼓励家长纵向地看待孩子在活动中的发展，不对幼儿作横向对比。同时，还要让家长了解幼儿非智力因素的影响，如不怕困难，有自信，有一定的坚持性和责任感。很多家长对这些细小的方面一般不会在意，在他们的观念中，这些远没有学习知识技能重要。然而，这些评价目标最终会在幼儿的主题评价表中的社会生活一栏得以体现。因此，当这些评价目标呈现在家长面前时，会引导家长重视对孩子各方面素质的培养。其次，是对家长评价方式的引领，利用家长会、网站宣传，鼓励家长参与评价。首次评价，老师可以借助家长会将主题活动的评价表分发给家长，老师带领家长对本主题目标进行一一解读，并在每条目标的后面注明可以在家用何种方法或手段进行评价的备注，引导家长对主题目标设计问题情景，以交流、表演、分享、作品展示等方式让幼儿在自然宽松的氛围中完成测试，在这种共同参与的评价过程中，家长通过评价目标逐步加深对幼儿园教育观念的理解，从而不断树立正确的教育观，步调一致地做好家、园配合工作。

4. 幼儿个人成长档案在主题活动评价中的应用

幼儿园都有幼儿个人成长档案。在主题活动过程中，幼儿的行为、对话等通过摄影、文字、亲子作品、学习单、记录表、个案观察、情感日记等方式记录下来，老师遵循“能清楚说明幼儿的发展情况”的原则，划分出几个内容，放进幼儿的档案袋，请家长协助幼儿利用业余时间在家进行分类，整理后拿到幼儿园。

在参与整理个人档案的过程中，幼儿体验着自己进步、成长的快乐，积极主动地调整、改进存在的不足之处，提高了自我评价的能力，使评价真正成为促进幼儿不断进步、发展的有效手段。幼儿的个人成长档案，不但对教师、幼儿、家长的互动起着很大的作用，使过程性评价、阶段性评价和总结性评价能有机地结合，而且为教师与家长进行交流，提供了客观、有说服力的依据，成为教师发现主题活动成效的又一新渠道。

在主题活动中，适宜适时的评价是主题活动顺利、有效实施的关键所在。将阶段性评价与终结性评价相结合，通过教师、幼儿、家长、管理部门的共同参与，注重日常的过程性评价，注意收集主题活动中幼儿发展性的各种评价信息，在此基础上，对幼儿作出更为准确的、客观的评价。

第二章 幼儿园教育活动的组织与指导

第一节 幼儿园教育活动的目标和内容

一、幼儿园教育活动的目标

（一）教育活动设计中的目标分析

1. 教育目标的层次结构

（1）教育目标

教育目标是教育目的的下位概念。在教育总目标的指导下，还有各级各类不同的教育目标，如学前教育、职业教育、高等教育等的目标，这些目标的确定是教育目的的具体化。

（2）幼儿园教育目标

幼儿园教育目标是教育目的在幼儿园阶段的具体化，反映出幼儿园人才培养的规格与要求，对儿童的全面发展提出更具体的规范，表明了教育影响下显现出的幼儿发展变化，全面指导着幼儿园的教育教学工作。

（3）幼儿园教学目标

普通教育学中，常把教学目标作为教育目标的下位概念，具体体现在课程开发与教学设计中。

就幼儿园教育而言，《幼儿园教育指导纲要（试行）》就把幼儿学习活动的范畴相对划分为健康、科学、语言、社会、艺术五个领域，所以各领域的目标就成了幼儿园教育目标的下位概念。五大领域的教学目标是对幼儿园保教并重、全面发展的教育目标的具体化。

（4）幼儿园教育活动目标

幼儿园教育活动目标是通过某一次或某几次教育活动所期望幼儿获得的某些发展。它是最为具体的目标，也是各领域目标的下位概念。

2. 幼儿园教育活动目标体系

（1）幼儿园保教目标

《幼儿园工作规程》第一章“总则”第五条规定：“幼儿园保育和教育的主要

目标是促进幼儿身体正常发育和技能协调发展，增强体质，培养良好的生活习惯、卫生习惯和参加体育活动的兴趣。发展幼儿智力，培养正确运用感官和运用语言交往的基本能力，增进对环境的认识，培养有益的兴趣和求知欲望，培养初步的动手探究能力。萌发幼儿爱祖国、爱家乡、爱集体、爱劳动、爱科学的情感，培养诚实、自信、友爱、勇敢、勤学、好问、爱护公物、克服困难、讲礼貌、守纪律等良好的品德行为和习惯，以及活泼、开朗的性格。培养幼儿初步感受美和表现美的情趣和能力。”

（2）幼儿园各领域目标（健康、语言、科学、社会、艺术）

健康领域：旨在增强幼儿体质，培养其健康生活的态度和行为习惯。

科学领域：旨在激发幼儿的好奇心和探究欲望，发展其认识能力。

社会领域：旨在增强幼儿的自尊、自信，培养幼儿关心、友好的态度和行为，促进幼儿个性健康发展。

语言领域：旨在提高幼儿语言交往的积极性，发展语言能力。

艺术领域：旨在丰富幼儿的情感，培养初步的感受美、表现美的情趣和能力。

（3）幼儿园各年龄班目标

小班、中班和大班在五个领域均有对应的目标。下面以小班语言活动为例来理解小班的教育活动目标。

①喜欢听普通话并愿意学说普通话，逐渐发准易错音。

②能认真安静地听别人讲话。

③愿意和别人交谈，能用简短完整的语句表达自己的请求和愿望。学会礼貌用语。

④喜欢听老师讲述故事和朗诵儿歌，能初步理解作品的主要内容。能独立地朗诵儿歌。

⑤喜欢阅读，爱护图书。养成正确的看书姿势，学会按顺序看图书，逐页翻阅，能看出画面的主要变化，在成人的帮助下看懂图书的内容。

3. 幼儿园教育活动的分类目标

①认知目标。认知目标包括知识的掌握和认知能力的发展。

②情感目标。情感目标包括兴趣、态度、习惯、价值观念和社会适应能力的发展。

③动作技能目标。动作技能目标包括感知动作、运动协调、动作技能的发展。

（二）幼儿园教育活动目标的表述

1. 幼儿园教育活动目标表述的基本要素

幼儿园教育活动目标表述有三个基本要素：①行为，即通过活动幼儿能做什么；②条件，即说明这些行为是在什么条件下产生的；③标准，即指出合格行为的最低标准。

但是，关于幼儿园教育活动目标的表述，教育学家一直认为，重点应说明学习者行为或能力的变化。在教育活动目标的编写中，行为的表述是最基本的成分，我们常常运用一些动词来表达。在幼儿教师设定的目标中多见到“理解、掌握、欣赏、培养”等词，甚至还在“理解”前加上“深刻”——深刻理解、充分掌握……以反映活动要求的提高。其实，这些词的含义较广，不同的人有着不同的理解，使得目标表述不清楚、不明确。所以，行为动词的选择和表达很重要。

2. 幼儿园教育活动目标表述的形式

（1）以教育活动的主体为标准的表述形式

教育活动目标既可以从教师角度、也可以从幼儿角度出发来表述。通常来说，从教师角度出发制定的目标为培养目标，在表述时以教师为主体，多使用“引导”“培养”“鼓励”“促进”“增强”等表述方式，反映教师对自己的教育方式或者教育行动的预期；从幼儿角度提出的活动目标即发展目标，在表述时以幼儿为主体，多用“学会”“了解”“能”“知道”“感受”“乐意”“懂得”等表述方式，强调的是幼儿学习后获得的发展和变化，反映教师心中对活动促进幼儿发展的方向和程度的预期。无论采取哪种表述方式，目标表述的行为主体必须前后统一，避免出现“主体不统一”的现象。如中班数学活动“水果拼盘”的部分目标为：①鼓励幼儿自己动手动脑，学会制作小拼盘和用自己的方法记录水果拼盘；②欣赏水果拼盘的艺术美，体验做水果拼盘的愉悦情绪，感受与同伴分享的快乐。其中的主要问题在于，一是从教师角度表述，二是从幼儿角度表述，这显然是不恰当的。

相对而言，从幼儿角度表述的目标指明了幼儿通过学习应该达到的发展要求，能突出反映幼儿在学习活动中的主体地位，表现出对幼儿个体经验及发展的关注，体现了尊重幼儿、以幼儿发展为本的教育思想；同时，发展目标可使教师转变观念，更多地关注活动中幼儿的行为和表现。如今，越来越多的教育者主张从幼儿角度出发制定活动目标。基于这样的思考和具体活动的开展状况，可将上述“水果拼盘”的活动目标主体修订一致，如：①学会制作水果小拼盘，并用自己的方法记录；②体验做水果拼盘的愉悦情绪，感受与同伴分享的快乐。

（2）以目标取向为标准的表述形式

从目标取向来分，教育活动目标表述的形式有：

①行为目标表述。如音乐活动行为目标之一：在老师的伴奏下，能听懂前奏、齐唱歌曲。

这里，“听懂、齐唱”都是可以观察的幼儿学习行为结果；条件是在老师的伴奏下；标准是能听懂前奏、会齐唱。

②生成性目标表述。如语言活动“小蝌蚪找妈妈”中的生成性目标是会添画、制作一本连环画故事书，还有即兴创编舞蹈动作，有感情地表达等。

这里，生成性目标关注的是幼儿学习过程中各种能力和学习兴趣的培养，而不是特定的行为结果。

③表现性目标表述。如语言活动“生日”的目标：清楚连贯地讲述自己过生日的情景，表达自己愉快的心情。

3．幼儿园教育活动目标表述的要求

（1）具有可操作性，避免过于笼统、概括和抽象

例如，中班健康领域系列活动中“刷牙”活动目标之一：学习正确的刷牙方法，养成早晚刷牙的好习惯。“喝水”活动目标之一：知道口渴了要接水喝，养成主动喝水的习惯。这两个目标具体、明确，如果换成“培养幼儿良好的生活卫生习惯”就显得过于笼统。

（2）要清晰、准确、可检测，不能用活动的过程或方法来取代

一个完整的目标表述包括行为、条件、标准等，其中核心要素是行为的表述，但教师经常用活动过程和方法替代行为的结果。如语言活动“从小讲礼貌”目标之一：引导幼儿观察图片中人物的动作，想象人物的对话；社会活动“爱老师”目标之一：引导教育幼儿通过生活实践，与老师建立亲密关系；科学活动“乘坐公共汽车”目标之一：在观察游戏的过程中，幼儿把对汽车的兴趣转化为了解汽车的好奇心。

（3）从统一的角度表述目标

在表述教育活动的目标时，既可从教师角度表述，也可从幼儿的角度表述，但必须是统一的，即同一教育活动的目标表述中，或者全是从教师的角度表述，或者全是从幼儿的角度表述。

（4）一个目标要通过多种活动来实现，一个活动要指向多种目标

教育活动目标和相应的活动内容并非一一对应的关系，换句话说，并不是一项活动只能达到某一个目标，一个目标仅仅只能通过某一项活动来完成。

幼儿园教育活动具有综合性和整体性的特点，所以在确立目标时，教师要善于统整各项教育活动，围绕一个目标协调各种教育活动为它服务；同时也要最大限度地发挥某一活动的教育功效，使得一项活动能实现多方面的教育任务。

二、幼儿园教育活动内容的选择与组织

（一）幼儿园教育活动内容的选择

幼儿园教育活动的内容，组成了幼儿园课程的内容，幼儿园课程的内容是实现幼儿园课程目标的手段。各种同质或异质的教育活动，以某种方式组合成幼儿园课程，因此，某一个幼儿园教育活动的内容不一定与幼儿园课程目标相符合。但是幼儿园教育活动的内容必须与此活动的目标相一致，反映出教育活动设计者在设计活动时清晰的设计思路。

1. 幼儿园教育活动内容选择的依据

陈鹤琴曾经指出“大自然、大社会都是活教材”。也就是说，我们的教育活动内容可以来自大自然、大社会。教师在组织教育活动，选择教育活动的内容时，要向大自然、大社会学习。陈鹤琴的“活教育课程”中，对教育活动的内容是这样要求的：①以大自然、大社会作为主要教材，以课本为参考资料，这是直接的活知识，是直接的经验。②各科混合或互相关联。③不受时间的限制，没有分节的时间表，时间为功课所支配。④内容丰富。⑤生气勃勃的。⑥儿童自己做的。⑦整个的，有目标的。⑧有意义的。⑨儿童了解的。

从陈鹤琴的“活教育”理论中对幼儿园教育活动的要求来看，幼儿园教育活动可选择的内容有很多，但不是所有的内容都可以作为幼儿园教育活动的直接内容，在考虑哪些内容进入幼儿园活动上，必须有个精心选择的过程。在选择幼儿园教育活动内容时应遵循以下依据。

（1）幼儿园教育目标

教育内容是实现教育目标的载体，能有效实现教育目标的教育内容才是有价值的。幼儿园开展教育活动的目的是更好地实现幼儿园教育的目标，因此幼儿园教育活动内容的选择必须合乎目的性，有助于实现幼儿园的教育目标。哪些才是有价值的教育内容呢？应该是“有助于幼儿获得基础知识的内容”“有助于幼儿掌握基本活动方式的内容”“有助于发展幼儿的智力和能力的内容”“有助于培养幼儿情感态度的内容”。在实际工作中，有时教师为了追求内容的新颖，达到与众不同的效果，在选择教育活动内容时常常迷失价值方向。

（2）幼儿的认知发展规律

将视野转向孩子，将孩子的发展需求作为研究、选择内容的内在依据，从而

更全面地实现课程内容、形式的整合，促进幼儿的全面发展。瑞士心理学家皮亚杰认为儿童的认知发展规律是“动作感知——前运算——具体运算——形式运算”的过程。这是一个不可逆转的过程。幼儿园小、中、大班幼儿有着各自不同的年龄特征和认知特点，面对不同年龄阶段的孩子必须选择不同的活动内容。小班幼儿正处于直觉行动思维阶段，他们对事物的认识经常伴随着动作来实现，并且由于他们生活经验少，认识具有浅表性，注意力也极易转移，所以教师设计的活动内容应尽量浅显，贯穿游戏、动作、玩耍于其中，让孩子们在玩中学、学中玩。在中班，幼儿的想象思维快速发展，生活经验有所丰富，所以生活内容的设计可以更丰富一些。例如“认识水”活动的设计就不能仅仅局限于玩水的活动，而要适当加入“溶解”“沉浮”等反映水的性质的探究和理解。到了大班，幼儿的抽象逻辑思维开始萌芽，知识经验和社会技能也逐渐得到丰富和发展，他们开始关注事物的变化，事物和事物之间的区别、联系等，因此在“认识水”的活动内容设计中，还应加入对“水的三态变化过程”的研究、对水的功能的认识以及“水环保”等方面的内容。

（3）幼儿的兴趣范围

“兴趣是最好的老师。”世界著名情绪研究家伊扎德认为，如果缺少兴趣的支持，智力发展的危险相当于脑组织的损伤。兴趣具有一种动机的力量，能使人进入一种“情感性唤醒状态”，产生一种吸收信息、扩展自己的倾向，为观察、探索、追求和进行创造性努力提供可能性。对幼儿来说更是如此。因此，幼儿园教育活动内容的选择必须考虑幼儿的兴趣。

当活动的主题是幼儿所喜欢、感兴趣的内容时，幼儿就会调动全部的智慧、情感、意志去研究、去探索、去发现、去尝试，并有效地去感知外部世界，构建新的认知。教育活动内容要追随幼儿的生活和经验，尤其是幼儿感兴趣的生活活动。在这样的活动中，幼儿的经验会受到真正的重视，幼儿的学习与他们的真实生活紧密地联系在一起。幼儿自主生成、自主探索的主题，大多是幼儿在生活中感兴趣的事物、觉得奇怪的现象以及感到困惑的问题，如“我长大了”“大桥为什么不塌下来”“奇怪的冰”等。

（4）社会时空特点

幼儿园的教育活动必须考虑具体的时空特点。一方面要考虑幼儿园的具体地理位置、区域特点，选择适合幼儿园的具体活动内容。如，南方的杏花烟雨、北方的玲珑冰雪，根据不同地区的地理、气候、特产等来选择教育内容。另一方面，同一个地区也要根据不同的季节、时令来选择教育活动内容。例如春天的桃红柳绿、夏天的蛙鸣蝉噪、秋天的硕果丰收、冬天的寒冷冰雪等。再则，根据不同的时代特点，选择适合于幼儿的教育活动内容。21世纪是人类的信息时代，因此，信息产品、相关的网络知识也可以作为幼儿园的教育活动内容。

2. 幼儿园教育活动内容选择的范围

幼儿园教育活动内容选择的范围，指的是幼儿园教育活动内容的基本要素或基本组成部分。我们认为，幼儿园教育活动内容应该由以下所提到的四方面基本学习内容构成。

(1) 有利于幼儿获得基础知识的内容

知识的获得是幼儿智力发展、能力提高和情感态度培养的基础和前提。知识能帮助幼儿认识自己的生活环境，通过这种认识活动影响幼儿的行动。但是重视幼儿对基础知识的获得，并不是要成人对幼儿进行知识灌输，要求幼儿死记硬背那些他们既不理解也不会用的知识，而是要从幼儿的兴趣需要出发，给幼儿一些生活必需的知识，并且要帮助幼儿逐步系统化自己的知识。在选择幼儿园教育活动内容时，必须将幼儿要掌握的或具有发展价值的基础知识纳入其中。这样的知识包括：

生命活动必需的知识，如与幼儿健康、安全有关的知识。

有利于幼儿解决基本的生活、交往问题的知识，如基本的社会行为规则、规则的意义等。

帮助幼儿认识自己生活环境的知识。如自然和社会环境中常见的事物的名称、属性，幼儿能理解的事物之间的关系和联系等。

为今后学习系统的学科知识打基础的知识，比如基本的数、量、形、时间、空间概念等。

为成长为未来社会的高素质公民奠基的知识，如简单的环保知识等。

(2) 有利于掌握基本活动方式的内容

人类通过自己的活动有目的地影响和改造环境，同时也不断改造自己。人类的活动有生产活动、社会交往、科学实验等几种类型。在这些不同类型的活动中，人类都有自己的基本活动方式方法、基本的原理原则。这些基本的活动方式是每一个社会成员都必须掌握的，幼儿自然也不例外。因为年龄特点的限制和幼儿的认知发展水平的限制，幼儿的活动范围相对要小，活动层次相对较低。但是幼儿的基本活动类型无非是生活、交往、学习等，具体来讲就是自我服务、身体锻炼、游戏、观察、交流、表达等。这些活动中，同样包括各种基本的方式方法和技能技巧，所以，这里就涉及对基本活动方式掌握的问题。

(3) 有利于发展幼儿智力和能力的内容

发展幼儿的智力和能力是幼儿园的重要教育目标。因此，幼儿园的教育活动内容必须包含这一部分，而且要占有相当的比例。幼儿的智力和能力通常表现在幼儿对问题的解决过程中。问题解决通常有以下几步：发现问题——提出问题——寻找线索——形成假设——寻找方法验证假设——得出结论。因此，在幼儿那里，那些能构成幼儿生活中的问题的现象或事情，都是能提高幼儿的智力和能力的教育活动内容。这些问题可能出现在幼儿平时的生活中、游戏中、交往中和与环境的相互作用中。

(4) 有利于培养幼儿情感和态度的内容

情感态度是指对人、对事、对己的一种倾向性，它构成行为的动机，影响人的行为。

情感态度的形成是幼儿在活动中产生的体验，同一种体验不断地重复积累，就形成了比较稳定的倾向性。有关研究证明，态度的形成有三种途径，即环境的同化作用、经验的情绪效应、理智的分析。因此，在选择相关的教育活动时，要考虑那些能够为幼儿提供关键的学习经验的内容，根据情感态度形成的规律来培养幼儿的情感态度。

当今社会，家长为了自己宝贝孩子的幸福总愿意付出一切，关怀备至，爱护有加。孩子们对这样的爱习以为常，他们常认为家人、长辈对自己的这份爱、这份付出是应该的。但是孩子们对长辈的要求很高，对长辈却很冷漠。这样，久而久之，孩子会变得自我、自私，不会感恩，最终对周围的人也会蛮横无理。有一位老师为了扭转孩子们对家长们的认识、培养孩子的感恩意识，结合小班小朋友的具体情况，设计了“妈妈您辛苦了”家园互动式社会活动。这种内容的选择正是幼儿园教育活动内容所需要的。在幼儿期，学习兴趣、自我价值感、自信心、责任感、团体归属感和关心、友好、尊重、同情等都是应该着重培养的情感态度。

总之，《纲要》明确指出，幼儿园教育活动内容的选择应该遵循以下原则：既符合幼儿的现有水平，又有一定的挑战性；既符合幼儿的现实需要，又有利于其长远发展；既贴近幼儿的生活来选择幼儿感兴趣的事物和问题，又有助于拓展幼儿的经验和视野。

(二) 幼儿园教育活动内容的组织

任何单一的学习经验都不可能对学习者产生非常深远的影响。要让幼儿的心理产生深刻的变化，必须有一定的经验积累。为了使活动经验产生累积效应，必须对各种教育活动因素加以有效组织，并使它们相互起强化作用。

1. 幼儿园教育活动内容组织的含义

《幼儿园教育指导纲要（试行）》指出：“幼儿园教育活动，是有目的、有计划地引导幼儿生动、活泼、主动活动的，多种形式的教育过程。”如何使幼儿园的教育活动更好地促进幼儿新旧经验的组合，促进幼儿的发展，必须考虑幼儿园教育活动组织的问题。什么是幼儿园教育活动的组织呢？幼儿园教育活动的组织即创设良好的幼儿园教育活动环境，使幼儿园教育活动兴趣化、结构化、有序化，以产生适宜的学习经验和优化教育效果，从而实现教育目标优化的过程。

2. 幼儿园教育活动内容组织应遵循的原则

20世纪四五十年代，就课程内容组织的问题，美国著名教育学家泰勒曾提出过三个基本原则，即连续性、顺序性、整合性。连续性是指课程内容如何直线式地陈述；顺序性是指课程的后续内容如何既以前面的内容为基础，又为以后的内容打下基础；整合性是指各种课程内容之间的横向联系。参照泰勒的课程组织原则，幼儿园教育活动内容的组织也应该遵循以下原则。

（1）顺序性

顺序性指组织教育活动内容的时间次序。根据幼儿认识和学习内容的特点，教育活动的安排一般应该由浅入深、由易到难、由远至近，由简单到复杂、由已知到未知、由具体到抽象。

（2）连续性

连续性是指后续的学习与幼儿先前学习的经验能有所关联。意即在安排教育活动内容上，后续的教育活动内容应当建立在前面已有的学习经验基础上，使前面学习的终点成为后面学习的起点和基础。后续的学习也是原先学习的扩展和加深。

（3）整合性

整合性是指加强各项教育活动内容之间、内容与幼儿的已有经验之间，以及幼儿已有经验之间的有机联系，以利于幼儿把不同领域活动中的各种知识经验加以统整和贯通。这与幼儿的认知发展特点相符合，也便于增强幼儿对所学内容的理解，提高其学习能力。

3. 幼儿园教育活动内容组织的方法

在组织教育活动内容时，人们往往有两种不同的逻辑起点或角度，相应地形成了两种不同的组织方法。

（1）论理组织法

根据知识的内在逻辑联系组织教育活动内容的一种方法。这种方法注重知识本身的系统性和逻辑性，有利于学习者获得系统的知识和严密的训练；计划性较强，有很强的预成性。在组织教育活动过程中，教师容易把握要求，完成预定的教育教学任务，但容易忽视幼儿的学习兴趣和需要，与实际生活联系不密切，难以照顾幼儿的已有经验、学习能力方面的个体差异，容易造成被动学习，幼儿的学习积极性不高。

（2）心理组织法

根据学习者的经验、能力、兴趣、需要来组织教育活动内容的方法。由于以幼儿的生活经验为基点，按经验演进的原则逐步扩大学习范围，遵循儿童的身心发展规律和个别差异，容易调动幼儿的学习积极性、主动性、理解力；同时，活动内容具有较大的灵活性、变通性，容易及时增补有价值的内容，也有利于教师和幼儿一起计划、安排活动。但较难形成系统的经验，加之幼儿真正的兴趣难以预先确定，因此，教师把握起来有一定的难度。

4．幼儿园教育活动内容组织的形式

幼儿园教育活动内容组织的形式是多样的，根据其结构化程度的高低或者知识逻辑的强弱，可组织不同的活动形式。通常按照结构化程度由高到低有：学科领域活动、单元主题活动、方案教学、区域游戏活动等。

（1）学科领域活动

幼儿园的学科领域活动是以学科为中心来组织，但是学科的分类并不严格、精确，只是把相关的知识包括在一个相对大的“领域”之内，如幼儿园的“科学”活动领域，就包括了地理、物理、环境、生物等学科的内容。因而幼儿园的学科领域活动不说是学科，而用领域。但是，“领域”不是几种学科内容之间的拼凑，而是按照知识的内在联系和幼儿心理发展规律而组成的有机整体。因此，幼儿园的领域活动分成五大方面：健康领域活动、社会领域活动、语言领域活动、科学领域活动、艺术领域活动。这也是我国当前幼儿园最主要的教育活动内容组织形式之一。

（2）单元主题活动

单元主题活动是指在一段时间内围绕一个中心内容（即主题）来组织的教育教学活动。它最大的特点是打破了学科之间的界限，将各种活动内容围绕一个主题（中心）有机连接起来，让学习者通过单元的活动，获得与中心有关的较完整的经验。

单元主题活动主要强调幼儿生活中的世界是以具体的自然事物为本位的，而非抽象出来的学科知识。幼儿所接触的自然、生活、世界本身就包含多个领域，是一个整体，主题活动的展开形式恰好符合幼儿的认知特点。

（3）方案教学

方案教学源于意大利瑞吉欧的教育体系。这种教育活动内容的组织方式是儿童在教师的支持、帮助和引导下，围绕某个大家感兴趣的生活中的“课题”进行深入研究，在合作的研究中发现知识、理解意义、建构认识。

方案教学活动的内容与组织有以下特点：

①强调活动的动态设计、随机生成。即活动的方案与计划不是完全预先确定的，而是在活动之前只是一个大概的“蓝图”和“框架”，然后在与儿童的活动互动中，根据儿童的发现和兴趣，不断地生成新的活动内容和方向，在活动过程中与儿童一起计划活动的进程。

②方案教学活动的内容并不是在活动之前就预先设定的，因此，方案教学活动的内容既有确定性，又有不确定性。确定性指活动内容与预先设计的蓝图和框架是有关联的；不确定性是具体的活动内容由幼儿在活动中的发现和兴趣决定，做出决定的不仅仅是教师，还包括所有参与活动的儿童。

方案教学活动的组织有五个要点：

①团体讨论。团体讨论就是全班一起或分成小组，针对各种论题进行讨论，并分享各自的想法和经验。这是教师和儿童一起学习的重要方式。

②实地调查。实地调查是指教师和儿童走出教室，开展现场参观、访问、调查，以获得活动展开需要的第一手资料。

③发表。发表是让儿童回顾与主题相关的在幼儿园外的个人经验，并将它表达出来。表达方式可以用图画、数学符号、喜剧扮演或者模型制作等。

④探究。探究是方案教学活动中很重要的环节。儿童通过访问自己的父母、校外的朋友或者通过实地参观和访问专家的方式，找到问题的答案。

⑤展示。把儿童在整个活动过程中的工作和经验通过布告栏和墙上档案的形式展示出来，既可以让儿童互相分享，也可以给儿童下一个环节的活动提供启发，还可以让家长或者来访者了解儿童在幼儿园的活动。

（4）区域游戏活动

区域游戏活动也称活动区角活动，在当前的幼儿园，特别是城市幼儿园中颇受重视。区域游戏活动主要是幼儿自己的活动、自己的游戏，不像前几种活动那样明显地感到教育教学的因素，更不像主题活动和学科活动那样是教师设计和组织的。但是，区域游戏活动也并非完全没有教师的影响。在区域游戏活动中，教师的影响和控制比较间接和隐蔽，教师的影响是通过对材料的投放来实现的。

第二节　幼儿园教育活动的原则与方法

一、幼儿园教育活动的原则

（一）幼儿园教育活动原则概述

1．幼儿园教育活动原则的定义

幼儿园教育活动原则是根据幼儿园教育的目的、任务和幼儿的年龄特点制定的，反映了幼儿园教育教学过程的客观规律，是幼儿园教师长期教育教学实践经验的概括和总结。它贯穿于幼儿园教育教学的全过程，指导幼儿园教育教学活动的各方面，是幼儿园教师组织教育教学活动必须遵循的基本准则。

2．幼儿园教育活动原则的意义

教育活动原则在一定程度上决定了教学内容、教学方法与手段、教学组织形式的选择。遵循教育教学原则，对教学活动中的内容、方法、手段、形式的选择，都有着积极而重要的作用。科学的教育活动原则可以有效地提高教学效率。在教学活动的实践中，灵活有效地运用科学的教育教学原则，对教学活动的有效顺利开展、对提高教学活动的质量和效率都该有着积极的作用。

3．幼儿园教育原则的形成

幼儿园教育活动原则是根据幼儿教育教学的目的、任务和幼儿年龄的特点制定的，它借鉴了国内外先进的教育实践经验以及传统的幼儿园教育教学改革经验与创新经验，因而既有客观性，又有鲜明的时代特点，是幼儿园教育教学活动中普遍适用的、应该遵循的教育教学原理。同时，它也是幼教工作者长期实践经验的概括和总结，可以说原则来源于实践，又反过来指导实践，并在教育教学实践中不断丰富、发展、完善和创新。

（二）幼儿园教育活动原则的分类

1．思想性原则

(1) 思想性原则的含义

思想性原则是指在幼儿园全部教育教学活动中，要坚持辩证唯物主义，授予幼儿科学知识，并结合知识教学对幼儿进行社会主义品德和正确人生观、科学世界观教育，也就是说要寓德育于各项活动之中。

根据幼儿身心发展的特点和实际情况，幼儿期的德育仅指品德教育。幼儿的品德是在社会、家庭、幼儿园教育的影响下，在与周围成人和同伴的日常生活交往过程中，逐渐形成和发展起来的。它贯穿于幼儿一日生活的方方面面。

（2）思想性原则的运用

①从实际出发，有针对性地进行教育。德育工作应当紧密联系实际，追求实际的效果，以符合幼儿年龄特点的形式、方法进行，让幼儿自觉地接受教育活动的影响。

②利用榜样示范的力量，对幼儿进行教育和影响，使其逐步形成良好的品德，同时塑造良好的班级氛围，通过集体舆论的力量来影响幼儿。

③通过幼儿一日活动的各个环节，以幼儿的实际活动为基点，对幼儿进行潜移默化的影响，使幼儿形成良好的品德、行为习惯和性格。

④发掘教育教学活动中的思想性，注意在教学中对幼儿进行品德教育，但要注意知识的系统性和教学的完整性，以免影响幼儿对知识的理解。

⑤教师应以身作则，言行一致，成为幼儿行为的表率。同时，教师必须不断充实自己，提高自身的思想修养水平，才能确保教学不偏离教育方向，保证教育的思想性。

⑥要调动幼儿园内部和家庭、社会各方面的力量，做到协调一致、相互配合，以免教育效果的相互抵消，甚至造成幼儿的双重人格。

2. 科学性原则

（1）科学性原则的含义

首先，科学性原则是指向幼儿传授的知识、技能应该是正确的，是符合客观规律的。教学内容的安排、教学形式的选择和教学方法的运用，均应符合幼儿年龄特点及其认识事物的规律，是切实可行的。其次，科学性原则指幼儿园教育必须适宜，即为每名幼儿提供适合其年龄特点、适合其个别差异的课程及教育教学实践。最后，科学性还要求在教育教学活动中要因材施教。

（2）科学性原则的应用

①教师应了解和掌握幼儿的年龄特点和发展规律，科学组织幼儿一日活动，合理安排活动时间和活动量。选择正确的教学内容，向幼儿传授正确的知识、技能。根据幼儿的实际制订切实可行的教育教学计划，选择相应的教学模式、组织形式和教育教学方法。

②教师对知识和技能的介绍、说明、讲解、分析、举例必须正确，以利于幼儿形成科学的概念。注意知识间的联系和多种教育手段的合理运用，激发幼儿学

习的积极性和主动性，培养幼儿的创造力、观察力和动手操作的能力等。

③承认差异、尊重差异。教师应通过调查研究，切实了解班上每一个幼儿的知识基础、智力水平、学习态度、学习兴趣、意志性格、道德品质和行为习惯等方面的特点，分析其产生的原因，做到心中有数。

3. 活动性原则

(1) 活动性原则的含义

由于幼儿的发展是通过活动而实现的，因而在教育教学活动中应当让幼儿在主动的活动中来学习并获得发展。幼儿在他们原有发展水平上，通过与物体相互作用的操作活动，与教师和同伴的交互活动，建构他们自己的认知结构，发展其智力，体验和理解自我与他人间的相互关系和情感。活动性原则要求幼儿教育以活动为主导，以活动贯穿整个教育过程，以活动促进幼儿身心健康发展，以活动作为幼儿教育的主要内容和形式。同时，活动性原则要求在向幼儿传授知识技能时，应当通过实物或教具材料，让幼儿获得直接具体的感知。

(2) 活动性原则的运用

①提供活动机会和环境。为了贯彻活动性原则，教师要为幼儿提供物质材料和充分的活动时间，以及与同伴、教师交往的机会。要相信幼儿，放手让幼儿进行操作活动、交往活动，同时给予幼儿必要的指导，让幼儿身心获得自由发展。有些幼儿教师在幼儿活动中没有认识到教师指导在幼儿活动中的重要性，从而放弃指导。他们认为只要让幼儿自己玩耍就是活动，只要在活动中孩子没有出事，教师就算尽了自己的责任。其实幼儿进行活动时，会遇到许多问题。如果不能及时解决，对幼儿的发展可能产生不利影响，而教师在幼儿活动中如果认真观察就会发现这些问题，并可以及时帮助幼儿解决。教给幼儿一些必要的方法，提供必要的指导，并引导幼儿自己去寻求答案，可以更好地促进幼儿的发展。

②鼓励幼儿活动的积极性、主动性和创造性。教师要鼓励幼儿在活动中的积极性、主动性和创造性，使活动真正成为促进幼儿发展的手段。幼儿教师首先要以积极的心态对待周围发生的事，以身作则、身体力行地参加到活动中去，只有这样，才可以鼓励幼儿积极参加活动。在活动中，幼儿对事物产生了一些自己的看法，并付诸实施。这些结论与尝试未必一定正确，甚至在成人看来是可笑的，但是作为幼儿教师，一定要正视幼儿在活动中通过个人努力发现总结出的经验与发明，不要嘲笑幼儿的探索，更不要对他们的实验加以阻止，或是自以为聪明地把答案告诉幼儿。这样不仅会打击幼儿探索的积极性，甚至会阻碍他们创造力的

正常发展。应该以热情、耐心、细致的态度面对幼儿，及时地鼓励、表扬他们的尝试，针对他们的具体困难，给予必要的帮助。

③活动多样化。幼儿的发展需要是多样的，幼儿的兴趣是广阔、多变的，因而需要多样的活动满足其发展。从幼儿参与的活动来看，形式也是多种多样的，例如生活能力练习活动，玩玩具游戏活动，讲故事活动，观察活动，小实验活动，音乐舞蹈活动，绘画、手工制作活动，种植、饲养活动等。不同形式的活动，能满足幼儿不同的需要，多样化的活动能更好地激发幼儿的兴趣，多方面地培养幼儿的能力，促进幼儿的身心健康发展。

④活动要讲究实效，克服形式主义。活动是目的，更是发展幼儿的手段。要注意活动发展的实际价值，克服形式主义，不要为活动而活动。在幼儿园里，许多教师在组织一日活动时，往往出现以活动作点缀的现象。要克服形式主义的倾向，幼儿教师必须正确认识活动的价值，不断提高自身的素质和专业水平。幼儿园也应该树立正确的评价制度，激发教师组织活动的积极性。

⑤要避免教师在幼儿活动中放弃指导，同时也要避免过多的、不恰当的指导而干扰幼儿思维的连续性，从而降低活动的发展价值。

4．综合性原则

（1）综合性原则的含义

综合性原则主要是指在进行教育教学活动时，必须以幼儿的直接经验和实际生活为基础，配合其能力、兴趣和需要，尽量在幼儿园的教育教学活动中促进幼儿多层次、多角度、多学科的发展。综合性原则体现在教育内容的综合和教育手段的综合两个方面。

（2）综合性原则的运用

①幼儿教师要不断提高自身素质。教师素质的高低直接影响到综合性原则在幼儿园实施的效果。特别是当前科学技术日新月异，心理学、教育学知识不断丰富和更新，教育内容与教学方法也在不断更新，所以教师也要不断地提高自己的素质，使自己的内在修养不断提高，才会使教育内容更加丰富多彩，教育方式更加灵活多样。

②因地制宜地使用综合性原则。我国幅员辽阔，风俗民情各有不同。因此，在幼儿园里实施综合教育的时候要根据本地的特点进行教学，也就是说要因地制宜，例如，在城市里，教师可以把那些新科技引入幼儿园里，充分发挥城市优势，让幼儿对新鲜事物有更多的了解；而在乡村，幼儿园教师则可以利用本土的

自然风光、现有的物质材料，对幼儿进行教育。

③不可为综合而综合。综合性教育教学的原则对幼儿教师的要求极高，需要教师不断地提高自身的素质，而当前许多幼儿园还不具备进行综合性教育的物质条件和师资水平，这时强行要求综合的做法是不可取的。这种为综合而综合的做法，是典型的邯郸学步、东施效颦，不仅无法实现教育的综合，不利于幼儿的学习，而且容易使幼儿失去本该有的学习机会与学习内容。

5. 保教结合原则

（1）保教结合原则的含义

保教结合原则是指在教育教学活动中，教师要树立保教并重的思想，把保育和教育有机地结合起来。从身体和心理两个方面促进幼儿的健康成长，培养幼儿良好的生活习惯和学习习惯；同时有目的、有计划地对幼儿实施全面发展教育，促进幼儿全面和谐发展。

（2）保教结合原则的运用

①幼儿教师要树立全面发展的教育思想，增强保教结合意识，在工作中坚持保教并重，不可偏废。既要注意保育中的教育作用，又要注意教育中的保育作用，把保育和教育有机地结合起来，贯彻到幼儿园教育教学活动的各个环节和整个过程中，以实现保育和教育共同的目标。

②幼儿教师的工作要以教育教学活动为主，但在教育教学活动中要时刻注意加强对幼儿的保育工作，例如科学合理地安排幼儿活动，密切注意教育教学环境的安全和卫生，加强教学过程的管理，对教学过程中偶然出现的问题及时处理。这既是保证正常的教育教学活动顺利进行、提高教学效果的措施，也是加强保育工作的重要内容。

③保育员的工作要以负责幼儿日常生活、保护幼儿身心健康为主。同时，要重视保育员在幼儿日常生活活动中的教育作用。例如通过日常生活活动培养幼儿适应集体生活的规则，树立集体观念和纪律观念；培养幼儿生活自理能力和独立性；发展幼儿智力，培养幼儿优良品质等。

二、幼儿园教育活动的方法

（一）幼儿园教育活动常用方法分类

方法是完成任务、达到目的所采取的方式和手段。幼儿园教育教学活动的方法，是幼儿园为完成对幼儿进行全面发展教育的任务所组织的教育活动中采取的方式和方法。在幼儿园教育教学活动中究竟采用什么样的方法，主要取决于幼儿园的教育教学活动目标、内容、规律和幼儿的年龄特点，教师自身的素质，本园的具体情况等。

1. 口语类

(1) 讲解法

讲解法是教师通过语言系统连贯地向幼儿传授知识、技能的方法。通过语言向幼儿说明一些简单的、基本的知识和道理，让幼儿了解规则及其意义。教师对幼儿的讲解不一定是全班的讲解，还应该包括小组的和个别的讲解。讲解法的使用有一个基本的前提，那就是依靠幼儿自己的探索和思考很难把握事实、道理或规则的本质，或幼儿自己的探索和思考达成目的的时间代价过高。教师的讲解有助于降低幼儿理解的难度，或使幼儿真正掌握相关的内容。幼儿园教育中的讲解应该是感性的、生动的、具体的，关注幼儿兴趣和已有经验。

在使用讲解法时应注意：

①教师讲解要目的明确、内容正确，善于设问解疑，以激发幼儿的求知欲望，引发幼儿思维的积极参与，使幼儿在教师的讲解过程中，手脑并用，以培养其能力。在准备进行讲解之前，要认真研究讲解对象，明确要讲什么，怎么讲，什么时候讲。根据活动的任务、活动的氛围和幼儿的不同反应进行讲解，切忌灵机一动，想起什么讲什么，愿讲多少讲多少。

②教师在讲解时要抓住关键点，突出重点和难点，简明扼要地进行讲解。要充分利用直观教具、实物、挂图、多媒体等有效手段，将枯燥的知识生动化、趣味化，以提高幼儿的学习兴趣。

③教师在讲解时语言要形象生动、条理清楚，注意语言的启发性和趣味性。教师饱含深情、深入浅出、情真意切的讲授才能唤起幼儿的情感，开启其心智。同时，讲解要根据对象的具体情况，运用术语，帮助幼儿建立正确的概念。

④讲解要符合幼儿实际，启发幼儿思维。教师讲解的深浅、语言的运用都要符合幼儿的实际。结合幼儿的知识经验和生活常识，运用浅显的语言进行讲解。同时，要注意合理地运用提问方式来吸引幼儿的注意力，启发幼儿动脑筋、想问题，激发幼儿积极的思维。

⑤讲解法是教育教学活动中的一种重要方法，但不是唯一的方法，所以在日常活动中，还要注重将各种教学方法有机地结合起来，例如游戏法、观察法等。这样才能让教学更上一层楼，促进幼儿更好地发展。

⑥讲解要注意时机和形式。教师要针对具体情况，随时提出要求，给予指导。

（2）谈话法

谈话法也称为问答法，它是教师根据一定的教学目的、任务和内容，向幼儿提出问题，要求幼儿回答，在问与答的过程中引导幼儿获得新知识或巩固所学知识的方法，也是教师与幼儿及幼儿与幼儿之间围绕某个问题进行的思想和情感交流。谈话法有助于幼儿发散思维、进行思考、表达经验，有助于幼儿形成一些正确的观念，加深对知识概念的理解。

谈话法运用时应注意的问题：

①设计好问题。选择的问题要体现重难点、符合幼儿身心发展规律，班上绝大部分幼儿对所要进行谈话的话题具有一定的知识经验，即有某些实际的生活经验或表象，如果幼儿对该问题没有一定的知识基础和必要的生活经验，教师可以用观察、实验、直观教具、逻辑推理或者用已知的知识作对比；问题要具有启发性，能促进幼儿积极地进行思考；所提出的问题要层层深入，具有梯次性，逐步地促进幼儿深入思考；所选择的问题要具有典型性和针对性，是针对某一具体话题设计的；最后，问题要具有思想性，能促进幼儿思想道德品质得到进一步的提升。

②善于提问。幼儿教师在提问的时候，问题要明确具体，要使幼儿能够理解，并能针对所提出的问题进行思考；教师要选好提问时机，不能在一开始就将所有的问题一股脑地抛出，也不能在幼儿尚未得出结论的时候，就急着提出下一个问题。

③做好谈话后的总结工作。及时帮助幼儿对问题作出总结，得出结论；针对谈话活动中幼儿的表现进行点评，帮助幼儿学会谈话的技能技巧。

（3）讨论法

讨论法是指教师和幼儿围绕某个论题进行的思想碰撞或思想发散。讨论的话题应具有可讨论性，比如有价值冲突的讨论，如谁对谁错等；或者是有多种求解可能性的，如如何帮助班上爱打人的小朋友。讨论法的前提是有一个可讨论的论题，这个论题要么是存在价值冲突，要么是有潜在的众多可能性。如果论题不适宜讨论，不具有讨论的特性，不是真正意义上的论题，而只是谈话的话题，就可能使讨论难以展开和维持，或者使讨论变成一般的谈话，流于形式。在讨论过程中，教师的首要作用是引导，而不是指导。教师参与幼儿的讨论，应少问多说，即表达个人见解，以引发幼儿表达个人见解，应在平等讨论中潜移默化地影响幼儿。

讨论法在运用过程中要注意：

①教师要选择恰当的论题，帮助幼儿澄清价值，或者形成观念、看法。讨论活动中所选择的论题，应符合幼儿已有的知识经验，或者是幼儿所熟悉和感兴趣的。

②教师在讨论过程中要注意引导幼儿围绕论题进行讨论。注意观察幼儿的反应和论题的走向，引导幼儿围绕论题深入下去。教师不要发表过多的评论和见解，以免干扰幼儿的思路，影响幼儿创造性思维的形成和发展。

③教师在组织讨论的时候，要创造宽松、自由的氛围，塑造平等的师幼关系，使幼儿能够在讨论活动中想说、敢说、能说、会说，充分地发挥幼儿的创造精神和质疑能力。

④讨论后及时总结，针对幼儿的观点进行适宜的点评，帮助幼儿形成正确的认识。或者在讨论结束后，开展相应的活动，帮助幼儿加深印象，形成认识。

2. 直观类

（1）示范法

示范法是幼儿教师通过具体动作范例，使幼儿直接感知所要学习的技能、动作结构、顺序和要领的一种教学方法。由于幼儿具有直接思维的特点，幼儿教师向幼儿传授动作技术、操作方法、技能技巧，都离不开示范，所以示范法是幼儿园教育教学的重要方法之一。教师的正确示范不仅能使幼儿直观地建立正确的动作概念，而且能引起幼儿学习的兴趣，调动幼儿学习的积极性。除了动作的示范，还有榜样的示范也较为常见。榜样不仅仅是教师，也包括幼儿、家庭和社会环境。

运用示范法要注意以下几点：

①示范要有明确的目的。教师每一次示范必须明确希望通过示范让幼儿能学到什么。在准备活动的时候，根据活动的任务、活动特点、幼儿情况来安排什么时间示范、示范多少次、重点示范什么。为了使幼儿获得完整的印象，一般可先做一次完整的示范，然后根据学习对象的特点做重点示范。必要时，还可以用正误对比的方法进行示范，加深幼儿理解，防止和纠正错误。

②示范要正确、优美，力争每次示范成功。教师示范不正确，就会使幼儿理解不清楚，出现错误，错误经过多次重复，就会形成错误的动力定型，所以教师

必须认真地做好每一次示范。幼儿对美的事物极为敏感，教师优美的示范，不仅能教给幼儿正确的知识技能，更能吸引幼儿的注意力，激发其学习的兴趣和积极性。优美的动作示范，也能帮助幼儿克服反复练习的枯燥，更快、更好地掌握要领。由于幼儿对新事物感兴趣，在教师第一次示范时，他们的注意力特别集中，留下的印象也最深刻，所以教师应特别注意做好第一次示范，力争给幼儿留下深刻的印象。

③除了教师亲自做示范之外，也可由掌握较好的幼儿做示范，这样不仅可以起到与教师示范的相同作用，还能增强幼儿学习的信心。如果有条件，还应利用直观教具（如照片、画片、幻灯片等）进行教学，但使用时要防止幼儿注意力的转移，或流于形式。

④在选择榜样进行示范的时候，要注意选择具有教育意义的正面榜样。教师要有意识地引导幼儿向榜样学习。

（2）演示法

演示法是指教师向幼儿出示各种实物、教具、模型进行示范性实验，使幼儿获取知识的方法。演示法常配合讲授法、谈话法一起使用，对提高幼儿学习兴趣，发展幼儿观察能力和抽象思维能力、减少学习中的困难有重要作用。通过教师直接的规范操作演示，能够帮助幼儿迅速把握知识、技能的关键，掌握基本的方式方法，因而演示法是幼儿园教育教学中十分重要的一种教学形式。但是演示的时候要注意引导幼儿独立思考，避免教师的演示示范影响幼儿创造能力的发展。

运用示范法应注意：

①演示要求正确、清楚，动作不要太快，要让全体幼儿都能看清楚。使用演示必须与语言指导紧密配合，边讲边做。这样既可防止幼儿注意力分散，也可弥补直观的某些不足。教师在使用演示前，先要加以必要的说明，指出明确的观察任务；在演示过程中，要及时提出问题，指引观察方向；在演示后要做好小结，引导感性知识向理性知识升华。

②演示要符合教学的需要和幼儿的实际情况，有明确的目的；使每个幼儿都能清晰地感知到演示的对象；在演示的过程中，教师要引导幼儿进行观察，把幼儿的注意力集中于对象的主要特征、主要方面或事物的发展过程；要重视演示的适时性；结合演示进行讲解和谈话，使幼儿尽快掌握所学知识。

（3）观察法

观察是有预期目的的感知活动，是人类认识世界的重要途径。幼儿的观察是幼儿认识自然和社会、取得直接经验的重要途径。观察法是指教师有目的、有计划地引导幼儿感知客观事物的一种方法。它是幼儿园教育活动中的一种基本方法。

引导幼儿观察的常用方法有六种：顺序观察法、典型特征观察法、分解观察法、比较观察法、追踪观察法、探索观察法。这几种观察方法并不是孤立运用的，在指导幼儿观察时可根据具体情况和需要，将它们配合运用，这样会取得更好的教育效果。

引导幼儿观察时应注意：

①观察前要做好准备工作。首先，要确定观察的内容，提出观察要求，拟定观察计划；其次，要熟悉观察对象，掌握有关的知识和技能，同时要创造观察的条件，提供观察的对象。

②观察开始时，教师要向幼儿提出观察的目的，引起幼儿观察兴趣，引导幼儿自始至终有目的地进行观察。

③观察过程中，教师应用语言与手势进行指导，教幼儿按顺序（如从上到下，从左到右，从中心到四周等）观察和用比较的方法观察，同时要调动幼儿的多种感官参与观察活动，有意识地在观察活动中发展幼儿的语言能力。

④观察结束时，要总结幼儿观察的印象，让幼儿将观察到的知识进一步巩固和条理化。同时还应组织幼儿作观察记录，记下他们的感受、体验、发现与认识。记录的方式可采用笔录、磁带、绘画等。

⑤运用观察法时应强化感官训练，让幼儿看一看、听一听、闻一闻、摸一摸、尝一尝，对年龄越小的幼儿越应是这样。

（4）电化教学法

电化教学是指在幼儿园中，将声音、动画、图像、手写等各种记录介质和记录方式有机地联合在一起，创造丰富、形象的教学内容的教学方法。录音机、幻灯机、多媒体等现代化教学设备都可用于电化教学。电化教育可以灵活运用于各种教育领域和教学的各个环节，在幼儿园中运用具有广泛的实用性和多种学科的综合性，是现代科学技术和艺术的综合体，有利于增强幼儿的学习兴趣，增强幼儿的情绪体验，充分发挥幼儿视觉和听觉的作用。

运用电化教学法要注意：

①增强电教意识。对各种形式的电化教育手段的发展和应用，幼儿教师要主动接受，尽快地将现代化教育手段用于教育教学实践中。

②注重实效，避免形式。由于电化教学在教育教学中越来越受到教师的重

视，有些幼儿教师无视教育教学的实际需要，所采用的电化教学形式甚至与教学内容无关，浪费了资源和幼儿的时间。使用电化教学设备时，必须服从于教学目的和任务，并充分考虑本班幼儿的发展水平和年龄特点，充分发挥电化教学的作用，取得最佳效果。

③教师要不断提高自身素质。要想有效利用现代化的教育教学手段，幼儿教师需要不断地提高自身的综合素质，比如制作课件的能力、操作设备的能力等。

3. 实践操作类

(1) 练习法

练习法是指在教师的帮助、带领下，通过多次重复使幼儿熟练地掌握知识和技能，形成行为习惯的一种方法。它是巩固新知识、形成技能技巧和习惯的基本方法。在教学中，练习法应用比较广泛。幼儿通过反复练习，可将所学的知识应用于实践，并在实践中得到巩固和提高。此外，在练习活动中，幼儿自然而然地处于学习主体的地位，因此，这一方法有助于发挥幼儿的积极性和主动性。

利用练习法应当注意：

①明确练习的目的和要求。练习虽是多次地完成某种活动，但并不是简单的机械的重复，而是有目的、有步骤、有指导地形成和改进幼儿技能、技巧，发展幼儿能力的过程。因此，在练习时，不仅教师要有明确的目的，而且也要使幼儿了解每次练习的目的和具体要求，自觉地进行练习。

②精选练习材料。练习材料要根据练习目的、幼儿实际情况以及学习和生活上的实际需要加以选择；要加强基本技能的训练，把典型练习、变式练习和创造性练习密切结合起来，努力促进幼儿技能的积极迁移，使幼儿能举一反三、触类旁通，发展他们的实际操作能力和创造能力。

③正确的练习方法。练习方法要按照确定的步骤进行，不管何种练习，都对幼儿思维的积极性有一定要求。有的练习材料可采用全部练习法；有的练习材料可采用分段练习法（又称单项或分步练习体系），即把某种复杂的操作活动，分解为几个部分，先专门练习其中的某一部分，然后再过渡到综合练习。练习开始时，教师通过讲解和示范，使幼儿获得有关练习的方法和实际动作的清晰表象，然后进行练习，先求正确，后求熟练。练习的方式要适当多样化，以提高幼儿练习的兴趣和效果。

④适当分配练习的分量、次数和时间。技能、技巧或习惯的形成，都需要足够的练习；但是，练习的分量和次数，要根据学习对象的性质、练习的材料和幼儿的年龄特征来确定，不是越多越好。练习的时间分配，一般来说，适当的分散

练习比过度的集中效果更好。开始阶段，练习的次数要多些，每次练习的时间不宜过长，然后可逐渐延长练习的时距，每次练习的时间略可增加。

⑤了解练习的结果。每次练习之后，应检查哪些方面有成效，哪些方面存在缺点或错误，保留必要的、符合目的的动作，舍弃多余的动作，或组织一些校正性练习。当幼儿出现“高原状态”时，不能轻易认为是生理限度，教师要帮助幼儿分析原因，指导他们改变旧的活动结构，采用新的方式，并增强他们的信心，鼓励他们突破“高原状态”，争取更大的进步。

（2）操作发现法

操作发现法是发现法的一个分支，即教师提供合适的教具、玩具及其他材料和相应的操作环境，使幼儿在操作活动中发现问题、积极探索，从而获得一些感性经验和粗浅的科学知识，培养幼儿的探索精神和动手能力的一种教学方法。与传统的讲解演示法相比，它具有实践性、主动性、发现性等优势，能使幼儿在教学活动中由被动接受变为主动获得，由理解、记忆变为操作、探索，更为适合幼儿的年龄特点和有利于现代幼儿教育目标的实现。

操作发现法在实际运用中一般分为五个阶段，即准备、初步操作、交流讨论、总结、运用迁移。准备阶段：即在正式进入探索前做好物质准备和精神准备的阶段，教师要为幼儿准备好充分的操作材料，并向幼儿提出操作的目的、意义、方法，使幼儿的注意力指向操作过程中操作材料的变化。初步操作阶段：幼儿在教师的提示下进行操作探索，深入观察和感知操作过程中事物的关系及变化，从中归纳出一定的原理和概念。这是操作发现的主要过程，也是幼儿获得知识、发展能力的基础。交流讨论阶段：在教师的组织下，每个幼儿发表自己的探索成果。对其中不一致的地方，教师可组织讨论并启发幼儿进一步地操作探索。总结阶段：在探索和交流的基础上，教师启发幼儿根据所要探索的问题，把操作中获得的知识经验加以归纳整理，使之初步系统化。运用迁移阶段：通过一系列的口头和操作练习让幼儿完成一定难度的任务，使幼儿获得的知识得到迁移。在具体的教育活动中，操作发现法的步骤可以依据需要灵活调整。

运用操作发现法应注意：

①处理好幼儿的主体作用与教师的主导作用的关系。幼儿是学习的主体，教师的主导作用关键就在于启发幼儿操作和探索的积极性、主动性，因此，教师主导作用的发挥必须以充分调动幼儿学习的积极性、主动性为依据和行动准则，这是运用操作发现法的关键。教师要致力于启发幼儿通过操作发现问题、寻找事物的内在规律并适时地给予指导，帮助幼儿总结、得出结论，而绝不是包办代替，

让幼儿的操作验证教师给出的结论。

②教师要做好充分的准备。教师要根据幼儿年龄特点，教学活动的目标、内容要求，巧妙地设计、选择教具、玩具及其他操作材料，以便于幼儿操作、发现和探索为标准，不要单纯追求新、奇，而干扰幼儿的注意指向，影响活动效果。给幼儿准备的操作材料要力争每人一套，以便给幼儿提供充分的操作探索机会。

③应给幼儿讨论和评价的机会。在操作活动中幼儿可能对问题有不同的认识，这是正常的，教师不能简单地肯定或否定幼儿的看法，而应根据实际情况组织幼儿展开讨论，各抒己见，互相争论、评价、补充，以促进幼儿的进一步探索，最终得到比较圆满的结果。要注意使每个幼儿都有发表自己意见的机会，教师要掌握全局，选择比较好的答案，适时帮助幼儿总结，将幼儿获得的知识经验系统化。

④教师提问与指导要有启发性和针对性。在操作发现的过程中，教师不能放任幼儿无目的地摆弄，而应适时提出有针对性的问题，不能只简单地问幼儿“是不是”“对不对”，而要多问幼儿“你是怎么做的”“你发现了什么”“为什么”等，促使幼儿积极思考和进一步探索。教师的指导也应以促进幼儿的操作发现为目的。

(3) 游戏法

游戏法是指在教师指导下进行有规则的游戏活动来进行教学的一种方法，是深受幼儿欢迎的一种教学方式。应用游戏法进行教学是幼儿园教学最显著的特点之一。

游戏是幼儿最喜爱的活动，在游戏活动中，幼儿注意力集中、兴趣浓厚，能充分发挥他们的积极性和主动性，因而容易获得良好的教育效果。游戏作为一种特殊的活动，其内容丰富多彩，形式多种多样，易引起幼儿的共鸣。

在运用游戏法时应注意：

①根据不同的教育目的和教学内容，选择和创编不同形式的游戏，以完成一定的教学任务。例如，在对幼儿进行常识教育时，可利用图片开展“配对游戏”，使幼儿通过游戏活动认识水果、蔬菜、交通工具、服装等；又如，在小班进行基本动作训练时，可组织幼儿玩“小猫玩球”“赶小鸡”等游戏，均可收到良好的效果。

②教师应重点指导幼儿遵守游戏的规则，完成既定的教学目标。

③在组织游戏活动时，由于游戏的内容和形式不同，教师在指导方法上也应有所变化。例如，组织幼儿进行创造性游戏时，教师应事先为幼儿选择好适合开

展创造性活动的场所，提供必要的条件和设备。在幼儿进行探索性活动时，要善于不加干涉地给予帮助和指导，允许幼儿主动自由地探索。组织幼儿进行教学性游戏如语言游戏、计算游戏、智力游戏、体育游戏时，教师应根据教学任务和内容选择游戏的形式，并确定游戏的主题、动作和游戏的规则等。在游戏开始时，就向幼儿交代游戏的规则和要求，并以对游戏的极大兴趣，激发幼儿参加游戏的愿望。游戏中要注意激发幼儿的积极性、主动性，并督促幼儿遵守游戏规则，发现错误应及时纠正，加强对个别幼儿的指导。游戏结束时，教师要进行小结，对积极参与游戏的幼儿和有进步的幼儿进行表扬，对游戏中存在的不足之处，提醒幼儿在下次游戏中改正。组织教学性游戏时，教师应适当地进行讲解和示范。

（二）教育方法的选择

要有效地完成教学任务，必须正确选择和运用教学方法。常有这样的情况，有些教师教学效果不太好，不是因为他没有水平，而是由于教学不得法，特别在部分教师思想中，还存在着重教学内容轻教学方法的倾向。所以，我们应当注意教学方法的选择与运用。一般来说，教学方法和手段的选择主要依据以下几个方面：①教学目的和任务；②教学过程规律和教学原则；③本门学科的具体内容及其教学法特点；④幼儿的可接受水平，包括生理、心理、认知等；⑤教师本身的条件，包括业务水平、实际经验、个性特点；⑥幼儿园与地方可能提供的条件，包括社会条件、自然环境、物资设备等；⑦教学的时限，包括规定的课时与可利用的时间；⑧设计可能的真实效果等。

教学是一种创造性活动，选择与运用教学方法和手段要根据各方面的实际情况统一考虑。万能的方法是没有的，只依赖一两种方法进行教学无疑是有缺陷的。常言道，“教学有法，但无定法”。每个教师都应恰当地选择和创造性地运用教学方法，以表现自己的教学艺术和形成自己的教学风格。

第三节　幼儿园教育活动组织与指导方法

一、幼儿园教育活动组织与实施指导策略

策略泛指为达到目的而采取的方式和方法。幼儿园教育活动组织与实施指导策略是指为了达成教育活动目标而采取的方式和方法，是教育活动科学性和艺术性的体现。在教育实践中，幼儿教师应根据实际需要和现有条件，灵活选择和运用这些方式方法。幼儿园教育活动组织与实施指导策略主要包括教育活动准备策

略、教育活动导入策略、教育活动展开策略、教育活动结束策略等几个方面。

（一）教育活动准备策略

教育活动准备策略是指在教育活动实施之前，根据幼儿身心发展特点、幼儿园已有条件、教师个人特点及教育活动的目标、内容等因素，为保证教育准备工作的质量而采用的一些方式方法。教育活动准备策略主要包括内容分析策略、难点突破策略、问题设计策略、情境创设策略等。

1. 内容分析策略

活动内容是实现教学目标的载体。“教师对活动内容的分析与理解，对活动内容所蕴含的课程价值层面的挖掘程度，直接影响着幼儿在活动中的学习质量，影响着活动内容在促进幼儿身心发展的潜在价值方面的最大化。”因此，做好教育活动内容分析是确保教育质量的重要前提。教育活动内容分析主要体现在活动内容价值分析和活动内容结构分析两大层面。活动内容价值分析要求教师根据教育活动的目标要求，对活动内容的知识价值、能力价值和情感态度价值进行分析，以便更好地利用活动内容达成教育目标；活动内容结构分析是指从逻辑层面对内容本身的组织结构进行剖析，厘清内容组织的逻辑结构，分析重难点所在，以便对教育活动的展开进行系统、合理的安排。

基于活动内容分析的基本要求有以下几点。

第一，内容分析应紧扣教育目标。即要挖掘活动内容的潜在价值，使活动内容更有利于教育活动目标的实现。

第二，内容分析应有利于设计系列化活动。通过内容分析，设计一系列有联系的具体活动，这样的活动设计能够满足寻找活动素材的需要，也能保证幼儿在学习经验上的连续性，还能通过幼儿对活动内容的熟悉过程来满足其对活动内容的“操控”，提升幼儿的自信心和成就感。

第三，内容分析要尊重内容文本的本体价值。应该以一种善待的心情和敬畏的心情来对待优秀作品，尽可能让幼儿完整地、原汁原味地拥有它，让优秀作品独居的核心价值得以充分发挥。而不应该将优秀作品处理得支离破碎，削弱优秀作品对幼儿稚嫩心田的渗透力。

2. 难点突破策略

活动中的难点一般是幼儿不易理解、领会的一些较抽象、较复杂和较深奥的内容，这些内容可能成为幼儿学习的“绊脚石”，也可能成为发展幼儿智力的“试金石”。活动难点包括经验类难点、技能类难点和认知类难点。经验类难点是缺乏相关生活经验所导致的，技能类难点是某种新技能、新规则带来的难点，认知类难点是由于超越了幼儿的认知水平所导致的。

难点突破的基本方法有以下几种。

第一，歌诀法。歌诀法是指将教育活动中遇到的难点巧妙地编织成易学易记的歌诀、生动形象的比喻等。比如针对小朋友们分不清钟面上的时、分、秒针的情况，有教师巧妙地将之编写为一首儿歌："矮个子大哥叫时针，高个子弟弟叫分针，细腰妹妹叫秒针。"通过这种形象化的方式，幼儿很快将时针、分针和秒针区分开了。

第二，前置法。前置法是指将教育活动中遇到的难点，事先安排在活动实施之前或活动的开始环节，以一定的方式巧妙地加以化解的方法。常见的前置法就是让幼儿做好前期经验准备。

第三，过渡法。过渡法是指将教育活动中的难点进行适当处理，以降低幼儿学习难度。比如将难点进行分解，变成有层次的多个小难点，让幼儿在逐步解决各个小难点的过程中提高能力、增强信心。

第四，直观法。直观法是指通过直观的方式让幼儿理解较抽象、较复杂的问题。

第五，提问法。提问法指借助提问引发幼儿思考，活跃幼儿的思维，启发幼儿突破活动中的难点。

第六，对比法。对比法一般用在幼儿遇到比较容易混淆的事物时，通过对比让幼儿明晰不同点，帮助幼儿进行区分和思考。

第七，情境法。情境法是指通过创设一定的活动情境，让幼儿去体验和感受。

第八，蓄势法。蓄势法是指教师在处理活动难点时，能事先做好破解难点所需的各方面准备，包括情绪、经验和认知等方面的准备，让幼儿以较佳的活动状态面对活动的难点，并在教师的适宜引导下，努力破解活动难点。

3. 问题设计策略

问题设计策略是指通过提问设计引发幼儿思考的策略。提问是一种最直接、最常用的互动交流方式，问题设计得好，能够很好地引导幼儿思维的发展。

有效的问题设计能迅速引发认知冲突，激发幼儿的学习欲望。不当的问题设计则阻碍幼儿理解意识的形成，降低幼儿的学习兴趣。问题设计要避免简单化、琐碎化、笼统化、超龄化等问题，避免是否形式的提问。

根据设计的问题所承载的功能，可以将问题设计类型分为描述性问题、概括性问题、比较性问题、理解性问题、推理性问题和指令性问题。

问题设计的基本要求有以下几点。

第一，目标性。

第二，针对性。

第三，层次性。

第四，趣味性。

第五，启发性。

第六，渐进性。

第七，开放性。

第八，挑战性。

第九，适宜性。

第十，整体性。

第十一，适时性。

4. 情境创设策略

情境创设策略指在幼儿学习活动中，创设一个与活动内容、活动目标及幼儿已有经验相适应的活动情境，帮助幼儿获取更多直接经验的策略。良好的活动情境有利于激发幼儿的求知欲，提高和保持幼儿的学习热情，有利于幼儿主动参与、主动体验、主动发展。

活动情境创设的基本要求有以下几个方面。

第一，要体现经验的适宜性。活动情境要贴近幼儿生活，有利于激发幼儿的情境认知和情感体验。

第二，要体现活动的目标性。活动情境的设置是为了更好地实现活动目标，情境与活动内容的相关度要高，要有利于提高幼儿的活动兴趣。

第三，要体现情境的完整性。完整的情境有利于幼儿获取完整的经验。

第四，要体现问题的挑战性。问题情境要有挑战性，能给幼儿带来相关“问题”，让幼儿在解决问题的过程中获得发展。

第五，要体现情节的简洁性。情节设计要符合幼儿认识规律，尽量简洁清晰，避免过多无关情节。

（二）教育活动导入策略

教育活动的实施过程一般包括导入、展开和结束三个基本环节。只有采取合理的策略，合理地组织好导入、展开和结束三个环节，才能使教育活动取得好的效果。

良好的开端是成功的一半。教育活动的导入是指在教育活动开始时，教师为了让幼儿顺利进入学习活动而采取的一系列方式、方法等。教育活动导入策略具有吸引幼儿注意力，激发幼儿学习兴趣，使幼儿把自己的心理活动从课前活动转移到教学活动上来。

常用的活动导入包括情境导入、言语导入、教具导入、游戏导入等多种方式。

1. 情境导入

情境导入指教师根据教育活动目标、内容及幼儿身心发展水平，创设相应的情境，调动幼儿参与活动的兴趣，为幼儿提供前期经验准备。情境导入又可以分为作品情境导入、模拟情境导入、情感激发导入、重大事件导入等形式。

第一，作品情境导入。作品情境导入是利用儿歌、故事、音乐等作品引发幼儿的情感共鸣。在教育活动中，教师可以提前选择优秀的作品，通过作品把幼儿带入相关情境中，激发幼儿的兴趣，引发他们的联想。

第二，模拟情境导入。模拟情境导入是指教师根据教育目标和幼儿身心特点，创设一定的情境，激发幼儿的兴趣，引导幼儿积极参与相关教育活动。

第三，情感激发导入。情感激发导入是指创设能引起幼儿情感共鸣的情境，让幼儿在情感体验的基础上参与教育活动。如母亲节、父亲节时，幼儿园一般会开展亲子类活动，教师可以在活动开始前引导幼儿体验爸爸、妈妈在他们成长过程中的付出和辛劳，让幼儿产生爱爸爸、爱妈妈的情感，然后自然而然地进入相关活动。

第四，重大事件导入。重大事件导入是指通过重大或突发事件生成教育活动，比如奥运会、国庆节、春节、台风、地震、火灾、战争等。幼儿园诸多活动都跟一些重大或突发事件相关，这些事件既是活动导入的策略，也是幼儿园开发课程的重要资源。

2. 言语导入

言语导入指教师以语言的形式激发幼儿的兴趣，引发幼儿的好奇心，保证教育活动顺利展开。言语导入主要包括谈话导入、提问导入等方式。

第一，谈话导入。谈话导入是指教师通过谈话的方式调动幼儿已有的生活经验和激发幼儿学习的兴趣。

第二，提问导入。提问导入是指教师通过提出生动有趣、富有启发性的问题，调动幼儿学习的兴趣，帮幼儿做好心理准备。

3. 教具导入

教具导入是指教师通过直观、形象的图片、视频、实物、模具等教具激发幼儿的兴趣和学习积极性。教具导入一般和言语导入等方式结合使用。

4. 游戏导入

游戏导入是指以游戏的形式导入教学活动，激发幼儿的兴趣和学习积极性。爱游戏是幼儿的天性，游戏往往能迅速地吸引幼儿的注意力，并使他们全身心投入教育活动中去。

（三）教育活动展开策略

展开环节是教育活动的核心部分，在这一环节中，教师要集中和保持幼儿的注意力，引导幼儿认真聆听、积极思考和探索，使其积极参与智力活动、技能活动和情感活动。这一环节中常用的策略有节奏把控策略、高潮生成策略等。

1. 节奏把控策略

幼儿园教育活动是讲究教学节奏的。合理的教学节奏是指教学活动的组织符合教育规律，富有美感的变化。节奏把控策略是在教师的组织下，教育活动各个环节前后呼应、紧密相连、动静交替、张弛有度，产生了一种韵律，使教学与美学完美地融合在一起。我们一般要注意教育活动内容节奏、教育活动的时间节奏、教师的语言节奏和幼儿的学习节奏四个方面的节奏把控。

第一，教育活动的内容节奏。教育活动的内容节奏是指在一定的时间内合理安排教育活动内容，各部分内容相互配合、相互协调而保持一定的节奏。教育活动的节奏是服务于教育内容和教育目标的，教师可以根据已有条件，保证教育活动能够在轻松、活泼的进程中顺利完成。

第二，教育活动的时间节奏。教育活动的时间节奏是指教育活动过程中能合理分配时间，能够在恰当的时间内完成教育活动中的各项任务。时间是重要的教育资源，合理分配时间在幼儿园教育活动中意义重大。教师要在实践中不断探索，形成有个性的、有效率的教育活动节奏，保证教育活动快慢适宜、张弛有度、起伏有致、转换自然。

第三，教师的语言节奏。教师的语言节奏是指教师运用口头语言和身体语言的变化、转换来形成教学节奏的一种组织形式。教师的教学语言要做到抑扬顿挫、自然流畅，要注意运用不同的语速、语气、语势和语调。除了口头语言，教师还应注意身体语言的运用，如用手势、面部表情、身体动作等配合口头语言形成教学节奏。

第四，幼儿的学习节奏。“学习节奏是指幼儿在学习活动中，教师根据幼儿的身心特点来形成教学节奏的一种组织形式。”学习节奏要更多地考虑幼儿身心发展的规律和特点，依据和顺应幼儿的身心发展规律来组织开展教育活动，如让幼儿在活动中合理运用左右脑，使左右脑同时得到开发。

2. 高潮生成策略

高潮生成策略是指在教育活动中将幼儿的情绪、心智活动推向最活跃状态的一种策略。在教育活动的高潮阶段，幼儿意识处于高度兴奋状态，这种状态有利于幼儿智力的发展和情感体验的形成。幼儿园教育活动高潮有紧张竞争的高潮、参与表演的高潮、循序渐进的高潮、情绪感染的高潮、操作奇特的高潮、悬念激情的高潮等。

第一，紧张竞争的高潮。紧张竞争的高潮是通过教学活动中的竞赛手段所制造的高潮。

第二，参与表演的高潮。参与表演的高潮是指幼儿参与特定的教育情境中并将活动推向高潮。

第三，循序渐进的高潮。循序渐进的高潮是指教师循序渐进地将教育活动推向高潮。

第四，情绪感染的高潮。情绪感染的高潮是指教师通过自己的情绪感染幼儿，将教育活动推向高潮。

第五，操作奇特的高潮。操作奇特的高潮是指教师利用新奇的操作激发幼儿的兴趣而形成的活动高潮。

第六，悬念激情的高潮。悬念激情的高潮是指教师通过设置悬念，引导幼儿体验故事等的高潮，从而将教学推向高潮。

（四）教育活动结束策略

教育活动结束环节也很重要，好的结束环节常常与高潮紧密相连，让人恋恋不舍、回味无穷，让幼儿的学习热情得以延伸。常用的活动结束策略有总结归纳策略、水到渠成策略、操作练习策略、延伸拓展策略和游戏表演策略。

1. 总结归纳策略

总结归纳策略要求教师在教育活动结束时，用准确、简练的语言，对教育活动进行归纳总结，使幼儿加深对所学知识、技能的印象，并对幼儿的表现进行点评、鼓励。

2. 水到渠成策略

水到渠成策略是指按照活动内容的顺序，根据幼儿的认识规律一步步地进行教育活动，最后自然收尾，水到渠成地达到活动目标，顺利结束活动。这种策略要求教师精心设计教学内容，合理安排活动结构，准确把握活动进程和时间。

3. 操作练习策略

操作练习策略要求教师在活动结束时采取多种多样的操作、练习方式，进一步巩固幼儿所学知识和技能。

4. 延伸拓展策略

延伸拓展策略是指教育活动结束后，教师以这次活动为导线，将幼儿的学习引入接下来或以后的活动中去。延伸拓展既可以是平面上的延伸，也可以是纵向深度上的拓展。通过延伸拓展，能够使幼儿深入、全面地掌握所学内容，还能激发幼儿的求知欲望。

5. 游戏表演策略

游戏表演策略是指通过游戏的方式结束所学内容。游戏表演是一种深受幼儿喜爱的活动方式，既能缓解幼儿的疲劳，还能检验、巩固幼儿所学知识，同时创造了一种轻松愉悦的气氛。

二、幼儿园教育活动指导方法

教学方法是为了完成特定的教育任务，师幼在共同活动中所采用的方法。由于教学的基本任务、内容性质不同，儿童身心发展的各个方面在速度上不均衡，要使幼儿园教育活动顺利进行，保证教育目标的顺利达成，必须科学合理地选择多样化的教学方法。幼儿园一般有以下几种常用的教学方法。

（一）语言传递法

语言传递法是指在教育活动中通过口头语言对相关内容进行讲述，开展讨论和谈话。语言传递法主要包括讲述法、讨论法和谈话法。

1. 讲述法

讲述法是指教师用口头语言向幼儿描述、说明和解释某种事物的一种方法。通过讲述可以使幼儿了解、理解一些基本的知识、技能、规则，让幼儿懂得是什么、为什么、怎么做之类的问题。讲述法是幼儿学习知识技能、接受道德品质教育的常用方法。教师在运用讲述法时应注意以下几点。

第一，讲述的直观性。讲述要符合幼儿具体形象思维的特点，语言要具体、直观、形象，将抽象的内容具体化，使幼儿能够理解和接受。教师可以结合具体的实物、图片、视频影像、模型道具等进行讲述，帮助幼儿更好地理解教师所讲述的内容。

第二，讲述的趣味性。幼儿的注意以无意注意为主，他们难以倾听枯燥无味的讲述。因此，在讲述过程中要注意语言生动有趣，富有感染力，让幼儿保持身心愉悦，使幼儿的注意力能够较长时间地集中在教学过程中。

第三，讲述的启发性。讲述过程中要注意对幼儿进行启发，满足幼儿的好奇心和探索欲望。启发的方式包括比喻启发、故事启发、设疑启发、类比启发、点拨启发等。

第四，讲述的艺术性。讲述时力求做到口头语言清晰、简练、准确、形象生动、明白易懂、富有节奏感，体态语言大方得体，动作轻松流畅、富有活力。

第五，讲述与其他方法相配合。讲述法常常要与其他方法结合使用，以取得更好的效果。如讲述与演示相结合，讲述与谈话相结合，讲述与操作相结合，讲述与角色扮演相结合等。

2. 讨论法

讨论法是指幼儿在教师指导下，根据教师提出的问题，互相讨论、相互启发、交换看法以获取知识的方法。讨论法有助于加深幼儿对某一问题的认识，有利于幼儿换位思考能力的发展。讨论的方式有判断是非式讨论、对比感受式讨论和解难题式讨论。判断是非式讨论是指教师提供某种事物或行为现象，让幼儿进行是非判断，从而提高幼儿的认知水平等。对比感受式讨论是指教师提供两个或多个截然不同的形象，让幼儿亲身感受它们的差别，从而形成对不同对象的深刻认识。解难题式讨论是指教师提供一个难题，引导幼儿对问题进行讨论，提出各种假设，检验假设并最终找到解决问题的办法。教师在运用讨论法时应注意以下几点。

第一，精选讨论主题。讨论主题要来自或贴近幼儿生活，易于幼儿接受和理解；要具有启发性，能够激发幼儿的兴趣和好奇心，引发幼儿积极思考；要符合教育目标的要求，通过讨论能达成既定的教育目标。

第二，注意讨论氛围。要创设民主宽松的讨论氛围，鼓励幼儿大胆发表自己的看法，充分尊重他们的意见。注意幼儿的个体差异性，保证全体幼儿均能积极参与到讨论中来。

第三，注重启发引导。教师在尊重不同意见的同时，要注意启发引导，保证讨论方向的正确，引导幼儿得出合理的结论。

第四，做好总结评价。讨论结束时，教师要做好小结，明确问题的结论及疑难点，启发幼儿进一步思考。对幼儿在讨论中的表现要积极肯定，保持他们对讨论活动的热情。

3. 谈话法

谈话法是指根据一定的教育任务，教师有目的、有计划地围绕某一主题，通过问答的方式进行教育的一种方法。谈话法有利于幼儿对已有知识、经验进行归纳整理，有利于丰富和巩固幼儿的知识经验。教师在运用谈话法时应注意以下几点。

第一，目的清晰明了。谈话目的应符合教学活动目标，教师要清晰地理解谈话的意义和价值。

第二，主题源于生活。教师要根据幼儿已有生活经验来准备谈话问题，谈话的主体符合幼儿认知特点，符合幼儿兴趣需要。

第三，善于启发诱导。谈话过程中，教师要启发诱导，耐心倾听，适时肯定和点拨。

第四，做好归纳总结。通过总结，对所讨论问题进行归纳、概括，让幼儿更清晰地明白问题的结论。同时，教师对幼儿在谈话中的表现进行积极的评价，保持他们对谈话活动的热情。

（二）直观感知法

直观感知法是指通过教师的示范、演示或组织幼儿参观等，使幼儿形成正确认识的教育方法。

1. 示范法

示范法是指教师通过规范化的语言和动作，为幼儿提供学习的榜样，以便幼儿了解技术要领并进行模仿。示范法通常用在动作技能的学习和各种建构活动中。教师在运用示范法时应注意以下几点。

第一，为幼儿示范时，语言要清晰、准确、易于理解；动作要规范到位，进行多角度的展示。

第二，示范既可以由教师来做，也可以由幼儿来做。

第三，示范法与其他方法相结合。在示范的过程中，往往辅以语言的讲解。

2. 演示法

演示法是指教师通过向幼儿展示各种实物或直观教具，表征性的符号、图像等，引导幼儿按一定顺序观察物体各个方面的特征，使他们获得对某一事物或现象较完整的感性认识。若演示过程中用到的实物或直观教具等符合幼儿的认知水平，就能收到较好的效果。教师在运用演示法时应注意以下几点。

第一，演示前做好充分的准备。一是物质准备。教师要选择好演示的材料，通过鲜明的感知特征吸引幼儿的注意力，方便幼儿更好地观察。二是心理准备。提前了解幼儿已有的生活经验，让幼儿了解演示的目的以及在演示中应注意哪些问题。

第二，选择好演示的时机。教师需要在恰当的时候进行演示，演示前需要把演示要用到的材料收起来，避免幼儿过早接触而失去兴趣。

第三，演示法常常与其他方法协调使用。如在演示过程中，教师可以通过设置疑问引发幼儿思考，可以通过语言讲解让幼儿理解具体现象，可以通过讨论引出正确结论等。

3．参观法

参观法是指根据一定的教育目的和内容，组织幼儿到相关场所对实物进行观察，通过思考来获取知识经验的方法。参观的场所可以是自然界，可以是生产现场，还可以是其他社会生活场所，如政府机构等。教师在运用谈话法时应注意以下几点。

第一，做好参观前的准备工作。如明确参观的目的，制定符合实际要求的参观计划，联系参观地点的工作人员，让幼儿做好前期经验准备，了解参观的具体要求，保证参观活动的安全等。

第二，参观过程中应做好现场指导。参观过程中应注意引导幼儿观察主要参观对象，并围绕参观对象提出问题，引导幼儿积极思考，教师或现场工作人员应进行合理的解说，并及时回答幼儿的疑问。

第三，做好参观过程中的安全组织工作。

第四，做好参观后的总结巩固工作。教师可以对参观活动进行总结与提升，安排延伸活动来巩固参观中获得的知识与经验，如通过美工活动再现参观场所等。

（三）实践训练法

实践训练法是组织幼儿参与活动，使其获得知识和技能，并培养其情感态度的教育方法。实践训练法包括操作体验法、游戏法等。

1．操作体验法

操作体验法是指教师在教学活动中提供与教学内容相关的操作材料，设置一定的情境，引导儿童积极主动地动手操作或亲身体验来进行学习的方法。教师在运用操作体验法时应注意以下几点。

第一，操作练习要符合幼儿的身心发展水平和兴趣需求；操作内容要难度适中，幼儿通过努力能够较好地完成，避免过多的挫败感；操作活动应符合幼儿的兴趣需要，调动幼儿自身的积极性和主动性，使他们真正成为学习的主人。

第二，教师要及时指导。在操作体验中，教师可以巡回观察，对幼儿的操作给予具体的指导，对幼儿的体验进行肯定和点评。

第三，关注幼儿个体差异。由于幼儿生活经验和身体素质的不同，在操作体验中其表现可能也会存在较大的差异。教师要根据幼儿的个体差异，因材施教，保证每个幼儿都能达到教学目标的基本要求。

2. 游戏法

游戏法是指引导幼儿以游戏的形式开展学习的方法。游戏是儿童探索世界的重要活动方式，儿童在游戏中生活、成长。游戏符合幼儿的身心发展特点和需求，在游戏中幼儿注意力集中，学习兴趣浓厚，智力活动积极，学习过程轻松愉悦。教师在运用游戏法时应注意以下几点。

第一，所选用的游戏应服务于教学目标。游戏法所用游戏不同于幼儿的自发游戏，它要服务于教学目标的达成。

第二，游戏过程中教师做好指导工作。

第三，游戏法与其他方法相结合。

（四）陶冶熏陶法

陶冶熏陶法是指教师利用外在的环境条件、生活氛围和人格魅力等，对学生进行潜移默化的影响。陶冶熏陶法包括人格感化法、环境陶冶法和艺术感染法。

1. 人格感化法

人格感化法是指幼儿教师以自身的人格威望、魅力及对幼儿的真挚热爱和期望来对幼儿进行陶冶。苏联教育家乌申斯基说过，在教育中，一切都以教育者的人格为基础。教师劳动的特点之一就是示范性，教师的人格力量是影响教育教学的重要因素。教师在运用人格感化法时应注意以下几点。

第一，加强个人修养，自觉保持积极健康的良好形象。

第二，要尊重幼儿、关心幼儿、热爱幼儿，在教育活动中，让幼儿时刻能够感受到教师的关注、关爱和期待。

第三，对待特殊学生要有包容心和耐心。

2. 环境陶冶法

环境陶冶法是指通过良好的环境，潜移默化地影响幼儿的审美、品行等方面。环境陶冶法中的环境包括美好的自然环境、良好的社会环境和有意识创设的教育环境。教师在运用环境陶冶法时应注意以下几点。

第一，环境陶冶是一个漫长的过程，不可一蹴而就，所以环境陶冶法应该贯彻在幼儿的整个生活和学习过程中。

第二，创设良好的人际关系，形成良好的班风，形成积极活泼的教育生态。

第三，教师要积极引导幼儿，让幼儿能够初步体验到自然环境中的美，能够感受到社会环境中的善和美的方面。

第四，环境陶冶要和其他教育方法配合使用。

3. 艺术感染法

艺术感染法是利用文学、美术、音乐、舞蹈等艺术形式，来感染、熏陶和激发幼儿的情感，并使之化为教育影响的一种教育方式。艺术感染法最大的特点是利用艺术的感染力来激发情感，使幼儿触景生情、感同身受，培养幼儿积极健康的情绪情感和良好的行为习惯。教师在运用艺术感染法时应注意以下几点。

第一，根据教育目标和幼儿身心发展特点，合理选择艺术作品。

第二，注意前期经验的准备，让幼儿能够初步理解艺术创作中的情感表达。

第三，引导幼儿在欣赏艺术作品的过程中去感受、体验和表达，让幼儿获得清晰的情感体验。

第四，艺术感染需要由浅入深、循序渐进地进行。

（五）移情训练法

移情训练法是指通过现实生活事件、讲故事、情境表演等方式，引导幼儿理解和感受别人的情绪、情感，使幼儿在日后的生活中，对类似的情绪、情感产生习惯性的理解并做出反应。移情训练法的关键在于能够引导幼儿设身处地地站在他人的立场思考问题，理解他人的情绪和情感，克服自我中心倾向，提高社会认知水平，促进亲社会情感和行为的发展。移情训练能够使幼儿逐步脱离自我中心倾向，发展角色采择能力。角色采择又称观点采择，是指幼儿站在他人立场，采取他人的观点来理解他人的思想和情感的一种认知技能。角色采择能力强的幼儿，其不良行为发生的概率相对较低，他们更倾向于选择互惠性的社会行为来与人交往。教师在运用移情训练法时应注意以下几点。

第一，选择、创设能够引起幼儿移情的情境，比如幼儿熟悉的社会生活。

第二，理解幼儿的情绪、情感特点，帮助幼儿辨别情绪、情感。

第三，教师要真情投入，不能成为局外人。教师应通过自己的积极态度和情绪情感影响和带动幼儿的情感体验，增强移情训练的效果。

第四，移情训练要与实践训练法、陶冶熏陶法和角色扮演法等方法结合使用。

（六）角色扮演法

角色扮演法是指教师创设特定的情境，让幼儿在情境中扮演相关社会角色，依照角色要求的方式和态度行事，从而掌握角色应遵循的社会行为规范和道德要求。角色扮演要求幼儿以某个角色的身份处理问题，体验情感，了解他人的需求和感受，并在这一过程中掌握与角色相适应的行为特征和规范。通过角色扮演，幼儿可以积累更多的社会认知经验，在未来面临类似情境时能够进行情景识别、行为模仿。教师在运用角色扮演法时应注意以下几点。

第一，创设幼儿熟悉和喜欢的教育情境，并让幼儿根据自身特点和对角色的理解选择扮演的角色。

第二，尊重幼儿的角色选择，尊重幼儿在表演中的独立性，保护幼儿的自主性、积极性和创造性。

第三，幼儿扮演的角色应以正面角色为主，不能经常让固定的几个幼儿表演反面角色。

第四，角色扮演游戏的故事情节应该简单，易于幼儿理解和表达。

第五，教师在角色扮演中要积极引导，给幼儿提供必要的帮助，如帮助幼儿理解角色人物的个性特点和所思所想，帮助性格内向的幼儿大胆表演等。

第三章　幼儿园五大领域教育活动

第一节　幼儿园健康教育活动

一、健康领域内容及结构

幼儿身心健康是其他领域学习与发展的基础。《指南》中提出幼儿身心健康的标志是：发育良好的身体、愉快的情绪、强健的体质、协调的动作、良好的生活习惯和基本生活能力。幼儿阶段是儿童身体发育和机能发展极为迅速的时期，也是形成安全感和乐观态度的重要阶段，教师应当帮助和指导幼儿学会健康的生活方式，以期让幼儿在身体、心理和社会适应方面达到良好健康状态。

《指南》将幼儿在健康领域中学习与发展最基本、最重要的内容划分为“身心状况”“动作发展”“生活习惯与生活能力”三个维度。

（一）身心状况

包括幼儿身体和心理两方面的发展状况，这是正确健康观念的重要体现。根据《指南》要求，幼儿良好的身心状况表现在“健康的体态”“安定愉快的情绪”“一定的适应能力”三个方面。

1. 健康的体态

体态包括身体形态方面的发育特征和与之有直接关联的身体姿势，要使幼儿拥有健康的体态，成人要为幼儿提供营养丰富、健康的饮食，保证他们有充足的睡眠，每年为其安排健康检查等。

2. 安定愉快的情绪

对于幼儿来说，情绪的安定与愉快是维护身心健康、促使其产生社会适应行为并逐渐形成良好个性的重要条件。《指南》中提出“情绪安定”“保持愉快的情绪”“恰当表达情绪”“调节情绪”这四个关键经验的意义在于奠定幼儿心理健康的基础，幼儿期的积极情绪体验有助于他们形成良好的情绪反应模式和习惯。

3. 一定的适应能力

适应能力是幼儿在社会生存中不可缺少的。适应能力包括两方面：一方面是幼儿的自然适应能力；另一方面是幼儿的社会适应能力。

（二）动作发展

幼儿期是身体动作发展的重要时期。幼儿的动作发展是适应社会生活必备的基本能力，是身体机能发展状况的重要表现，同时也与幼儿的心理发展有内在的联系，它包括身体粗大动作发展和手部精细动作发展。

1. 粗大动作发展

粗大动作发展包含“具有一定的平衡能力，动作协调、灵敏”和“具有一定的力量和耐力”的关键经验。

不同年龄阶段的幼儿，在“具有一定平衡能力，动作协调、灵敏”方面，必须获得的最基础的、最关键的经验有所不同。

不同年龄阶段的幼儿，在“具有一定的力量和耐力”方面，必须获得的最基础的、最关键的经验也有所不同。

2. 精细动作发展

精细动作是指手指的随意动作，主要包括手眼协调、手指屈伸和指尖动作等局部活动。精细动作能力是指个体主要凭借手和手指等部位的小肌肉或小肌肉群的如动作、感知觉、注意等多方面心理活动的配合下完成特定任务的能力。手的动作发展对于个体适应社会生活以及实现自身发展方面具有重要的意义。

（三）生活习惯与生活能力

生活习惯与生活能力包括与幼儿健康成长密切关联的生活与卫生习惯、生活自理能力、安全知识和自我保护能力。良好的生活与卫生习惯是维护和促进幼儿自身健康的重要保证。生活自理能力和自我保护能力也是幼儿适应社会生活必备的重要能力。幼儿需要从学习生活开始，为今后的独立生活打下坚实的基础。根据《指南》要求，幼儿良好的生活习惯与能力表现在以下三个方面。

1. 良好的生活与卫生习惯

幼儿生活与卫生习惯的关键经验包括饮食、睡眠、盥洗、作息等日常生活习惯及个人、学习、公共等卫生习惯。教师要有意识地以适当的方式帮助幼儿养成良好的生活与卫生习惯，使其受益终生。

2. 基本的生活自理能力

生活自理能力就是自我服务，自己照顾自己，是一个人应该具备的最基本的生活技能。幼儿基本的生活自理能力主要指日常生活自理能力，即掌握生活自理的技能，提高动手能力；感受自己的成长，树立自立意识；养成自己的事情自己做的好习惯，积累自理生活经验。

3．基本的安全知识和自我保护能力

具备基本的安全知识和自我保护能力是指幼儿应学习和掌握基础的安全知识，并能保护自己免受伤害。这里的伤害包括生理上的伤害（如饥饿、寒冷、流血等）和心理上的伤害（如被训斥、被侮辱等）。自我保护能力是一个人在社会中保存个体生命的最基本的能力之一，为了保证幼儿的身心健康和安全，使其顺利成长，教师应该加强对幼儿的自我保护教育，培养和提高他们的自我保护能力。

二、健康领域教育活动实施指导策略

幼儿阶段是身体形态发育和身体姿势形成的重要时期，也是良好性格养成的关键时期，更是促进一个人适应能力发展的主要阶段。教师应为幼儿提供形成良好体态的必要物质条件，保证他们充足的户外活动时间，为其营造和谐、平等、包容的精神氛围，保证他们能够拥有健康的体态，保持安定、愉快的情绪和具有一定的适应能力，这对他们未来的发展乃至一生的健康都将产生重要且深远的影响。

（一）“身心状况：具有健康的体态”教育活动设计与指导

《指南》围绕“具有健康的体态”提出了各年龄段幼儿身高、体重的参照标准以及在身体姿势方面的典型表现，并进一步提出“身高和体重要适宜”以及“要逐渐形成正确的坐姿、站姿和行走姿势”等具体要求。这一目标对促进幼儿正常的生长发育与健康发展十分重要。

1．教育活动设计

幼儿阶段正处于身体形态和机能发育、发展的重要时期，也是身体姿势形成的重要时期。教师要从饮食、睡眠等生活环节上对幼儿加以引导，使其养成良好的生活习惯，形成健康的体态。幼儿的脊柱尚未骨化完成，可塑性较大，站姿、坐姿和行走姿势正确与否直接影响其脊柱的正常发育，关系着他们骨骼的发展状况。为此，幼儿园健康教育要求教师时刻关注幼儿生活中的站立、行走、坐卧、书写、阅读等姿势是否正确，并能及时纠正、提醒。

2．教育活动指导策略

（1）高度适宜的桌椅是形成良好体态的必要物质条件

幼儿园和家庭都应根据幼儿的年龄与实际身高科学地提供高度适宜的桌椅，使他们能够身姿挺拔，保持正确坐姿。

（2）保持正确的行、走、坐、卧姿势是养成良好生活习惯的基础

幼儿园活动中，教师应及时强调并示范站立、行走、书写、睡眠时的正确姿势。同时，教师还应与家长密切配合，发现幼儿出现不正确的姿态时及时提醒，

培养他们养成良好的行为习惯。

(3) 保持合理的营养膳食，提供参加体育锻炼的机会是养成健康体态的前提

合理的营养膳食是保证幼儿健康发育的重要基础。让幼儿在一日三餐中获得多种矿物质、维生素及适量的蛋白质与脂肪，对其骨骼、肌肉的发育成长是十分有利的。在幼儿日常活动中，应科学地为他们提供参加跑步、跳跃、游戏等运动的机会，促使其形成健康的体态。在体育锻炼中，还应该让幼儿尽量用双侧肢体做运动或进行全身运动，例如拍球、跳绳等。这样以免由于长期单侧运动而影响双侧肌肉发育的不平衡。

(二)“身心状况：具有一定的适应能力”教育活动设计与指导

适应能力是幼儿在社会生存中不可缺少的一种能力，人的适应能力既体现在身体对内外环境及其变化的适应上，即幼儿的自然适应能力，也体现在对社会环境的适应上，即我们常说的社会适应能力。

1. 教育活动设计

《指南》根据幼儿的年龄特点，从幼儿对天气冷热及其变化的适应、对日常交通工具的适应、对新环境和集体生活的适应等方面进行了阐述。

2. 教育活动指导策略

①保证幼儿户外活动的时间，开展多种游戏活动，发展幼儿适应生活环境变化的能力。

②提供丰富的户外活动器材。

③开展亲子活动，把家长纳入教育队伍，将教育延伸到家庭。

(三)“动作发展：精细动作发展”教育活动设计与指导

精细动作发展主要是幼儿在不同年龄阶段手部动作发展的过程体现，它是以协调和控制能力的发展为主要标志的，在很大程度上依赖于神经肌肉的快速与准确反应，是神经控制与调节能力的重要表现。

1. 教育活动设计

对于幼儿来讲，手部的动作发展的重要内容就是学习使用工具，例如，用勺吃饭，用笔绘画或写字，用剪刀剪东西，等等。由于幼儿日常生活离不开手的活动，其他领域的活动也离不开手的参与。因此，只要我们为幼儿提供动手操作的机会，他们手部的动作能力就可以在各种相关活动中得到自然的锻炼并获得发展。

2. 教育活动指导策略

(1) 将“精细动作发展”的教育内容融入幼儿生活之中

幼儿手部动作发展对于适应社会生活以及实现自身发展具有重要的意义。引导幼儿参与家务劳动，在生活中发展手的动作，可以使教育活动更加生动有趣。

（2）将“精细动作发展”的教育内容游戏化，培养幼儿动手的兴趣和主动性

游戏化的活动是培养幼儿精细动作的有效方式。此外，它还能更好地培养幼儿的动手兴趣和主动性。例如，将活动材料投放到区域当中，幼儿可以独立进行活动；也可以与同伴比赛，在活动中不仅能发展幼儿的手指动作；还可以培养幼儿眼、脑、手指的协调能力。

（3）创造条件与机会，为幼儿提供丰富的工具与材料

幼儿与不同的材料进行互动，可以不断地积累操作经验，逐渐养成独立操作、集中注意力等良好的学习态度。在幼儿的操作过程中，教师的观察尤为重要，应尽量避免打扰幼儿，及时发现他们动作的发展变化，不断调整材料的难度，促进其手眼协调能力得到发展。

（4）培养良好的运动习惯，锻炼手部力量

运动可以更好地锻炼手的力量，提升双手的协调以及手眼的协调能力，进一步促进精细动作的发展。例如，经常带领幼儿做手指操，增加他们手指的灵活性和协调性。另外，还可以通过悬垂类游戏帮助幼儿提升手臂、手腕、手指的力量和抓握耐力，为其精细动作的发展提供支持。

（四）“生活习惯与生活能力：基本的生活自理能力”教育活动设计与指导

教师应在一日生活中精准捕捉教育契机，培养幼儿的生活与卫生习惯，并善于以榜样的力量激励和巩固幼儿的良好生活习惯。同时，教师还要多运用正面评价的方式培养幼儿积极做事情的态度，帮助他们树立自主、自立的意识，习得重要的自理能力。

1. 教育活动设计

幼儿生活自理能力方面的学习与发展目标包括盥洗、排泄、穿脱衣服和鞋袜、整理生活用品与学习用品等内容。幼儿的大部分时间是在家庭中度过的，因此，在培养他们生活自理能力时，要形成家园合力，共同鼓励幼儿做力所能及的事情，以更有效地提高其生活自理能力。

2. 教育活动指导策略

（1）保护自主意识，为幼儿创设生活自理的时间与空间

3～5 岁幼儿的独立性发展速度较快，他们不再完全依靠成人，能够独立做一些事情，所以成人经常会听到幼儿说“我会做”“我想自己做”，教师应保护幼儿的自主意识，尽可能地为他们提供自理生活的时间与空间，在游戏与日常生活中培养其自理能力。教师不要因幼儿年龄小、做不好事情而催促他们或者干脆包办代替，更不能因为幼儿在自理生活中出现错误和问题责备他们，以致使其失去

做事情的主动性。

（2）运用正面评价，激发幼儿积极做事的情感态度

教师在幼儿生活自理活动中，对幼儿的行为做出正面的评价，可以帮助他们树立自信，产生更加积极主动做事的动力。

（3）利用多种形式，向幼儿传授生活自理技巧

教师应运用多种方法教幼儿一些具体、简单、实用的生活自理方法。在向幼儿传授生活自理技巧时，教师应遵循循序渐进的原则，对于无法独立做好事情的幼儿，要耐心引导，必要时可以帮其完成或者引导同伴互助完成，在这一过程中，教师还要注意发挥语言的鼓励作用，帮助幼儿逐渐提高自理能力。

（4）转变家长观念，共同培养幼儿自理能力

幼儿园要积极争取家长的理解和支持，促使家长主动参与到幼儿自理能力的培养中。教师要定期与家长沟通和交流，了解幼儿的自理能力情况，与家长一同制订有针对性的自理能力计划，引导家长充分相信幼儿、学会放手，提供足够的机会让他们去完成一些力所能及的家务，从一点一滴的小事做起，培养幼儿的自理能力和爱做家务的好习惯。

（五）“生活习惯与生活能力：基本的安全知识和自我保护能力”教育活动设计与指导

《指南》提出：“幼儿园应定期进行火灾、地震等自然灾害的逃生演习。”这一教育建议对增长幼儿的安全知识和提高他们的自我保护能力十分重要。为了保证幼儿的身心健康和安全，使他们顺利、健康成长，教师应加强对幼儿的自我保护教育，注重培养和提高他们的自我保护能力。

1. 教育活动设计

为实现幼儿安全生活的发展目标，教师要为其创设安全的生活环境和提供必要的保护，通过教育活动向他们传授与生活密切相关的安全知识和求助、自救的方法，努力通过多种途径提高他们的自我保护能力。

2. 教育活动指导策略

（1）创设良好、安全的生活环境，加强幼儿自我保护的意识

创设一个良好、安全的生活环境是预防事故发生的有效途径。幼儿的户外活动场地与设施应保证绝对安全，并随时进行检查维护。例如，活动场地避免有尖角之处；地面材料要防滑；在幼儿容易发生碰撞的地方粘贴安全提示标志；等等。此外，教师还应与幼儿共同创设丰富、安全的物质环境，对他们进行直观、形象的安全教育，使幼儿的自我保护意识和能力得到进一步提高。同时，和谐的

师幼关系、同伴关系也是保证安全的重要因素。

（2）重视一日生活中的教育契机，培养幼儿自我防护能力

培养幼儿的安全防护意识应从培养良好的常规习惯开始。教师应抓住幼儿一日生活中的教育契机对幼儿进行安全教育，使幼儿明确各个生活或活动环节的具体要求，知道怎样才算安全。例如，幼儿入园时，教师应仔细查看他们身上是否携带具有安全隐患的物品，包括玩具刀、装饰项链、弹珠等。教师可用交谈或讨论的方式让幼儿知道这些物品潜在的危险性，并用教师暂时代管的办法来防止意外的发生。

（3）通过多种形式，帮助幼儿学习自我保护的方法与技能

开展安全知识和自我保护教育可以通过集体教学和日常随机教育两种方式进行。现实生活中，涉及交通、消防、家电、常见药品的安全隐患或无法预知的自然灾害是随时存在的，教师应将这些都纳入安全教育的内容中，并采取适宜的方法传授给幼儿正确的防护方法，提高他们的自我保护能力。

（4）加强体育锻炼，培养幼儿健康的体魄

增强体质是提高幼儿自我保护能力的重要途径。合理安排动静交替的体育活动、灵活增减运动的强度和密度可以有效提升幼儿的身体素质，快速促进他们的动作发展，提高其抵御危险情况的能力，从而更好地保护自己。

第二节　幼儿园语言教育活动

一、语言领域内容及结构

《指南》中的语言学习与发展目标可以分为两大类型：一是幼儿口头语言的学习与发展目标；二是幼儿书面语言准备的学习与发展目标。

（一）口头语言

口头语言是以说和听为传播方式的有声语言。3～6岁是幼儿语言发展的关键期，幼儿需要学习倾听与理解交流对象的语言，在不同情境下通过语言来表达自己的想法。

1. 谈话

谈话是人们最常用的一种交流方式，指两个或两个以上的人就某些共同话题进行交谈。谈话经验的获得是幼儿口头语言学习的主要内容之一。幼儿通过谈话可以养成良好的倾听习惯，以及与他人谈话时能够做到主动、安静、有礼貌地倾

听；掌握并运用交流和表达的规则；能初步运用谈话策略等经验。

2．辩论

辩论是幼儿运用语言交流表达不同意见的方式，幼儿在辩论中逐渐拥有解释并坚持自己观点、运用恰当方法辩论、积累理解和尊重别人观点的经验。

3．叙事性讲述

叙事性讲述是指幼儿运用口头语言和形体语言把自己或其他人物的经历或者事物发生的起因、经过和结果讲述出来。通过叙事性讲述，幼儿逐渐获得使用丰富多彩的词汇讲述、有条理地组织讲述的内容、感知独白语言语境的经验。

4．说明性讲述

说明性讲述是独立讲述的一种类型，是用简单明了、规范准确的独白语言，说明与解释事物的形状、构造、特征、种类、功用或操作过程的讲述形式，通过说明性讲述获得使用规范准确、简洁明了的说明性词句，理解说明性讲述内容组织形式，以独白语言的形式进行讲述的关键经验。

（二）书面语言

书面语言是以写和读为传播方式的语言，是口头语言的文字形式。在重视幼儿口头语交流能力学习发展的同时，教师要切实抓好幼儿书面语言学习的准备。

1．阅读图书

前阅读是从书面语言材料中获取信息、建构意义的过程。这里的书面语言材料主要是指图画书。幼儿通过前阅读活动可以养成良好的阅读习惯和行为，获得阅读能力表达与判断的经验。

2．熟悉符号文字

前识字是在幼儿接受学校教育之前初步习得的符号与文字。幼儿前识字能力的发展与他们的形象视觉发展和口头语言发展密切相关。

3．创意书写

“前书写”是幼儿在接受书写教育之前，根据环境中习得的书面语言知识，通过涂鸦、图画、像字而非字的符号、接近正确的字等形式进行的书写方式。幼儿据此可以获得建立书写行为习惯、感知理解汉字结构、学习创意书写表达的经验。

（三）文学语言

文学作品是幼儿重要的精神食粮，是他们认识世界的一扇窗。幼儿文学活动就是从一个具体的文学作品入手，围绕这个作品组织教学，帮助幼儿理解文学作品的深刻内涵、体验文学作品的丰富情感和语言艺术的魅力，润物细无声地发展幼儿的语言能力。幼儿在学习与运用文学语言时应掌握以下几个方面的经验。

1. 文学语汇

文学语汇是文学作品中所运用的全部语词总和，包括词汇、语言句式以及修辞方式。文学语汇能让幼儿习得扩展词汇（名词、动词等）；理解不同文学形态下的汉语语词组成的句法；理解不同的文学作品中所运用的修辞手法；在感知、理解的基础上展开想象、创意、仿编的经验；等等。

2. 文学形式

文学形式是作品内容得以显现的文学的体裁、结构和表现手段。包括小说、散文、诗歌、剧本、寓言等主要形式。让幼儿欣赏或学习不同形式的文学作品，会给他们带来不一样的学习感受，引发其学习兴趣。

3. 文学想象

文学想象是文学创作中所具有的想象力与创造力。文学想象能让幼儿在学习、欣赏和理解文学作品的过程中，通过想象理解文学作品中的词汇概念，想象出文学作品所传达的情节画面、人物特征和主题意境等内容；体会作品的情感和意境；初步根据文学作品创造性地想象出新的内容或情节。根据想象的创造性程度，幼儿文学想象的核心经验又可以划分为两个范畴：再造想象和创造想象，即再造文学作品中的想象和创造文学作品中的想象。

二、语言领域教育活动实施指导策略

（一）“口头语言”教育活动设计与指导

语言是人类最重要的交际工具，幼儿时期是语言发展的最佳时期，良好的口语表达能力是幼儿进行未来一系列活动的基础。抓住这个关键期对幼儿进行语言教育，是幼儿园义不容辞的责任。

1. 教育活动设计

教师可以通过谈话活动、辩论活动、叙事性讲述活动和说明性讲述活动等专门的语言教育活动及抓住日常交往、常规主题活动、区域活动、其他领域教育活动中的契机，有目的、有计划地为幼儿创造交流机会，帮助幼儿在此过程中认真倾听和理解对方的语言，并鼓励他们积极表达自己的感受、思想、情感，以获得大量的知识和经验，提升其语言综合运用的能力与批判性思维能力，促进其社会性发展。

2. 教育活动指导策略

口头语言包括谈话、辩论、叙事性讲述、说明性讲述等内容。《指南》中指

出，幼儿的语言能力是在交流和运用的过程中发展起来的。因此，教师应为幼儿创设不同的语言情境，提供多样化的交流机会，引导他们积极主动地进行表达和交流。

（1）选择幼儿关注、贴近幼儿生活的主题

讲述、谈话活动对于促进幼儿语言交往能力发展起着重要的作用，其主要目标是让幼儿大胆表述，发展他们的表达能力。表达意愿与表达能力两者之间是相辅相成的，只有表达动机而不具备表达能力，就会出现想说但是说不出来的问题，同样，没有表达的心理支持环境就无法促进幼儿表达水平的提升。教师在设计活动前应及时发现幼儿近期兴趣点，并与教育需求有机结合，形成既贴近幼儿生活又能够有效提升其口语表达能力的活动主题。

（2）创设幼儿想说、敢说的语言环境

幼儿的认知过程具有直观形象性的特点，教育活动需要借助许多具体形象的事物来配合。创设有趣的游戏情境，使教学目标自然地融入幼儿游戏之中，才会让幼儿在活动过程中更加积极主动。

（3）形成推动幼儿口语表达的有效指导

首先，设计形式多样、张弛有度的活动拓展幼儿的口语表达经验。

其次，在教师与同伴的指导性评价中丰富幼儿的口语表达经验。活动中教师与同伴的评价与指导至关重要。教师应关注指导的针对性，使幼儿的讲述与谈话紧紧围绕主题，逐渐趋于有中心、有顺序、有重点。

此外，讲述活动为幼儿提供表达的机会是非常重要的。教师要给予幼儿足够的时间和空间，尝试谈话、讲述、辩论等多种方式的口语交流方法，从而激发他们口语表达的愿望，提升其口语表达的能力。

（二）“书面语言”教育活动设计与指导

书面语言能力的获得对幼儿今后的语言学习及早期预防语言学习困难有重要作用。与口头语言相比，书面语言更多的是成人有目的、有计划地教授给幼儿的。

1. 教育活动设计

教师应通过选择幼儿感兴趣的、丰富多彩的文学作品，设置书面语言交流环境，鼓励幼儿根据文学作品进行大胆创编等途径开展阅读图书、熟悉文字符号、创意书写等活动，培养幼儿对不同形式文学作品的兴趣，帮助他们欣赏和理解文学作品所展示的丰富、优美的艺术语言和生动、有趣的情节，使其尝试对作品中的文字进行基本的涂画和标记，并根据教师创设的主题情景运用自己感兴趣的方式进行自由表达，以提升他们前阅读、前识字和前书写的水平，为其升入小学做好经验准备。

2. 教育活动指导策略

（1）创设宽松阅读氛围，创造自主阅读机会，提高幼儿阅读水平

其一，阅读过程本身就充满创意，绘本的每一个页面都有不同的故事情节。

教师指导幼儿阅读的重点是要将每一页的读书学习变成富有创造意义的活动过程，面对幼儿的奇思妙想，无论是否合理，教师都要表示接纳。这样做不仅保护了幼儿的创造性，更能给予他们更大的支持，让幼儿更积极主动地去思考、想象和创造，从而获得早期阅读的核心经验。

其二，挖掘阅读内容的价值并使之得到充分利用，决定着幼儿的早期阅读教育水平。

其三，合理运用悬念，激发幼儿的想象力与创造性。故事情节的悬念是文学作品的重要构成要素之一，许多幼儿绘本综合运用了这种设计手法。幼儿图书中的悬念一般使用翻页设计，通过翻页的巧妙设计更加能激发幼儿的阅读兴趣，将故事悬念设计在文章结尾，让幼儿得到出乎意料的结果，保持其阅读兴趣。所以，教师须按照绘本的故事情节，合理地运用阅读材料中的悬念，通过提问引发幼儿的猜想，使其全身心投入，主动关注绘本的真正含义，预测故事情节的发展，进一步诱发幼儿的创新意识，产生良好的阅读与学习动机。另外，教师应创造更多的机会让幼儿进行自主阅读，这样才能使他们在喜欢阅读活动的基础上越来越自信地进行表达。

（2）提供观察与发现的机会，帮助幼儿建立符号和文字功能的意识，积累创意书写经验

其一，激发书写兴趣。在日常生活中，教师应该经常引导幼儿关注身边的符号与文字，了解其含义与作用，并鼓励幼儿用自己的方式记录一些难忘的经历、想法和感悟，进行一些创意书写活动。活动中，教师还应尽可能提供多样化的书写工具，尤其是替代物，让幼儿在书写活动中获得愉快的情绪体验，激发其前书写的兴趣。

其二，培养良好的书写习惯。从幼儿拿起笔随意涂鸦时开始，教师与家长就应及时注意他们的书写姿势，并给予正确的示范与指导，使其初步养成良好的前书写习惯。

其三，多种途径培养积累相关经验。幼儿在有意义的环境中使用语言和文字才能真正进行前书写活动。因此，在日常活动中，教师可以将幼儿的记录融入读

书、游戏、种植等活动中，鼓励幼儿用图画和符号记录读书的心得、游戏的过程以及植物的成长，还可以用文字与符号相结合的方式记录心情日记来表达自己的感受与情感。在教学活动中，教师可以根据需要加入“故事续编”“宝宝信箱”“我画你猜”等游戏环节。例如，在组织儿歌学习活动时，可以请幼儿说一说并画一画自己最喜欢的儿歌中的一些语言，在交流讨论中，幼儿可以相互了解同伴的绘画思想与理由，通过巧妙、自然的活动帮助幼儿有效积累创意书写表达的经验。

（三）“文学语言”教育活动设计与指导

文学语言又被称作标准语，是现代汉民族语言中经过高度加工、符合规范化的语言，是民族共同语的高级形式。幼儿文学作品中的文学语言是引导幼儿学习规范性语言，理解文学作品的情节内容，影响其语言表达与语言创造的重要因素。为此，教师在为幼儿选取多种题材的作品时，应充分考虑到其文学语言是否浅显、流畅、生动，是否符合幼儿的阅读特点以及是否易于为他们所理解和接受。

1. 教育活动设计

在引导幼儿欣赏或阅读作品时，教师应引导他们通过多种方式学习文学语言并表达对作品的理解和喜爱，让幼儿在多样化的体验与实践中，充分感受作品所承载的思想内涵和艺术价值。在此基础上，教师还要进一步开展与作品重点内容相关的活动，帮助幼儿在深入理解作品的基础上进行学习经验迁移，为运用艺术性的结构语言，创造性地表达自己的认识和想象创造条件，从而为终生学习做好必要的准备。

2. 教育活动指导策略

幼儿文学是儿童文学的一个组成部分，它是以幼儿为主要对象，为促进他们的健康成长而创作或改编的作品。此类作品中的形象鲜明生动、语言浅显易懂、情节生动有趣，符合幼儿的年龄特点。它包括寓言、童话、儿童故事、儿歌、儿童诗、谜语、绕口令、儿童散文、儿童小说、儿童科学文艺等多种体裁，是幼儿园语言教育活动不可缺少的重要组成部分。

（1）选择适合的文学作品

为幼儿提供优秀的文学作品让其学习，能促进他们各方面的整体发展。教师在选择提供给幼儿学习的文学作品时要遵循教育性、适宜性、形象性、经典性、贴近幼儿生活、寓意深刻、语词优美、形象易懂等原则。幼儿文学作品中所运用的语言应是在幼儿口语的基础上加工提炼出来的文学语言，具有口语化、句式简短、通俗易懂、生动形象、充满真实感和情趣、富于想象和夸张的特点。由于幼儿的阅读心理和阅读兴趣与成人不同，教师还要注意文学作品中的形象是否活泼生动，故事是否有趣，情节发展是否符合逻辑，内容是否贴近儿童的生活和心理，是否反映幼儿的现实世界和想象世界、表达他们的情感和愿望等方面的内容。

（2）帮助幼儿理解学习文学作品内容

将文学作品传授给幼儿是文学教育活动的首要环节。教师应根据作品的难易程度、本班幼儿的实际水平以及活动环境与材料利用的便利性采取不同的形式组织教学。可以采用比较直观形象的图片、多媒体等视觉教育手段，也可采用录音、讲述、使用玩教具等辅助教育手段。在这一环节中，教师要将学习的重点放在幼儿的理解上，不要仅仅让他们机械记忆文学作品的内容，还可适当用提问的方式组织其进行讨论，帮助他们理解作品的情节、人物形象和主题倾向。

（3）迁移作品中的经验

在帮助幼儿深入理解作品的基础上，教师还可以进一步引导幼儿迁移作品的经验，充分将这些间接经验和幼儿的直接经验联系起来，这样既可以使幼儿加深对作品的理解和体验，又可以扩展他们的生活经验。

（4）再现、仿编和续编文学作品

再现文学作品的方式有多种，如复述、朗诵、表演、用音乐或美术手段再现其思想内涵和情感氛围等。多次经历这些活动可以使幼儿逐渐把原作品的词语和句式化为己用，从而提高运用语词进行口语表达的能力。

与再现相比，文学作品的仿编与续编活动对幼儿创造性地运用语言提出了挑战。文学作品仿编可以借用原作品的结构，通过换一个词或换几个词，甚至换几个句子的方式完成仿编活动。文学作品续编则是根据故事的前半部分特点，创编出合理的情节。这在语句的连贯、完整、用词是否恰当等方面对幼儿都提出了更高的要求。续编过程中，他们需要展开想象，考虑多种结果，并思考各种续编情节的合理性，最终选择一个最恰当、最精彩的版本编进故事，并用自己的方式记录下来。例如，教育活动“树上的帽子”中幼儿先通过观察图片感知理解故事前半部分主要情节，然后凭借大胆想象、反复推敲构思出新的内容与结尾，最后在充分理解故事内容后凝练出最简短的词句作为自己给故事起的名字，并充分与环境互动，将幼儿的文学语言学习向区域活动延伸。另外，教师要与家长密切配合，要求幼儿将自己续编的故事讲给爸爸妈妈听，让幼儿沉浸在浓郁的文学氛围。

第三节　幼儿园科学教育活动

一、科学领域内容及结构

《指南》中提出幼儿科学教育的核心是激发探究兴趣，体验探究过程，发展初步的探究能力。幼儿在对自然事物的探究和运用数学解决实际生活问题的过程中，不仅能获得丰富的感性经验，充分发展形象思维，而且能初步尝试归类、排序、判断、推理，逐步发展逻辑思维能力，为其他领域的深入学习奠定基础。

（一）科学探究

了解科学探究活动的关键经验，能够帮助教师选择适合幼儿的科学探究活动内容，并且能够适时、适度地对幼儿的探究活动给予恰当的指导。我们将幼儿在科学探究活动中学习与发展的关键经验划分为“科学情感”“探究能力”“科学概念”三个维度。

1. 科学情感

学前阶段的幼儿乐于探索世界。通过科学活动，他们能够对观察到的事物进行记录和评价，积极主动地接受已经证实的结论。科学活动满足了幼儿的好奇心，培养了其尊重自然的科学态度。

（1）对周围事物和现象感兴趣，有好奇心和求知欲

科学思维的萌发在幼儿期的表现往往是从对身边事物的好奇开始的，这些常见的事物现象激发了幼儿对科学现象探究的情感，促使他们在寻找答案的路上走近科学、喜欢科学。

（2）喜欢自主探究

《指南》中提出科学探究方面的目标是“亲近自然，喜欢探究”。对于幼儿来讲，身边的事物和现象蕴含许多秘密，比如，为什么开水会冒热气？为什么天上能下雨还能下雪？只有当幼儿具备发问的能力，教师和家长才能够鼓励幼儿更好地自主探究，激发幼儿自己探究知识的欲望。

（3）乐于交流分享

喜欢与教师和同伴分享自己的科学发现及探究成果，能够运用科学术语表述科学现象，具备基本的科学素养。

（4）关爱自然和生命

知道自然界的生物种类繁多，了解和人类生活息息相关的自然现象，珍爱生

命，保护动物，保护生态环境。

(5) 尊敬科学家，理解科学精神

知道科学家的存在，懂得尊重科学家，了解他们为人类创造的价值，并且能够理解科学精神，实事求是，发扬务实求真的科学态度。

(6) 认识科学成果，肯定创造价值

早期的科学探究能够帮助幼儿用探究的方式思考和解决问题，在幼儿期认识到科学的重要性，并能在未来的学习和生活中，利用科学创造价值。

2. 探究能力

幼儿园科学活动围绕着观察、思考、表达和设计制作四个方面展开。幼儿的探究能力始于观察，这使幼儿对周边事物的变化具有敏锐的觉察能力，是科学探究的开端；科学思考是指幼儿对科学现象以及原理进行思考，将感性认识上升到理性认识，将知识内化；表达和设计制作能反映幼儿对科学知识的掌握情况。

(1) 观察实验能力

观察是一种有目的、有计划、比较持久的知觉活动，同时也是一种基本的科学方法，是运用感官直接获取第一手资料的方法。对幼儿来说，观察是一种重要的科学探究技能，因为幼儿的逻辑推理能力十分有限，他们获取科学知识的途径更多地依赖直接的观察。

(2) 科学思考能力

科学思考贯穿幼儿科学探究过程之中，它能够提升幼儿的思维能力，促进幼儿进一步加工获取的信息，帮助幼儿更好地理解科学知识。科学思考还可以维持幼儿的好奇心，培养幼儿善于思考的学习习惯。

(3) 表达交流能力

表达交流能力是指幼儿通过多种方式，将形成的想法和探究的结果进行表征、论述，将科学过程和结论进行总结、传达、分享的过程。表达和交流具有丰富的形式，除了口头的语言表达，还可以采用图画方式或书面方式。

(4) 设计制作能力

设计是一种有计划的、创造性的心智活动，是满足人类需求的计划与构想。设计制作能够提高幼儿探究科学的能力，加深幼儿对科学现象的记忆和理解。除此之外，可以培养幼儿动脑思考的习惯和动手操作的技能。

3. 科学概念

科学概念围绕生命科学、物质科学以及地球空间科学三个方面展开，这三个方面都与幼儿的生活息息相关，幼儿能够在生活中获得比较丰富的直接经验，有

利于科学活动的开展。

（1）生命科学

①了解生物的种类和基本特征。幼儿对生物体的最初认识都是基于对它们的观察，并能从中了解到生物的基本特征。

②知道生物的简单行为和需求。生物的生长发育都离不开水、阳光和空气，这几种元素缺一不可，幼儿需要通过日常的观察了解这些基本的科学知识。

（2）物质科学

①物体的材料与特性。水有三种形态，液态、气态和固态，分别对应的是水、水蒸气和冰；土壤可以是松散的、泥泞的、坚硬的；岩石有大块的也有小块的，有密度高的也有密度低的；海水有蓝色的也有绿色的，这些都是物体材料的特性。在日常生活中，幼儿常常会发现这些同样的物体材料却具有不一样的特性，这些都需要让幼儿探究和了解。

②物体的位置和运动。在幼儿园中，幼儿常常喜欢骑着自行车、推着小车到处游玩，但这些物体并不具有生命体征，他们是在外力的驱使下移动的。幼儿感知运动的方式有很多，有陆地上的运动——动物走路，水里的运动——鱼儿游泳，天空中的运动——小鸟飞行；物体的位置也是会发生变化的，比如，风会吹走树叶，水会冲走泥土。幼儿需要对这些现象有清晰的认知。

③声、光、电、磁等物理现象。生活中有关声、光、电、磁的物理现象比比皆是，磁悬浮列车为什么速度那么快？没有电的情况下，电脑、电话、电动汽车能工作吗？为什么老师和小朋友讲话的声音不一样？磁铁吸附是什么原理呢？这些都是生活中常常接触到的现象，幼儿有必要进行了解。

（3）地球与空间科学

①地球物质特性。在我们生活的世界里，除了生物（人类、动植物），还有岩石、沙子、土壤、水、空气等无生命的物质，它们都是相互联系着的。这一核心经验要求教师围绕地球的土壤、空气、水以及自然现象等设计相关教育教学活动。

②天气与气候。天气的变化是最直观的自然现象，太阳的起落、四季的更迭，幼儿能亲身感受到，这一关键经验主要是帮助幼儿通过日常的观察和记录了解天气的变化，班级里可以设计“小小天气预报员”区角，请幼儿自己收集材料，自主播报。

③地球与太阳、月亮之间的关系。日出日落、月亮的阴晴圆缺是常见的自然现象，这种变化容易引发幼儿的关注，所以科学领域的核心经验自然少不了太阳

和月亮的内容。由于太阳和月亮距离我们很遥远，因此教师可以带领幼儿观察太阳和月亮的位置，并且做好记录，观察它们之间的关系和变化。

（二）数学认知

数学是一门与数字、图形打交道的学科，它用抽象的数字和图形代替各种不同的事物，从认识世界的角度看，数学可以帮助幼儿正确地认识现实世界。生活中处处都能见到数学的影子，如公交车线路标号、电话号码、车牌号、球体、三角板等。幼儿园数学认知活动就是要探究这些生活中的集合、数量关系以及空间图形的构造等问题。

二、科学领域教育活动实施指导策略

随着人类对客观世界的认识不断深化，科学和数学逐渐成为两个相互联系而又相对独立的学科，既有共性特点又有各自的独特性，发挥着各自的独特功能和作用。科学探究和发现往往是数学发展的基础，而数学在科学探究中的应用能够使数据更精确，解释更清楚，两者相互促进、相互助益。

（一）“科学探究”教育活动设计与指导

幼儿是天生的科学家，从出生的那一刻起，他们就开始通过运用各种感官获取有关客观世界的各种信息。幼儿带着已有的知识经验和与生俱来的好奇心、探究热情来到幼儿园。

1. 教育活动设计

教师要提供适宜幼儿发展的教育活动，选择贴近他们生活的内容，以科学素质的早期培养为出发点，将自然、生态的教育理念渗透幼儿科学探究活动中，通过创设情境、引导操作，在集体教育活动、日常生活活动和科学游戏活动中引发、支持和引导幼儿主动探究，引发他们积极的情绪体验，促进其通过自身活动对周围物质世界进行感知、观察、操作、发现，提出问题、寻找答案，萌发探究兴趣、好奇心，帮助他们发现事物之间的规律和关系，使其知识逐渐趋于系统化、条理化，培养其良好的科学思维与行为习惯，帮助其积累科学经验。

2. 教育活动指导策略

(1) 设计完整的活动过程，帮助幼儿感受科学探究

幼儿的科学探究活动过程一般要经历“提出并关注问题—提出猜想与假设—选择并设计实施方案—合作或独立动手实践—观察记录信息—分析信息并得出结论—交流分享经验”的过程。这样的活动能够让幼儿真正经历探究、体验探究和发现的过程，有助于幼儿对科学探究的理解。

(2) 选择贴近幼儿生活的教育内容，激发幼儿的探究兴趣

幼儿的科学探究内容要与幼儿生活紧密关联，又应符合幼儿的年龄特点。幼儿日常生活中的很多事物都蕴含着科学教育的因素，选择贴近幼儿生活经验的教育内容来学习科学，可以激发他们的学习与探究兴趣，体会科学与生活的密切关系。教师应关注一些发生在幼儿身边的科学，将其转化为有意义的科学探究活动，同幼儿共同进行探究学习。

(3) 提供适宜的材料支持，鼓励幼儿在动手操作中体验学习

幼儿科学探究和学习的主要方式是亲身经历和获得直接经验，教师提供适宜的材料和工具可以支持幼儿更好地探索与发现，主动地构建经验。教师在材料投放的过程中要注意材料的结构，促进幼儿通过操作材料感受蕴含在其中的科学概念。材料投放的数量也是教师需要关注的，过少的材料不能支持幼儿更好地建立经验，过多的材料又会干扰幼儿的学习，教师要把握幼儿的学习需求，为其提供适宜的材料支持。

(4) 鼓励幼儿大胆表达想法，在问题中引导幼儿感受科学

教师应为幼儿创设一个安全且具有支持性的科学探究环境，鼓励幼儿提出问题、动手操作、主动探究。例如，为幼儿提供充足的探究操作的空间与时间，不随意干扰他们；尊重幼儿的想法与问题，与他们一同讨论研究；认真倾听幼儿的想法并给予回应；对幼儿感兴趣的事情表示关注；鼓励幼儿提出假想，自己设计实施方案，允许幼儿在探究过程中出错，不轻易否定幼儿的猜测等，这些都是对幼儿的支持和鼓励。在宽松的环境中，幼儿会表现出更为主动、积极的探究态度，产生更多的想法与问题，这是幼儿在学习、在思考的表现，教师应寻找其中具有探究意义的问题，支持和引导他们开展更深入的学习。

(5) 通过灵活多样的组织形式，开展科学探究活动

教师可以通过集体教学的形式组织专门的幼儿科学探究活动，还可利用多种形式灵活地开展活动。例如，大自然的丰富教育资源中蕴含着很多科学学习机会与内容，教师应珍视幼儿亲近自然的机会，为幼儿提供更多在自然中学习的机会，精心组织设计活动，支持他们在享受野趣快乐的同时获得有意义的科学经验。教师还可利用科学发现区、种植养殖区、气象预报、日常观察等形式开展科学探究活动。

(二)“数学认知”教育活动设计与指导

幼儿数学认知教育是幼儿全面发展教育的一个重要组成部分。幼儿对现实生活中的各种事物和现象有了一定的认识和体验，但其思维还处于具体形象思维阶

段，缺乏理解事物抽象关系的能力。

1．教育活动设计

教师应充分考虑幼儿学习数学的心理特点，密切联系幼儿的生活，立足于发展幼儿的思维结构，注重幼儿的个别差异，通过操作、游戏、比较、谈论、寻找、启发探索、讲解演示等方法，在专门的数学教育活动和渗透的数学教育活动中帮助幼儿从生活和游戏中感受事物的数量关系、空间形式并体验到数学的重要性和趣味性，培养他们的好奇心、探索欲及对数学的兴趣，帮助他们养成良好的思维能力与思维品质，从而促进他们认知、情感、态度、能力等方面整体、和谐发展。

2．教育活动指导策略

（1）把握幼儿数学认知的核心问题

在幼儿数学学习过程中，教师通常会产生较大的误区，即学数学就是做加减运算题或认为幼儿可以通过记忆来学习数学，但幼儿数学学习的内容远不止这些。《指南》将“初步感知生活中数学的有用和有趣”作为幼儿数学认知的首要前提和方向性目标，教师应充分了解幼儿数学学习的特点，并明晰其对幼儿终身学习的意义与价值。幼儿的数学学习不是单纯的记忆，而应该突出做中学、生活中学和游戏中学，让幼儿在运用数学解决实际生活问题的过程中初步感知数学的有用和有趣，能够激发和保持幼儿对数学学习的持久兴趣。喜欢数学，愿意学数学，具有运用数学解决实际问题的意识和能力，是幼儿数学学习的核心，也是教师应牢牢把握的重点。

（2）观察了解幼儿数学认知能力

了解幼儿在数学学习中呈现的发展过程，可以帮助教师更好地为幼儿提供学习支持与引导。教师要熟悉《指南》中各年龄段幼儿数学学习的具体目标与要求，在日常活动中有意识地观察，了解本班幼儿发展状况与这些要求的差距，把握他们进一步发展的方向，确定教育活动的内容与目标。此外，教师还应将所选择的教育内容与本班幼儿的学习特点相结合，综合运用区域活动、集中教学、生活活动、家园共育等形式开展教育活动。

（3）创设真实的生活情景和任务

游戏是幼儿的基本活动，现实生活是幼儿数学学习的前提和基础，幼儿在日常生活中积累了丰富的数学感性经验。例如，他们在玩积木的过程中知道了应将大而重的积木放下面，小而轻的积木放上面，积木的边缘对齐可以使垒起来的积木数量更多、更稳定等知识；在教学活动“老鹰捉小鸡”中，幼儿通过反复游戏，在头脑中形成影像记忆，并运用经验推测游戏结果。教师借助幼儿这些零散、偶发的经验，帮助幼儿整理提升，能够引发幼儿更高的学习兴趣。幼儿只有在具体的生活游戏情景中学习与运用才能真正理解数学概念的含义。

（4）利用多种指导方法

教师选择的指导方法是否合适，会直接影响幼儿数学经验建立的结果。在数学操作性学习中，教师可以利用提问、描述、建议等数学语言对幼儿出现的问题或困难给予适宜的支持和帮助，还可以通过聆听、观察、示范、记录、动作提示、面部表情反馈等非语言方法，对幼儿进行有目的、有意义的帮助和支持。对于目的性较差、经常无意识探索的幼儿，教师可以采用追问、建议、引发比较等方法；对于操作有困难、坚持性较差的幼儿，教师可以采用唤起已有经验、降低任务难度、鼓励等方法；对于创造性较强的幼儿，教师可以采用反问、拓展、增加任务难度、肯定等方法；对于合作性较差的幼儿，教师可以采用提问、反思、问题聚焦、引发比较、建议、示范等方法。

（5）合理运用评价方式

幼儿在真实的生活情境中呈现出的数学学习同成人的数学认知有一定差距，例如，幼儿在建构游戏中呈现的序列具有独特的数学语言特征，教师应充分尊重，客观评价幼儿的行为。评价要建立在观察的基础上，教师不仅要关注幼儿的行为表现，还要解读观察到的行为，教师可以借助“学习故事”的评价方式解读幼儿的数学学习行为，提高理解幼儿的数学学习与发展的能力。

第四节　幼儿园社会教育活动

一、社会领域内容及结构

《指南》中指出：“幼儿社会领域的学习与发展过程是其社会性不断完善并奠定健全人格基础的过程。”幼儿社会性发展，是幼儿在社会生活中所获得的在社会性方面的成长与变化，是幼儿全面发展不可缺少的重要方面。参照《指南》社会领域的内容，本书围绕着自我、他人、社会文化三个维度，确定幼儿园社会领域的结构。

（一）自我

促进幼儿自我意识形成的社会领域教育内容包括：认识自己与客体；具有一定的自我评价能力；建立个人物品管理意识；建立、运用正面情绪，控制、转换不良情绪。

1. 认识自己与客体

人类从婴儿时期就开始对自己的身体进行探索，对自己的身体结构有了基本了解后才能正确认识自己与他人的主要特征，继而知道如何照顾和控制自己的身体，具有了初步的自我服务意识和自我服务能力。此外，还提高了一定的身体保护能力和动作协调能力。

2. 具有一定的自我评价能力

自我评价是自我意识的一种表现。幼儿由于受到年龄发展水平的影响，自我意识发展水平较低，还不能对自己进行独立、客观的评价。在幼儿园，幼儿往往根据教师的评价来评价自己和别人，因此，教师对幼儿的评价就要更准确。教育者要引导幼儿从多角度看待问题、思考问题，避免对人和事物的评价出现绝对化倾向，形成自高、自大，或自卑、自闭等人格特点。针对不同年龄段，教师应采取不同的教育手段，帮助幼儿建立自我评价体系。

3. 建立个人物品管理意识

进入集体生活后，幼儿不但要保管好个人物品，也要关注集体物品的管理。幼儿要在一日活动中对自己以及集体的生活、学习、游戏物品进行分类，按要求收纳和摆放。这不但能提升幼儿对物品的管理能力，同时也对培养他们的秩序感、自我服务能力以及集体意识起到积极的促进作用。

4. 对自己情绪的调节与辨识

对自己情绪的调节能力就是通常所说的要让幼儿做情绪的主人。首先，是能够充分地表达自己的情绪，不压制情绪；其次，是要善于把握表达情绪的分寸；最后，能够关注他人的情绪变化，在与同伴交往中学会聆听别人的谈话、欣赏别人的优点，正确对待生活中的得失。这不但有利于幼儿的身心健康发展，还有助于提高幼儿的人际交往能力与解决问题的能力，帮助幼儿形成良好的心理品质。

（二）他人

幼儿很早就有强烈的寻找伙伴、进行交往活动的倾向。交往为幼儿提供了与同伴协作、共同完成任务的条件与机会，帮助他们学会理解他人，学会辨别是非。在交往中，幼儿的对话、游戏、竞争都是平等的，他们有充分表达情感的机会，能够获得愉快的情绪体验，同情心和责任感也能得到发展。交往还能帮助幼儿逐步学习、掌握社会道德规范和人际交往规范，从而提高幼儿的社会适应能力。

1. 掌握基本社交礼仪

幼儿一部分社交礼仪的关键经验是从家庭中获得的，成人的一举一动都对身边的幼儿产生着潜移默化的影响，包括尊敬长辈、关心他人，这些美好的情感会延伸到他们的社会行为中。例如，在公共场所主动同年长的人打招呼问好，给老人让座，等等。进入幼儿园后，幼儿在教师的帮助下将获得更多社会礼仪相关经验，包括文明用语的使用、真诚地表达歉意、乐于助人等。帮助幼儿慢慢克服自我为中心的心理特点，从享受“被宠爱”到学会“爱别人”。

2. 了解身边的人际环境

幼儿最初接触的人际环境来源于家庭，社会交往的对象就是自己的亲人与周围熟悉的人。了解家庭成员的角色、分工以及认识亲戚关系是重要的人际环境经验。当幼儿到别人家做客时，他们将感受新的人际环境，由主人变成客人，角色的转换将重新规范幼儿的行为，包括进门前先敲门、见到主人要问好、不乱动主人的物品、离开时要道别等。主人对幼儿的种种行为能够让他们学会如何招待来自己家做客的客人。这些现象表明，成人在幼儿获得相关经验的过程中起到了重要的作用。

3. 友好相处

与他人相处是个体情感体验不可缺少的途径，幼儿在与同伴的相处过程中能够获得信息、寻找安慰，同时他们还能养成良好习惯并形成良好的个性与道德品质。小班阶段的幼儿要认识幼儿园中的伙伴，愿意和小朋友共同游戏，想加入同伴游戏时能友好地提出请求；进入中班阶段应该知道自己和同伴的不同，有经常一起玩的伙伴，会运用自我介绍、交换玩具的办法简单地加入同伴的游戏；大班阶段应乐于主动结交新朋友，并想办法吸引同伴加入自己的游戏，游戏时能倾听接受他人意见，不接受时能礼貌地阐述理由。与同伴友好相处有利于幼儿认知能力和情感能力的发展，为以后的人生奠定良好的基础。

4. 乐于分享

分享行为的发展是幼儿社会行为发展的一个重要方面。独生子女家庭中幼儿没有同龄伙伴，加之家长的保护、迁就，导致分享机会相对缺失。他们进入幼儿园的集体生活后，在与同伴交往中出现的第一个矛盾就是独占、争抢玩具。矛盾升级将引发幼儿的攻击性行为，这种行为不仅影响他们自身的健康发展，还会影响到他们之间的交往和感情。

幼儿早期，他们能够在成人指导下不争抢、不独占玩具，当与伙伴发生冲突时能听从成人劝解。随着年龄的增长，幼儿对大家都喜欢的物品能轮流分享，能在他人的帮助下和平解决纠纷，这种分享行为的发展，是其建立良好的伙伴关系、形成健康个性的基础。与人分享不是幼儿自发的，而是由教育者教给幼儿怎样去做，久而久之才形成的。

5. 善于合作

对于幼儿来说，合作是指在游戏、学习、生活中能主动与他人配合，共同协商解决问题，使活动顺利进行，并实现各自目标的行为。

（三）社会文化

幼儿社会文化教育是培养幼儿对本民族文化的好奇心、观察的兴趣、积极的情感和自信心，让他们认识不同文化的特色，并利用各种创造性活动表现社会文化的教育活动。幼儿期是其社会认知、社会情感、社会技能发展的关键期，教师应抓住幼儿这一人生最佳的教育时机。

1. 了解常见社会服务机构

游乐场、餐厅、医院、邮局、公共交通等社会服务机构与幼儿生活息息相关，了解它们的属性，知道工作人员的劳动辛苦也是幼儿需要掌握的社会领域核心经验内容之一。

2. 自觉遵守社会规则

幼儿规则意识的建立最初来源于游戏。在幼儿园活动中，教师利用游戏这一幼儿喜欢的活动形式作为载体，从其身体发展、积极合作、安全意识等方面制定相应的游戏规则，引导幼儿自觉遵守，感受遵守规则的重要性，这也为日后他们步入社会遵守社会规则打下良好基础。

3. 爱护身边物质环境

爱护环境、爱惜物品是幼儿成为未来公民的基本素养，这一关键经验的习得仍需成人的帮助与引导。小班阶段成人要提醒幼儿爱护自己喜欢的玩具和其他生活用品；中班阶段幼儿具备一定的生活经验，成人应及时提醒并以身作则，帮助幼儿养成爱惜粮食，节约水、电的好习惯；进入大班，幼儿视野逐渐开阔，接触大自然的机会不断增多，爱护自然环境、增强环保意识将成为本阶段的重要教育内容。

4. 培养良好社会情感

伴随着幼儿对社会认知的不断深入，他们的社会情感逐渐产生，在与不同的人、事物的接触与互动中产生不同的体验与感受。培养积极的社会情感是幼儿参与社会活动、乐于与他人交往的基础。

5. 初具社会归属感

社会归属感是幼儿社会性发展中的重要情感，对于幼儿的心理健康、社会行为和人际交往有着十分深远的影响。社会归属感的产生需要幼儿对自己所生长的社会环境有所感知。在《指南》中，幼儿社会归属感包括以下几方面的内容：对家庭、社区、班级、幼儿园、家乡、国家与民族的认知，以及对这些群体的认同与自豪感。以上这些内容就是幼儿社会归属感关键经验，在幼儿不同的年龄阶段获得的经验有所不同。

二、社会领域教育活动实施指导策略

（一）“帮助幼儿自我意识形成”教育活动设计与指导

自我意识是对于所有属于自己的身心状况的认识、体验与控制，是作为主观的“我”对客观的“我”的觉察，也是对自己身心活动的觉察。良好的自我意识有助于幼儿建立和谐的同伴关系，增加获得成功的机会，形成健康的自我，有利于社会性的发展。

1. 教育活动设计

自我意识的发展是一个循序渐进的过程。幼儿阶段是自我意识萌芽和发展的重要时期。一般来说，幼儿还不能对自己进行独立、客观的评价，需要通过他人对自己的言语态度等外显行为形成自我概念和自我认识。当成人用积极的眼光、正面的姿态、接纳与宽容的心理去面对幼儿并与其互动时，就是给予他们以良好的“社会的界定”，促使其也用同样的积极态度去看待自己。在幼儿园里，幼儿往往会根据教师的评价来评价自己和看待同伴。因此，教师应细致观察、了解每一位幼儿的发展水平，客观、多元、积极地评价他们，保护好他们的自尊心与自信心，帮助幼儿形成良好的自我意识，让他们能够与周围环境及他人和谐相处，为其社会性发展奠定良好的基础。

2. 教育活动指导策略

幼儿积极自我意识的发展，对幼儿的个性、社会交往的发展具有积极的意义。培养幼儿的自我意识应根据他们的认识能力发展程度，以生动形象、幼儿能接受的内容和形式进行。

①巧用儿童文学作品，树立正确的是非观念。讲道理不如讲故事，教师应避免生硬地提要求或一味呆板说教，以免幼儿产生逆反心理。

②开展游戏活动，提升幼儿的自我控制能力。幼儿根据自己的意愿选择游戏，自主选择伙伴、自由确定游戏主题并构思游戏内容，这一过程有利于培养他

们的自主性，促进其自我意识发展。游戏中，幼儿与同伴交往与合作，这需要加强对自我和他人的认识与理解，控制自己的行为。这都有利于增强幼儿的自我控制能力。

③提供实践和锻炼的机会，培养幼儿独立性。教师应本着“大人放手、孩子动手”的原则，给予幼儿锻炼的机会，让幼儿做力所能及的事情，培养他们的自我管理能力。教师要及时恰当地肯定与鼓励幼儿，帮助他们充分认识自我价值，相信自己有能力独立解决生活中和学习中遇到的问题。

④给予幼儿表现的机会，增强幼儿自信心。教师可以谈话的形式组织幼儿结合生活经验说一说自己的经历与感受，或展示自己的优点、长处；教师还可以为能力较弱的幼儿创造展示和表现的机会，帮助他们克服自卑的心理。通过具体活动鼓励幼儿在自评与互评中认识自我、完善自我，调节自我行为，实现良性循环，增强自信心。

⑤创设情境鼓励幼儿自我体验。教师可以从某个具体的情景入手，引发其情感共鸣。例如，让幼儿通过表演的方式表现在不同社会情景中选择的相应对策，帮助幼儿了解在日常生活中可能遇到的问题，并学习做出合理的行为反应，在体验中促进自我意识形成。

（二）“帮助幼儿认知他人”教育活动设计与指导

1. 教育活动设计

教师是幼儿在幼儿园生活中的重要他人，也是他们心目中的权威人物，良好师幼关系的建立，直接影响着幼儿社会性的发展。为此，教师应为幼儿创设一个宽松的学习与生活的环境，给予他们更多的自主权，使其有更多的机会与他人交往，让他们不仅乐于和敢于与他人交往，还能获得更多的交往技能，让幼儿在“掌握社交礼仪”“了解身边的人际环境”“爱护身边的物质环境”“友好相处”“乐于分享”“善于合作”六方面收获更多经验，从而更好地促进幼儿的社会性发展。

2. 教育活动指导策略

关爱他人是中华民族的传统美德，也是优秀人才的基本素质。在幼儿园通过各种活动建立幼儿关爱他人的品质非常重要。

（1）营造班级关爱氛围

温馨和谐的班级氛围能激发幼儿关爱他人的情感。一位细心而有智慧的教师，应该善于从日常生活中发现并捕捉到难得的社会教育契机，衍生出一系列有价值的教学活动。在活动中，建立良好的师幼关系是教师在社会领域教育中的首要任务，在关爱、温暖、尊重中成长的幼儿会获得更多的安全感，他们会在体验被关爱、被尊重而产生自我价值的同时，学习用同样的方法对待他人。平等的讨论、倾听、记录、墙面展示等教育手段都能够体现教师对幼儿情感的关注，帮助幼儿建立自信。正如活动"再见啦，依依"，教师从幼儿因同伴离开而产生的内心波动切入，使其在真实的社会情境中获得丰富的情感体验，引导幼儿不仅能够正确地认识自己的情感，还能体会到他人的感受，这是幼儿融入社会的基础，对于大班幼儿来讲尤为重要。

（2）创设同伴合作的游戏氛围

游戏是幼儿的基本活动，《指南》中也强调"要珍视游戏和生活的独特价值"。游戏为幼儿提供了社会实践的机会，幼儿用游戏中的各种规则来约束自己和同伴的行为，摆脱以自我为中心，学会、改善并发展与同伴间的合作与交往。正如"滚筒游戏"活动中，有些教师更多的是想到幼儿的身体平衡、协调能力发展，想到游戏材料的创新玩法等，但是案例中的教师在关注到这些内容的同时，更关注到了幼儿挑战、坚持、与同伴的积极的交往与合作，这对于幼儿来讲同样重要，人只有积极地适应社会，才能使自己得到更多的学习与发展机会。

（3）创造家园共育的和谐氛围

创造家园共育的和谐氛围有助于"关爱教育"的有效实施。幼儿园可通过各种形式与家长进行广泛交流，共同探讨对幼儿实施"关爱教育"的方法。

（三）"帮助幼儿了解社会文化"教育活动设计与指导

1. 教育活动设计

幼儿期是学习了解社会文化的重要时期，教师应抓住这一人生最佳的教育时机，根据幼儿的年龄特点和发展需要，尊重他们的主体地位，将体验式学习作为幼儿社会文化认知生成的重要手段，鼓励他们自由表达、表现自己的认知体验，将社会文化教育渗透幼儿园生活的每一个环节中。教师还应有效地利用周围的社会教育资源，让幼儿在有计划的教育活动中获得更多的社会文化体验，从中去学习、去领悟。此外，社会领域教育内容具有独特的灵活性优势，比较容易实现与其他领域教育的融合，教师应将社会文化的学习有机地渗透各个领域，让幼儿尽可能多地了解和领悟不同的社会文化特色，为其将来更好地创造和发展社会文化做好准备。

2. 教育活动指导策略

幼儿园社会文化教育具有独特性，幼儿对社会文化的认知不仅要通过教育教学活动来实现，更要融入渗透式的生活活动和社会活动中。社会生活给幼儿提供了天然的学习环境，赋予了他们探究学习的支持。因此，幼儿园社会文化教育活动应倡导走出“围墙”，让幼儿与周围环境中的人和事物产生真实互动，在形式灵活多样的社会文化活动中促进他们社会情感的发展。例如，依托传统节日或本土特色文化活动开展社会文化教育，让幼儿获得更多社会文化的濡染。为了让社会文化更多地融入课程，幼儿园应设置专门的社会文化主题活动，并制定详尽的活动设计方案，明确活动的实施步骤。此外，还应将社会文化教育与随机教育活动相结合，例如，在幼儿之间发生冲突时，教师不仅要有效介入，还要引导幼儿在分析冲突原因的基础上，制定相应的班级规则，这样既可以避免类似冲突的再次发生，又可以为幼儿自觉遵守社会规则奠定基础。

（1）关注已有社会经验

幼儿认知的发展遵循从具体到抽象的规律，他们的很多新知识经验的建构都是在已有的知识经验前提下迁移而来。因此，教师在设计社会文化教育活动中，应注重幼儿的已有经验和新经验的内在联系。

（2）还原社会生活场景

幼儿对社会文化的认知不是被动地去接受知识传递和按照规范要求学习，而是积极主动地参与社会文化学习，他们在社会环境及规范中有自己的选择、判断和见解。在社会教育活动中，教师应充分尊重幼儿的自主性和主体性，创设宽松、愉悦的氛围，将学习和生活放在真实的情境中，让幼儿能够以自主的方式参与活动，近距离观察，创造性地与环境、材料、人发生互动，通过游戏形式去亲身体验和感受。例如，设置模拟交通场景，邀请交警现场做交通指挥演示；还可以在家长的积极配合下，让幼儿实地观察马路上的信号灯以及交警指挥交通等场景。

（3）共同体验与自主表达

在教育活动中，教师应与幼儿共同参与活动及游戏，共同学习、探究、思考、体验及交流。幼儿在对认知对象有初步了解的基础上，教师应提供表达、交流、讨论的机会，让幼儿通过语言来表达体验与感受。可以是围绕活动的主题、对话进行想法碰撞，加深其对社会认知对象的了解。而在幼儿需要与教师沟通交流甚至亲密接触时，教师马上转换角色与其共情，较好地满足了他们的情感需要，将活动推向高潮，让幼儿在充分的共同体验与自主表达中丰富社会文化认知。

（4）传递正确的社会认知

幼儿在社会领域活动中会因为相关的经验、个性以及兴趣爱好形成一些不同

的认知经验，这些经验比较零散、主观。因此，教师要通过适宜的形式帮助幼儿梳理、提升，还应对幼儿的观点进行正确的引导判断，从而提高社会文化教育活动的有效性。不仅如此，教师还应发挥榜样的示范作用，在日常教育活动中进行经常性提示和示范，不断强化幼儿对社会文化的观察、理解、体验和内化。如引导幼儿思考“在超市拿了东西后，又不想买了，应该怎么办”“在图书馆看书不能说话或者接打电话，但是遇到有急事时该怎么办”等，组织幼儿讨论并得出正确的结论。通过经常性的合理引导，潜移默化地影响幼儿形成正确的社会认知。

第五节　幼儿园艺术教育活动

一、艺术领域内容及结构

《指南》中所说的艺术领域从感受与欣赏、表现与创造两个方面，强调让幼儿学会发现和感受自然界与生活中美的事物，让幼儿欣赏多种艺术形式和作品，萌发对美的感受和体验；鼓励和支持幼儿自发的艺术表现和创造，培养其初步的艺术表现能力与创造能力。艺术领域教育活动的核心价值是培养幼儿的创造意识与创造能力，培养幼儿对审美对象的感知能力、想象能力及审美感受能力。

（一）美术

在幼儿成长的过程中，从能用笔进行随意涂抹的瞬间起，他们就开始自发地运用美术语言表现自我。可以说，美术是比语言文字更早被幼儿用以表述思想、宣泄情绪、想象和创造他们自己世界的一种有效途径。幼儿在运用美术语言时，常常会表现出成人难以想象的才能和潜在力量，他们有天赋的平衡感和秩序感，对具有美感的东西充满追求。这种出色的能力也让教师领悟到可以通过美术语言，将幼儿的学习引向更深入的领域。

幼儿园美术教育不但要关注活动实际呈现出来的结果即艺术作品，更要关注创造中幼儿的艺术思维过程、艺术形式、语言使用过程，以及对艺术工具和材料探索的过程。

（二）音乐

幼儿天生就有热爱和探索音乐的倾向和冲动：他们听到富有节奏的音乐就会用手拍节奏，和着节奏做动作；即便没有音乐刺激，幼儿也常常敲敲打打，以各种方式探究声音；幼儿在游戏、绘画、独自无聊时都会时不时地，或兴高采烈，或轻声细语地哼唱几句，随意地扭动几下……这些音乐行为恰恰是他们探索世界、了解声音、体验音乐的原发表现。音乐能帮助幼儿发展审美能力、表达能力、创造力及想象力，也能帮助成人去体察、理解和尊重幼儿的世界。幼儿园音乐教育的核心是通过音乐的形式及其情感原理的教育，促进幼儿发展音乐审美的感知与领悟。这里更强调幼儿自身的参与和感受，并使他们从中体会到音乐的魅力和内涵。

二、艺术领域教育活动实施指导策略

（一）美术教育活动设计与指导

《指南》艺术领域教育的核心价值是“培养幼儿的创造意识与创造能力”和“培养幼儿对审美对象的感知能力、想象力及审美感受能力”。艺术领域教育活动关于引导幼儿感受与体验有三个要点：一是为幼儿提供审美感受与体验的机会；二是尊重幼儿的独特感受；三是支持幼儿的审美情趣和爱好。

1. *教育活动设计*

幼儿对于美有一种天然的需要。在生活中，幼儿会发现各种各样的美，对生活中的美好事物产生浓厚的兴趣，教师要利用幼儿对美的兴趣，以培养幼儿的美术审美能力与美术创作能力为主要目的，选择幼儿熟悉的美术作品，展开绘画、手工和美术欣赏活动，通过幼儿园的内外环境布置、舞台布置、玩教具展示、区角设计与布置以及各种美术活动，培养幼儿感受美、表现美、鉴赏美、创造美的能力，引领幼儿树立正确的审美观念，陶冶高尚的道德情操，培养深厚的民族情感，激发想象力和创新意识，促进其全面发展和健康成长。

2. *教育活动指导策略*

（1）提供多样化的美术活动材料，增强幼儿表现美的自信

其一，为幼儿提供有针对性的美术活动材料。

美术活动中，教师要尽可能多地提供丰富的材料，让幼儿的兴趣保持稳定增长。除了基本的美术工具，教师还可以让美术走进生活，把随处可见的石头、花朵、树叶，甚至废旧物品当做美术材料。幼儿使用的材料与工具要与活动目标紧密联系，以满足他们在创作活动中的需求，教师应考虑到材料与工具配置的合理性，同样也要具有针对性。例如，在进行“瓷坛子装饰”教学活动时，小班幼儿在瓷坛上涂鸦，教师可以投放水粉等材料；中班幼儿可以在瓷坛子上加入简单的线条，教师除了投放水粉，还可以投放一些装饰性的材料，如彩色的布料、纽扣等；大班幼儿可以借助自身的经验和生活体验与同伴积极合作，教师可以投放各种形状的瓷坛和多彩的颜料、水粉、图片、彩色黏土等，供他们自主选择合适的

材料和工具进行个性化创作。

其二，根据幼儿年龄发展特征提供动态性材料。

幼儿学习与发展的个体差异性决定了他们喜欢的材料和能使用的工具是不同的，因此，教师应根据幼儿的需要经常更换材料及工具。例如，“小鱼和我回家吧”主题活动中，教师引导幼儿将小鱼带回家饲养，鼓励他们将自己在家养鱼的思考与发现呈现在班级的墙面上。随着幼儿饲养经验的丰富，班级的主题墙越来越丰富。幼儿园空闲的墙壁、长廊的空间都是幼儿学习过程的展示，记录他们的所思所想，而幼儿的学习特点与方式也使幼儿园的环境呈现出动态性的变化。

（2）营造丰富化的美术教育环境，提高幼儿创造美的能力

幼儿园要为幼儿创设丰富的、富有审美情感色彩的艺术环境，让幼儿在一日生活环境中充分感受美。教师还要鼓励幼儿投身到大自然与周围环境中，去感受、发现、欣赏自然环境和人文景观中美的事物。在幼儿充分感知环境的基础上，教师要鼓励他们运用线条、形体、色彩等要素大胆地表现自己对事物的认知与情感。在美术创造的过程中，教师应为幼儿创设宽松、包容的心理环境，根据其已有经验进行科学合理的指导，尊重幼儿的创新与个性表现，给予他们更多的真实体验，鼓励他们不怕失败，大胆尝试，学会理解和欣赏他人的作品。

（3）树立科学化的美术赏评意识，培养幼儿的审美能力

美术欣赏教育是培育幼儿艺术素养的一个重要途径。因此，教师要树立科学化的美术赏评意识，学会领会并尊重幼儿的创作意图，而不是简单地用成人的标准来评价；同时合理地安排幼儿美术作品的赏评活动，帮助幼儿形成艺术审美能力。美术作品的赏评以幼儿的自我介绍及幼儿之间的互相评说和欣赏为主，充分发挥幼儿的主体性，可以采用集体赏评与分组赏评相结合、家庭成员与同伴间互评等多种形式。例如，先画完的幼儿可以自由地把自己作品放在实物投影仪上，或放在展示区进行展示，并轻声地互相讨论；整个创作活动结束后，可以请幼儿自由走动，欣赏别人的作品，挑出自己最喜欢的（而不是最好的）一件介绍给大家；也可以轮流向大家介绍自己的作品；教师也可结合幼儿的评价进行科学的梳理提升，帮助他们获得科学赏评的经验。

总而言之，幼儿园应创造条件让幼儿接触多种艺术形式的作品，尊重他们的兴趣和独特的感受，理解其欣赏他人作品时的思想及行为；积极创造机会和条件、支持幼儿自发的艺术表现和创造，让幼儿在尊重与信任的心理氛围内，敢于并乐于表达和表现。

(二) 音乐教育活动设计与指导

音乐带给幼儿个性化的体验，使他们按照自己的方式吸收美的感受、释放美的情绪。他们的这种个性体验需要在音乐教育活动中得到教师的呵护。

1. 教育活动设计

教师应从幼儿的生活环境和成长需要出发，选择丰富多样、符合幼儿身心发展规律的幼儿喜爱的、节奏鲜明、旋律简洁优美、富有童趣的音乐或是幼儿在平时生活玩耍或参与音乐活动时自己创造出来的音乐，通过情境创设、经验调动、多元感知、启发想象、范例演示等方法展开歌曲演唱、舞蹈韵律、乐器演奏、音乐欣赏活动，鼓励幼儿用自己的方式感受理解音乐，为幼儿提供多种艺术表现空间，鼓励其大胆进行艺术创造，以培养其基本的音乐素养，发展其艺术审美感受力，帮助其获得身心的全面发展。

2. 音乐教育活动指导策略

(1) 反复感知，充分体验，不断积累音乐经验

“感受与欣赏”是“表达与创造”的前提，需要充足的时间来保障。因此，教师应让幼儿在反复体验、感知中逐渐累积音乐经验。许多教师有过类似的经验：教学活动中，幼儿不能充分理解新歌曲的歌词，也无法充分表达音乐感受，因此他们在第一次活动中往往不愿意主动开口演唱。但如果将其放在日常活动中多次播放，即便教师没有强调让幼儿注意听，一段时间后，幼儿却可能随口唱出来。这是幼儿充分感受与欣赏后的自然流露。所以，每次活动都应留给幼儿继续感受的机会，可将音乐及相关材料投放到游戏区中，或在一日活动中为幼儿创设一个音乐浸润的环境，让他们在音乐中生活与成长。比如，在幼儿游戏时、进餐时、户外活动时都可播放悦耳的音乐。幼儿音乐经验的获得不在于掌握多少数量的音乐作品，而在于其能否用适当的方式来诠释对音乐元素的理解。

(2) 多种方式，迁移尝试，增强音乐感受的理解力

当幼儿熟悉音乐作品后，教师可以尝试多种方法帮助幼儿进一步感受音乐，增强他们对音乐的理解力。例如，请幼儿用拍手、点头、踏步等肢体的肌肉动作来感知音乐节奏，也可以让幼儿从身体动作转为用器乐演奏的方式进一步感知、表现音乐，使其对音乐的理解趋向丰富和多元。当幼儿学会用一种方法来表现某一音乐元素时，教师可以尝试寻找具有同样元素特征的作品为他们提供反复感受与表现的机会。例如，利用三角铁为音乐伴奏可以让幼儿更好地感受三拍子的节奏，教师可以选择一首节奏特点较为明显的三拍子儿童乐曲让他们反复尝试演奏。当幼儿已经积累一定演奏经验后，就会将已经建立的演奏经验迁移到其他形

式和风格的乐曲中。音乐没有固定的意义，体验音乐实际上也是个性化地再创造音乐的过程。在教学活动中，教师要为幼儿提供更多体验音乐的机会，并给予最有效的支持，让他们尽可能地投入，在感受的基础上探索和发现。

（3）连接情境，巧妙设计，引发对音乐的学习兴趣

理解抽象的音乐语言对于幼儿来说有一定的学习难度，教师要注意根据幼儿的年龄特点和生活经验来创建适合他们学习的音乐情境，使音乐与幼儿的生活经验建立起联系，转化成他们可理解的方式，由此引发其主动学习和积极体验。例如，教师带幼儿去看秋天的落叶时，可反复哼唱《小树叶》，以后幼儿一见到落叶，就会自然而然地哼起这首歌。又如，将《惊愕交响曲》与小老鼠到厨房找食物遇到大懒猫吓了一跳的情景建立连接，当音乐变弱时，幼儿会模仿小老鼠悄悄地走路；当强音出现时，他们又会做出小老鼠惊恐的样子，这种符合幼儿心理的想象和模仿使得抽象的音乐变得生动鲜活起来，激发起幼儿对生活的喜爱以及对艺术表现形式的极大兴趣。带有故事性、情节性的内容的加入能更直观地使幼儿产生音乐联想。

（4）静态符号，凸显元素，多渠道感知音乐

对音乐结构的认识有助于幼儿对整体音乐的感知。教师可以将对音乐结构的感知用线条、图形等符号静态地呈现出来，便于幼儿感知音乐结构、辨识段落和乐句，发现其中重复与变化的规律，讨论解读音乐作品中的细节。

（5）体态表情，传递情绪，增加音乐感染力

幼儿音乐审美能力的发展与教师自身具备的表达和示范音乐感受能力的高低具有密切的关系。教师在与幼儿共同体验、感受、表现音乐的过程中，应通过自身准确的演绎来展现自己对作品的理解，无论动作表情、图谱记录、语言提示还是情绪体态等，都要尽可能地表现出对音乐旋律、速度、力度、节拍等音乐元素的正确理解，这样才能将幼儿带入充满感染力的音乐氛围中，与幼儿共享音乐的快乐。

第四章　幼儿园区域游戏活动

第一节　幼儿游戏理论

游戏是当代幼儿园教育的重要内容，游戏教学在幼儿园中受到越来越多的重视，教师的幼儿观、教育观、教学模式都发生了根本性转变，幼儿教育"小学化"倾向得到有效抑制，幼儿园以游戏为基本活动已达成一种共识，以幼儿为本的教育理念得到了很好贯彻。但有研究表明，在幼儿园课程改革过程中也还面临诸多需要改进的问题，其中包括部分教师游戏教学实施能力不足，主要表现在环境创设缺乏游戏要素、不能准确把握游戏与课程的关系、缺乏正确解读幼儿游戏行为的能力、不能适时介入和指导幼儿游戏，导致游戏无法深入等。这些问题的解决除了需要加强实践锻炼以外，更重要的是要加强学习，尤其是加强游戏理论知识的学习，以帮助教师更好地认识教育现象，解决教育问题，指导教育实践。在校学习的学前教育专业学生，拥有充足时间进行理论知识的学习，在校期间打下扎实的理论基础，对胜任未来幼儿教师岗位以及专业可持续发展都有重要意义。

一、主要游戏理论学派及其观点简述

（一）经典游戏理论

19世纪下半叶到20世纪30年代，世界范围内相关学者开始对儿童游戏进行研究，经典游戏理论便诞生在这个阶段。同时，达尔文所提出的生物进化论等自然科学三大发现，对这个阶段的儿童游戏理论研究产生了较大影响，代表性理论有剩余精力说、松弛说、生活准备说、复演说等。

剩余精力说，也称"精力过剩论"，最早由德国思想家席勒提出，后来英国哲学家、心理学家斯宾塞丰富并发展了这一学说。根据该理论指出，当人们的吃与喝等基本物质生活满足之后，便会对精神进行追求，游戏便是不断追求精神所出现的产物。游戏是宣泄机体内剩余精力的一种方式，人们剩余的精力越多，那么所开创出来的游戏类型就会越多。从席勒的观点来看，他认为游戏大致可以划

分成为两类：第一类指的是人们在体力方面过剩的基础上开始对游戏进行探索，即基于身体器官而进行运动的游戏类型；第二类指的是人们在精神方面过剩的基础上开始思考游戏，即基于人的思想而开发的游戏，又或者是审美活动，该类游戏更倾向于智力运动。

松弛说，也称“娱乐说”，代表人物为德国心理学家拉扎鲁斯。根据该理论，人们游戏并不是因为机体内部的精力过剩造成的，相反却是由于精力不足造成的，为了解除身心的疲劳，人们进行游戏，从而恢复精力、放松身心。

生活准备说，代表人物为德国心理学家格罗斯。格罗斯从生物进化论角度出发阐述游戏的本质内涵，他认为游戏是动物的幼稚期或不成熟期的特有现象。儿童生来就具有某些本能，但这些本能不够完善，必须通过游戏加以练习，游戏是一种练习本能的普遍冲动。通过游戏练习可习得一些基本技能，有利于为成年生活奠定一定的基础。从格罗斯的观点来看，他认为儿童游戏大致有两类：第一类是儿童练习性游戏，这类游戏可对儿童的高级心理能力以及感知运动进行练习；第二类是儿童社会性游戏，具体有模仿性的游戏以及一定的追逐打闹等。

美国著名的心理学家霍尔基于自身的研究提出了“复演说”理论，从其观点来看，他认为儿童游戏其实是对人类祖先不同发展阶段的一些生活特征进行不断复演，所以儿童游戏活动一定程度上能够将人类祖先到现代人整个进化过程反映出来，是人类生物遗传的结果，游戏中的所有态度和动作都是遗传下来的。

（二）现代游戏理论

现代游戏理论出现于20世纪20年代。第一次世界大战以后，对游戏的研究出现了“百家争鸣”的局面，社会文化历史学派游戏理论、认知发展学派游戏理论、精神分析学派理论、唤醒理论和元交际理论等，均属于具有代表性的游戏理论。

精神分析学派的游戏理论由奥地利著名精神分析学派的创始人弗洛伊德提出，他认为游戏在个体情绪发展中扮演着重要的角色，具有发泄愤怒、减少焦虑、舒缓紧张等作用，如果人的一些与生俱来的原始冲动和欲望长期受到压抑而得不到释放就会精神分裂，游戏就是释放这种压抑的有效途径。埃里克森对弗洛伊德的理论加以阐扬与修正，认为游戏为儿童提供了解决焦虑与实现自我愿望达成或满足的机会，促进儿童人格从一个阶段向另一个阶段发展。如果每个阶段发展的任务都解决的好，就形成了理想的人格，反之，则形成相反的人格。蒙尼格提出游戏可以释放或减轻人与生俱来的攻击性驱力而不致形成病症，但这一观点被许多研究结果推翻，大量研究结果表明攻击性游戏实际上会刺激而不是降低儿童的攻击性行为。佩勒发展了弗洛伊德关于角色游戏中情感驱力的观点，提出儿童在游戏实践过程中，对角色进行选择并不属于本能模仿角色，因为儿童之所以参与游戏受到比较复杂、深刻的情绪因素影响。

瑞士著名心理学家皮亚杰作为认知发展学派游戏理论最具代表性的人物之一。他认为游戏并不是儿童与生俱来的、不习而能的“本能”，而是随着儿童的认知发展而发展，游戏是儿童巩固和扩大概念和技能的方法，游戏的特征是“同化”超过了“顺应”，即儿童可能不考虑外在事物现实状况、目前的客观特征，而仅仅只是根据自己已有的认知图式去从事某种活动，进而改变现实情景，将外在事物、情景改造成能适应儿童原有发展水平和主观意愿的事物与情形。皮亚杰认为儿童的认知发展水平决定着儿童的游戏水平，并以儿童不同发展阶段的不同认知发展水平为依据，认为游戏可以划分为规则游戏、象征性游戏以及练习性游戏三类。

维果茨基是心理学家，也是社会文化历史学派游戏理论最具代表性的人物之一。该理论学派认为游戏是儿童的一种社会性活动，是学前期儿童的主导活动，提出“游戏创造了儿童的最近发展区”观点，即儿童在游戏中总是试图超越他现有的水平向新的高级阶段过渡。该理论强调游戏的社会性本质，反对本能论，认为游戏不会自然而然发展，而是儿童在与成人的交往中发生、发展起来的，强调成人的教育影响。该理论提出倘若没有教育的价值，那么就不会产生游戏，又或者说游戏没有教育价值将会停滞不前。从儿童角度来讲，倘若要确保儿童能够对游戏方法进行充分掌握，那么就需要成人的适当干预，也就是说要在一定年龄段上对儿童进行引导，使其能够学会如何开展游戏。社会文化历史学派游戏观重视和强调成人对儿童游戏的指导和参与的观点，在 20 世纪七八十年代以后随着维果茨基的游戏理论被广泛接受而得到越来越多的人认同。

游戏的唤醒理论，代表人物为伯莱因、埃利斯等，该理论主要试图解释游戏的生理机制。所谓“最佳唤醒水平”，其中“唤醒”是关键，而能够唤醒的关键又在于机体内部平衡机制以及内部环境的刺激。外部环境刺激能够为儿童学习提供不可缺少的线索，还可以激活机体，改变机体的驱力状态；如果“最佳唤醒水平”被新奇的事物提高，有机体内部的平衡机制就可以通过一定的行为方式来降低这一激发水平，维持最佳唤醒状态。唤醒理论描述了机体不同性质的行为与不同性质的环境刺激之间的相互制约关系，启发人们在为幼儿创设和组织环境时，应当注意从整体上考虑游戏材料的数量、新异性等因素。

著名心理学家贝特森通过对逻辑学理论以及人类学理论的研究，从而提出了有关游戏的“元交际理论”。所谓“元交际”是一种抽象的、意义含蓄的交际。贝特森认为游戏中的所有活动并不代表真实生活的活动，儿童在游戏前已达成“这是玩啊”的信息传递，知道将会发生什么，而且知道这是假装的，所以游戏的基本特征理应是“元交际”。从游戏的角度来讲，将其作为“元交际”便成为一种非常重要的学习方式，在游戏过程中幼儿虽然会对某一种角色进行扮演，但是并不是在学习如何扮演这种角色，而是在对“角色”的概念进行学习，对角色不同之处进行区分。在达尔文生物进化论影响下的经典游戏理论彰显着明显的生物学色彩，从本质来讲属于主观思辨的产物，缺乏可靠的实验依据，忽略了游戏的社会性本质；现代游戏理论试图在关于个体发展的理论框架中解释和讨论什么是游戏、为什么游戏等现代游戏问题，这些理论都认为游戏能够以某种方式促进儿童的发展。

二、游戏理论学习对幼儿教师专业发展的影响

（一）帮助了解幼儿游戏的根源和本质

幼儿为什么要游戏？为什么要把游戏作为幼儿的基本活动？根据游戏理论，幼儿需要游戏不仅有自然进化与社会历史发展的原因，还有幼儿身心发展需要的原因。幼儿在满足了基本生存和安全需要的前提下，驱使幼儿游戏的动因主要有身体活动、探究、交往和表达的需要等。游戏使幼儿各种需要得到满足，满足带来快乐，快乐产生兴趣，从而成为学前期占主导地位的活动。

（二）促进了解游戏与幼儿学习、幼儿发展之间的关系

依据研究理论，幼儿游戏就是幼儿学习，幼儿游戏与幼儿发展相互作用、相互促进。如果幼儿很少接触游戏，又或者是在游戏中玩得不够充分，那么幼儿的大脑相比其他同龄正常儿童来讲，将会小20%～30%。游戏对于儿童的生理发展和心理发展至关重要，游戏理论为了解游戏通过什么方式促进幼儿的学习与发展提供了众多理论依据和支撑数据。

（三）帮助了解儿童游戏的特点和分类

幼儿游戏具有鲜明的“幼儿”特点，既有表情、动作、言语等的外在行为表现，也有类似愉悦等情感外在体现。游戏的认知分类与社会分类是各种游戏分类中常用的基本分类。以游戏认知为依据，可将游戏划分成为规则游戏、结构性游戏、象征性游戏、联系性游戏等。同时，在儿童生长发育的不同阶段，各类游戏所占的比例不同，以及为什么呈现这样的趋势等，这些理论观点为教师观察儿童游戏、设计和指导儿童游戏提供了依据。

（四）促进科学观察并解读儿童游戏

理论基础是科学观察并解读儿童游戏的重要保障。依据幼儿的表情可以判断幼儿是积极主动的活动状态还是消极被动的状态，从而区分是游戏还是无所事事和闲逛；依据幼儿的动作特点对于幼儿进行判断，区分其是在开展嬉戏性游戏、象征性游戏，还是探索性游戏；将幼儿话语内容作为依据，可以判断幼儿是否在游戏以及游戏的水平与状况；依据游戏中幼儿使用的材料或玩具可以判断不同年龄段的幼儿对游戏材料的需求；依据幼儿在游戏中是否具有“愉快的”“自由的”“自主的”游戏性体验，可以判断游戏活动是否为真正的游戏等。

（五）学会创设适宜的游戏环境

研究数据表明，在创设幼儿游戏环境时，如果没有依据幼儿的兴趣与需要，而只按照成人的想法与愿望来设置，这样的游戏环境就不可能被幼儿认同和接受。只有当幼儿根据自己的愿望与想法来使用游戏材料，游戏活动才可能呈现多样性和灵活性，幼儿在实践过程中才能充分体验真正的游戏性。基于此，建议幼儿教师在对游戏环境进行创设的过程中，游戏材料的投放和活动内容的设计都要建立在幼儿已有的知识经验与能力之上，使游戏任务与内容对幼儿来说，既具有一定的挑战性，但又通过努力可以完成。

（六）学会适时介入并指导幼儿游戏

研究表明，游戏是幼儿的需要但并不意味着每种游戏都有助于幼儿的学习，适时地干预与介入可以更好地促进幼儿发展。但干预的方式方法、干预的时机和干预的“度”需要把握好，要明晰干预的最终目的是要激发幼儿积极主动地探索和解决问题，而不是“越俎代庖”。根据幼儿年龄适宜性和个体适宜性，可以采用平行介入法、情景介入法和教学活动游戏法等方法加以指导和介入，而一些直接干预建议尽量减少，最大限度保障幼儿能够自由、和谐、愉悦地开展游戏。

（七）促进个人终身发展

游戏理论知识是前人经过不断尝试和探索形成的宝贵经验，可以帮助学习者快速了解幼儿游戏的相关知识与发展成果，采取针对性措施，指导解决在实践中遇到的难题与困惑；理论知识中所体现的分析问题的思路和方法，可以促进学习者逻辑思辨能力的提升，养成善于思考与分析问题的习惯，为从事科学研究打下基础；在学习与运用前人理论知识的过程中所产生的新发现和新思考，有利于进一步促进理论发展和个人专业成长。

三、游戏理论启示与思考

（一）引导幼儿教师对主要游戏理论学派观点进行梳理

通过梳理，对比各个游戏理论流派的不同见解及其对当今幼儿教育发展的影响，在头脑中形成清晰的幼儿游戏研究发展脉络思路，培养从历史的宏观角度来分析游戏地位的能力，树立正确的儿童观、游戏观。

（二）注重游戏理论教学方式方法的灵活性和趣味性

理论知识与实际案例的有机结合，有利于增强理论内容的直观性和生动性。搜集大量的视频案例、文字案例、图片资料等来论证理论内容，便于幼儿教师理解记忆、消化吸收，同时可以激发幼儿增强学习兴趣。

（三）在实践中对游戏理论进行归纳运用

加强理论与实践相结合的训练，在幼儿行为观察、幼儿游戏环境创设、幼儿游戏活动实施中培养幼儿教师运用理论去设计活动、发现和解决问题的能力，如在幼儿行为观察中用理论分析产生相关行为的原因并提出解决和指导问题的策略及依据；在环境布置中阐明玩具和游戏材料选择的依据和原则，提高环境布置的科学性；在幼儿游戏过程中对幼儿发展进行评价，并提出评价的理论依据等，让幼儿教师在反复实践中领会到理论学习给自己专业成长带来的巨大收获。

（四）在反思中提升游戏理论水平

引导幼儿教师对幼儿园教育内容、教育方法和教育现象进行书面分析，探讨幼儿园教学、课程和游戏的关系，尝试改编或创编教学游戏，反思在幼儿园课程实施过程中游戏精神体现不足之处并提出整改建议，提出幼儿园以游戏为基本活动的保障举措及发展构想，在思考与反思中不断成长、成熟。

第二节　幼儿园区域游戏活动

一、幼儿园区域游戏活动的含义和意义

（一）幼儿园区域游戏活动的含义

区域游戏活动，也称活动区活动、区角活动。

幼儿园区域游戏活动是教师依据教育目标和儿童发展水平与兴趣，利用游戏特征创设环境与材料，使幼儿按照自己的意愿和能力在与材料的互动中展开的个别化、自主化的活动组织形式，它是一种相对开放性的、低结构化的活动。

区域游戏活动是幼儿园教育活动中不可或缺的、深受幼儿喜爱的一种形式。区域游戏活动中，幼儿在愉悦轻松的氛围中自主选择感兴趣的区角，自由活泼地活动，在玩耍中探究，在交往中协作，在多元互动中促进认知能力、创造力、动手能力、社交能力等各方面的发展，承载着重要的教育功能。

区域游戏活动以幼儿的需要、兴趣为主要依据，教师根据教育目标和幼儿发展水平，配合正在进行的其他教育活动等因素，在幼儿园活动室、门厅、走廊、室外场地划分一些幼儿分区活动的区角，如科学区、智力游戏区、建构区、角色区、美工区等，将这些区角利用简易的屏障间隔成相对独立、相对固定的半封闭区域，在其中有目的、有计划地投放各种适合的活动材料，创设活动环境，制定活动规则，让幼儿在宽松和谐的环境中按照自己的意愿和能力，自主地选择活动内容和活动伙伴，主动地进行操作、探索和交往的活动。

（二）幼儿园区域游戏活动的意义

1．区域游戏活动促进幼儿主动活动

区域游戏活动突破了传统教育中幼儿处于被动、静止状态的局面，教师通过设计、提供可供幼儿操作的环境特别是各种活动材料，让幼儿在和环境的相互作用中主动地通过活动得到发展，充分体现了幼儿的主动性和实践性。

由于幼儿教师设置的各个活动区以及为各个活动区提供的活动材料，可以被看作幼儿自主活动的实际对象，被看作幼儿教育内容的物化，因此，我们可以把活动区材料看作幼儿主动活动的物质基础。只有具备了这样的物质基础，孩子的主动活动才能落到实处。

2．区域游戏活动促进幼儿的自主选择

幼儿园常设的活动区有日常生活练习区、语言区、数学区、科学区、美工区、音乐表现区、娃娃家、种植区等，涉及幼儿发展各个方面的多种活动区，为幼儿进行自主选择提供了广泛的空间，可以满足让幼儿根据自己的兴趣爱好、发展类型、优势区域等进行自主选择的需要。幼儿园活动区设置在表现出区域性的同时还表现出层次性，小、中、大班通过区域设置的不同、材料难易程度的不同体现层次性，即便是同一班级中同一类型的活动也通过提供不同层次的材料来体现层次性，适宜幼儿不同发展水平、不同学习节奏的、多层次的活动材料，可以满足不同幼儿根据自己的发展程度、学习节奏等进行自主选择的需要。

3．区域游戏活动促进幼儿的相互交流

幼儿在同一活动区的活动，可以看作被共同的或相似的兴趣爱好和发展需求聚拢起来的小组活动。可以说，在这个小组里，每一个幼儿都在有意无意之间关

注同伴的一言一行，关注同伴的言行成为存在于每一个幼儿身上的普遍现象。由于来自同伴的激励和启发往往比教师的说教更能激起幼儿的求知欲望和探索精神，为此每一个幼儿都能通过伙伴之间的相互交流和由此导致的相互激励和启发而使自己不断地碰撞出新的火花，进而促进自己不断地在活动区中进行新的探索。可以说，在区域游戏活动中，幼儿之间的相互观摩、学习、启发和激励是经常性的，是区域游戏活动的必然，也是幼儿不断进步、不断提高的重要推动力量。

4. 区域游戏活动促进幼儿的持续探索

培养幼儿的好奇心、求知欲和最初的创造意识，是幼儿园素质教育的一个重要方面。区域游戏活动为幼儿提供可供他们持续探索的环境和材料，教师具有针对性的个别指导也可以起到重要的作用。可以说，幼儿初步的创造意识是在不断操作实际物体的活动中萌发和发展的，亲自动手、动脑，持续不断地实践活动是幼儿创造活动的起点。从这个意义上，幼儿园区域游戏活动为促进幼儿的持续探索进而促进幼儿创造意识的萌发和初步创造能力的发展提供了广阔的空间和无限的机遇，具体来说，幼儿园各区域游戏活动的价值如下：

角色区——角色区的主要价值在于巩固加深幼儿的生活印象，使有关的社会生活知识和经验系统化；学习人际交往规则；学习社会角色行为；学习理解他人的情感；增进同伴关系，发展合群性；学习自我控制；发展语言，增进运用语言进行交往的能力，培养幼儿正确使用礼貌用语；遵守游戏规则和公共秩序；发展社会认知能力；学习想象、表征能力；通过自编自导、自演的活动，激发创造潜能。

建构区——建构区的主要价值在于帮助幼儿认识基本形状，学习分类、排序等基础技能；形成大小、多少、长短、宽窄等概念；感知比例关系；体验创造与成功的喜悦；培养专注力；学习协商沟通等人际交往技能；学习与人合作、分享；有利于幼儿合作意识的培养和收放玩具等良好行为习惯的养成；发展空间想象能力和表征能力。

美工区——美工区的主要价值在于帮助幼儿认识各种材料的性能并掌握绘画、泥工、剪贴、小制作等技能；增进幼儿对自然、艺术的广泛接触；增强幼儿对美的感受力、表现力、创造力，陶冶美的性情和品格；发展幼儿的观察力、想象力和创造力；发展幼儿小肌肉动作和协调能力。

益智区——益智区的主要价值在于帮助幼儿认识各种棋类，掌握他们的玩法；学习数概念、几何形体概念，理解长度、形状、空间方位、部分与整体的关系等；学习分类；培养幼儿竞争意识，学会发现问题、解决问题；培养幼儿谦让等良好品格；培养幼儿的思维能力、创造能力和分析问题、解决问题的能力；培养幼儿动手能力。

科学区——科学区的主要价值在于在观察、操作和科学小实验中，了解简单的物理化学等现象及简单的科学常识；激发幼儿操作与探索的兴趣；学会发现问题，解决问题；培养幼儿的坚持性和忍耐力；培养幼儿的探索能力、创造能力。

语言区——语言区的主要价值在于丰富幼儿各种知识，发展幼儿创造讲述的能力；善于捕捉生活中的新闻消息，且乐于表达；培养幼儿阅读兴趣、阅读习惯和语言表达能力；培养幼儿爱护图书、互相谦让等良好品德；启迪幼儿的智慧；学会看书的方法。

表演区——表演区的主要价值在于掌握一些歌舞剧、木偶剧、童话剧等良好的表演技能；培养幼儿热爱生活的情感和感受美、表现美的情趣；发展幼儿连贯性语言；了解人世间真善美，假丑恶，知道正义一定战胜邪恶；培养幼儿的创造表演能力。

二、幼儿园区域游戏活动的形式和特点

（一）幼儿园区域游戏活动的形式

幼儿园区域游戏活动的形式主要有集体活动、分组活动、自选活动、自由活动、主题活动。

1. 集体活动

集体活动是将活动区活动看作是对幼儿进行集体教育的途径之一，如：需要全体幼儿学习某一知识、技能时，根据活动目标，在一个或多个相关区域中投放恰当的操作材料，让幼儿通过自由探索活动来感知内容，获得经验。

2. 分组活动

分组活动是将活动区视为对幼儿进行分组教学的场所。它主要适用于：一是在发展智能方面，帮助部分幼儿获得某一知识、技能时，在相关的活动区域，对那些有特殊需要的幼儿进行必要的辅导；二是活动区活动的开始阶段，保证每位幼儿都能熟悉各区的内容、材料和工具的使用方法；三是教学材料不够，做不到人手一份的情况。

3. 自选活动

自选活动的特点是在人为创设的自然情景中进行活动。主要适用于活动区活动成熟阶段，幼儿对于各区的材料、玩法等都已较熟悉。

4. 自由活动

自由活动的特点是活动的过程是幼儿主体内在动机完全得以激发的过程，幼儿进行的是“自发学习”，他们更积极地与环境发生交互作用。它和自选活动形式的主要区别在于，区域的提出、内容的选择、材料的添置等过程，处处体现随机性和幼儿的主动参与性，教师的教育意图在活动中不断地调整，灵活地实现。它主要适应于活动区活动的高级阶段，再就是一些特定的活动区域，如角色区娃娃家、百货商店等。

5. 主题活动

主题活动的特点是各区域的活动紧紧围绕一个主题，内容的选择、材料的投放为实现主题目标服务。适应范围是教育内容需要多种活动形式配合才能完成，以加深印象，促进幼儿理解。

（二）幼儿园区域游戏活动的特点

1. 自主性

区域游戏活动一般采用自选游戏的组织形式，注重让幼儿自选、自由地开展游戏活动，充分发挥游戏的自主性特点，不论是主题的确定、玩具的选择、玩伴的选择、语言的运用、动作的展示等游戏过程的各个环节都自然地进行。

2. 教育性

区域游戏活动虽然有其自主性，但它也不是幼儿完全自由自在、不受控制的活动区域，它有其鲜明的教育性，但这种教育性比较隐蔽，主要体现在幼儿在游戏的过程中对材料的操作上，对区域规则的遵守上，以及在与伙伴们的相互交往中产生积极的体验，通过轻松愉快的活动过程，促进其身心得到发展，实现游戏本身的发展价值。例如，角色游戏区（娃娃家、小餐厅等）最重要的教育性在于它有助于幼儿学习社会性行为，发展交往能力；结构游戏区的教育性主要体现在它能够促进幼儿的创造性思维和手部动作的发展，培养幼儿手脑并用等。

3. 实践性

不管是哪种类型的区域游戏活动，都要通过幼儿的具体实践活动才能实现它的教育性，区域游戏活动是非常具体的活动，有角色、有动作、有语言、有玩具材料，幼儿在活动中只有身体力行、实际练习，才能发展自身的各种能力。

4. 指导的间接性

幼儿是区域游戏活动的主角，是学习的主体，在区域游戏活动中要完成的是怎样主动地积累经验、获取知识的任务，即知道怎么样去学，知道如何自主地进行选择，主动地与环境交互作用，并得到发展。教师的指导具有间接性的特点。

首先，在环境的创设过程中，教师应发掘幼儿的主动性，让幼儿积极参与到活动中，让幼儿不仅了解“应该怎样做，为什么这样做”，还应激发幼儿“我们需要这样做”的愿望。在活动过程中，给予幼儿适时的、必要的支持和帮助。比如幼儿遇到困难玩不下去时，幼儿出现纠纷与行为问题时，幼儿操作发生问题时，游戏无法深入时，幼儿发生创造性的行为时，教师要及时发现和巧妙介入。教师的出现和介入要体现艺术性，即什么样的角色介入是最自然的，既能达到指导的效果，又不影响孩子们的游戏。教师有时是游戏的伙伴，有时是某个特定的角色，有时还是旁观者，必要的时候还可以是调解员，教师要灵活地扮演好不同的角色。在这一角色的定位时，教师以幼儿自己解决为前提对幼儿进行间接性的帮助，让幼儿自行探索与同伴、与环境、与材料等之间的交往。帮助幼儿积累经验以更好地对周围事物进行探索，更好地适应环境，教师还应该密切观察幼儿在区域游戏活动中各种情况，观察幼儿在活动中的语言、动作、表情；幼儿对提供材料是否感兴趣；同伴之间是怎么样通过材料进行交往的；幼儿能否将主题活动渗透到区域游戏活动中等。有了充分的观察，教师才能对每个幼儿做出正确的判断，机智地、艺术地加以引导和调控，促进区域游戏活动的顺利进行和目标达成。

第三节　幼儿园区域游戏活动的组织与指导

一、当前幼儿园区域游戏开展的误区

随着学前教育事业的发展和幼儿园课程改革的不断深入，幼儿园区域游戏活动逐渐开展并呈现出日益重视和丰富多彩的态势。但是，由于教师教育观念和游戏理论水平的局限，导致幼儿园区域游戏活动的设计、组织与指导存在较大的误区。具体表现如下：

①教师缺乏整体课程观，对区域游戏活动价值追求缺乏明确认识，区域游戏活动流于形式，存在随意性，盲目性；教师缺乏足够的学前儿童课程和学前儿童游戏的理论认知，对幼儿园课程和幼儿园教育活动的构成缺乏清醒而深刻的认知，对区域游戏活动的价值追求迷茫，导致区域游戏活动流于形式，普遍表现为随意且盲目地摆设和堆砌几个区角，放任幼儿盲目活动的状况。

②区域游戏活动设计能力偏低，导致区域设置不当。区域游戏活动要根据幼儿的年龄来创设，投放的材料也要根据幼儿年龄特点和需求，从区域的设置、活

动区材料的投放到活动区内的互动，都应从幼儿需求活动发展出发并尽可能多让幼儿参与。而许多幼儿园的区域游戏活动，如角色区的“娃娃家”、美工区、建构区等，到处只见教师想当然的设计与布置，看不到幼儿的意愿和参与，常见到区域位置固定不变、形式花哨、内容不全、不能吸引幼儿、不便幼儿开展活动等现象。

区角的创设是幼儿园环境创设的重要组成。很多幼儿园班级在创设活动区时仅考虑环境的美观、材料的便利、管理的省时省力，创设区域时忽略区角的教育价值及其相互作用，常常会见到小小的室内空间充斥了阅读区、表演区、建构区、绘画区等七八个区域，每个区域面积较小，容纳不下 4～5 个幼儿，在开展活动时只能把材料拿出来在公共区域游戏活动。这些多而杂的区域容易相互干扰，达不到相应的教育效果。

区域游戏活动材料投放目的不明确，要么忽视幼儿的年龄特点和兴趣需要，缺乏层次性，使得幼儿对教师提供的材料缺乏兴趣，要么由于某些客观因素（如教学任务重、班级人数多、活动场地有限等）的影响，教师经常给幼儿提供的是一些简单的、成品的活动材料，在利用自然物品和废旧物品上比较薄弱，使活动材料缺乏探究性、可操作性。同时活动材料单一，不能满足幼儿在游戏活动中的需要，从而阻碍了区域游戏活动的深入开展。这种缺乏目的性、层次性的材料投放，导致活动区无法发挥应有的教育功能。

区域设置长期固定，少变化。区域设置应以开放的姿态，立足传统、优化组合，实现教学与发展的最佳结合。这就要求区域设置上要随时间、主题的变化而进行调整。一般来说，数学区、阅读区等区域是班内的常设区域，其内容、活动材料也应随着幼儿的活动情况而逐步调整。而建构区、美工区则是最容易表现主题内容的，因此经常随着主题的变化而更换，但调查发现，很多班级的各个活动区一经创设就被固定下来，整个学期变化较少。也有很多班级的活动区在装饰上发生变化，但在活动材料、玩法等方面都没有发生变化。这种少变化的区域形式容易缺乏对幼儿的吸引力，因而丧失教育功能。

③教师缺乏区域游戏活动组织指导的理性思考，区角设计与活动组织指导能力欠缺。区域游戏活动中，教师应对自身角色重新定位，成为活动条件的创设者、活动过程的观察者和研究者、活动结果的评价者。但目前而言，区域游戏活动中教师角色有两种极端：

一是沿袭了教学活动的角色，主导着整个区域游戏活动；

二是放任自流，成为区域游戏活动的旁观者。

区域游戏活动是以幼儿自由、自主的方式进行的。教师的指导是支持性指导，有别于集体教学活动中教师的主导式指导，即在活动中教师要从一个引领者变成一个尊重幼儿意愿的支持者和推动者。这就要求教师要关注幼儿区域游戏活动的整个过程。这样才能充分了解每一个幼儿的发展水平，有利于正确指导和帮助不同层次的孩子。通过观察和研究区域游戏活动中幼儿的表现，积极寻找幼儿教育的契机，促进幼儿的发展。

然而在当下幼儿园区域游戏活动过程中，仍普遍存在教师不能很好地从幼儿的行为表现上了解幼儿活动和发展的需要，无法判断幼儿实质性的操作活动，对幼儿玩与学的关系不够明确，经常陷入幼儿玩中是否学和学什么、怎么学的困扰，教师对于材料的功能认识肤浅、单一，无法判断幼儿操作行为的原因、价值和发展轨迹。

在区域游戏活动的评价中或放任自流，不了了之，或只关注活动结果，忽视幼儿活动过程，导致区域游戏活动形式上热闹，实质上不能在自由、自主活动中有目的、有计划地满足并促进幼儿的发展，不能承担起与集体教学活动、生活活动、游戏活动相互补充、相互衔接的应有的和独特的教育活动功能。

二、幼儿园区域游戏活动的组织原则

（一）区域游戏活动主题的选择要因地制宜，适合本园的实际情况

①区域游戏活动的主题应适合幼儿各年龄段的发展水平。

②从幼儿的兴趣出发，确定区域主题。

③根据教育活动的主题确定区域游戏活动主题。

④注重区域游戏活动主题之间的互动。

⑤区域游戏活动的主题适当体现地域特色。

（二）区域游戏活动的创设过程中要充分体现幼儿为主的原则

①与幼儿共同商讨区域需用的材料，并一同收集、布区。

②幼儿自己制定区域规则，大家共同遵守。

（三）区域游戏活动中的材料投放要安全卫生，有科学性

①区域是孩子们活动的场所，对于其中投放的材料首要的要求是安全、卫生。

②区域中投放的材料也要有一定的科学性。

三、幼儿园区域游戏活动的组织流程和指导策略

（一）幼儿园区域游戏活动的组织流程

在区域游戏活动中，学习和发展的主体是幼儿，教师则扮演着多重角色，针对各年龄阶段儿童的特点和需要采取恰当的策略促进儿童的发展：教师是幼儿活动的支持者，通过提供材料、参与活动、给予建议等方式支持并推进幼儿的活动；教师是幼儿行为的观察者，观察并记录幼儿进行区域游戏活动的情况，捕捉隐含的教育信息；教师是幼儿活动的指导者，采用各种有效的方法协助幼儿解决活动中的困难。区域游戏活动的组织流程包括四个环节：科学选区、活动组织、收拾整理、回顾评价。

1. 科学选区

科学选区是指让幼儿在自由的氛围中，依据自己的兴趣、需要，主动选定拟参与的活动区域，并做出大致活动计划的过程。因此，选区指导包括两个内容，一是指导幼儿学会自主选择活动区域，二是引导幼儿在选定活动区域后对自己想参与的活动做一个粗线条的设计。教师要全面了解幼儿的兴趣、爱好、能力、需要，研究如何有针对性地指导幼儿选区，对选区中出现的问题进行分析，巧妙引导，既体现儿童的主体地位，又让幼儿得到应有的发展。

2. 活动组织

幼儿是区域游戏活动的主体，教师的作用是在多角度、多形态地观察（如：全面观察、重点观察和个别观察；旁观式观察和参与式观察）、记录（如文字记录、绘图记录、图片记录和影像记录等）、解读幼儿的基础上把握恰当的指导时机，采用适宜的介入指导方式（如平行式介入、交叉式介入、垂直式介入等），引导幼儿在与环境、材料、同伴、教师的积极互动中有效建构经验。尤其要在幼儿面对问题、需要解决困难的过程中及时搭建鹰架，帮助幼儿建构新经验。组织指导中还应关注幼儿间的差异性和特殊性，发现幼儿个体的潜质和独特性，促进幼儿个性化发展。

3. 收拾整理

收拾整理是区域游戏活动结束后幼儿对使用过的材料和环境进行归位、整理、打扫的环节。该环节看似简单，却对幼儿发展具有积极的教育价值：有利于幼儿养成负责的态度、培养幼儿的空间秩序感、认识到自己的劳动价值，养成爱劳动、有自信的心理品质。幼儿是环境的主人，教师要与幼儿共同建立区域游戏活动收拾整理的规则，通过讨论、协商等方式明确收拾整理的先后顺序、不同区

域各种材料的整理方法，分工合作，体现主人翁的身份。

4. 回顾评价

本环节是区域游戏活动总结、梳理、提升经验的重要环节，有助于幼儿内部语言的发展、聆听与评价能力的发展、思维概括性和逻辑性的发展以及借助言语的人际交往能力的发展。课题组成员要研究区域游戏活动评价环节的内容及方法，力求扩大评价主体、把握评价方向、分层指导评价，体现幼儿的参与性和主体性。根据不同年龄段幼儿的实际能力和特点，运用不同的评价方法（如作品展示、录像再现、情景表演、争议讨论、记录分析、肯定强化等）让幼儿更多参与评价、乐于参与评价。

（二）幼儿园区域游戏活动的指导策略

1. 创设幼儿园区域游戏活动环境，为区域游戏活动开展提供前提保障

《纲要》强调“环境是重要的教育资源，主张凭借有效环境的创设与合理利用，高效地促进幼儿的可持续发展。区域游戏活动凭借创设一种宽松自由、多元开放的环境，提供“既适合于幼儿现有发展水平，又具有一定挑战性”的时空，引领幼儿在此特定的环境中积极地与材料、同伴及教师协调作用，主动建构自己的知识经验。

(1) 优化心理环境，拓展幼儿自主表现的时空

现代心理学研究表明：在没有心理压力的情形下，最易调动人活动的积极性与主动性，让人的思维处于活跃状态。幼儿之所以喜欢参与区域游戏活动其重要原因在于区域游戏活动环境的开放性与自主性。幼儿能在自由自在、无拘无束的氛围中尽情玩乐，愉悦身心，释放潜能，唤醒灵性，张扬个性。教师应扮演好“大朋友”“好朋友”的角色，理解幼儿，接受幼儿天真无邪的举动；宽容幼儿，接纳幼儿不够完善甚至错误的尝试；真诚帮助幼儿，使幼儿不断获得发展的力量；夸奖幼儿独特而大胆的探究，大力保护幼儿的天性而不至于摧残幼儿的自主性与创造性，从而让区域游戏活动真正成为幼儿自主发展的舞台。

(2) 优化物质环境，诱发幼儿的学习兴趣

幼儿思维伴随着活动而发展，而诱发幼儿活动兴趣的刺激物主要是丰富多样的玩具与设备。幼儿园区域游戏活动玩具材料的投放宜遵循动态与静态、层次性与独特性、趣味性与挑战性相结合的原则，鼓励幼儿按照自主喜好自由选择，自由结伴，自主游戏，自主发展。譬如在“棋苑”活动区域，可投放“黑白棋”“西瓜棋”等静态玩具，也可投放“好孩子常规棋”、“登高棋”等动态玩具；“科学”活动区域的“智慧送客”在幼儿面前展现的是趣味横生的迷宫图，极富挑战

的半成品：记号笔、磁铁、塑料垫板等，能诱导幼儿勇闯迷魂阵，同样幼儿还可以自主设计迷宫，在画画玩玩的游戏活动中，幼儿既探究了磁铁的性质，又培养了幼儿的分析判断能力、推理能力、思维能力，培养了专注持久、乐于合作的个性品质。

2. 科学引领，促进区域游戏活动顺利进行

《纲要》主张教师应“善于发现幼儿感兴趣的事物，游戏与偶发事件中所隐含的教育价值，把握时机，积极引导。”教师应以敏感的洞察力，捕捉幼儿感兴趣的区域游戏活动主题，并应科学引领，热情支持，积极推进区域游戏活动的进程，让幼儿真正成为区域游戏活动的主人。

细致观察，延展动向。只有充分细致地观察，才能切实掌握幼儿活动的脉搏。细致的观察既为正确指导幼儿活动提供依据，又能在幼儿学习兴趣与认知发展产生的矛盾冲突处衍生出新的“生长点”。比如“建构区”积木倒塌，大多数幼儿会提出疑问：积木为什么会掉下来？为什么掉下来的积木有的声音大，有的声音小，有的声音尖，有的声音粗呢？教师可抓住幼儿诸如此类的疑问，引领幼儿开展诸如“有趣的声音”等主题活动，教师一定会惊奇地发现：幼儿的兴趣只是幼儿自主探索的起点，由幼儿的兴趣点引发的教育才能驱动幼儿主动探究新知的内部动机，而幼儿兴趣需要与教育目标的结合点则必须依靠教师耐心细致的观察与倾听。

适时适度的引领、点拨能帮助幼儿自主活动获得更大意义与价值的经验。譬如“阅读区”的一本动物卡片集，是幼儿们日积月累收集起来的，卡片的排放无特定的规律。一名小男孩一天突然带来一张乌贼图。“摆哪儿合适呢？”老师问小男孩。“就放在海星旁边，它们都生活在大海里。”旁边的一位小女孩立刻想出金点子。教师将动物园图片按生存场所的不同重新分类排放。渐渐地幼儿们能自主探寻一些排列策略，比如按外形特征、生活习性、自救方式等。

3. 有效评价，提升区域游戏活动质量

教育评价是幼儿园区域游戏活动提升质量的重要手段。区域游戏活动中教师实行个别化的、关注幼儿内在变化与情感体验的评价，对幼儿来说具有一定的激励功能。

(1) 尊重幼儿，关注差异

加德纳的多元智力理论认为幼儿的发展存在着差异性，每一个幼儿都有自己的智力强项。区域游戏活动的评价应注重评定幼儿的个性、特长，以欣赏的眼光评价幼儿，要善于发现每个幼儿的闪光点，鼓舞幼儿，启迪幼儿，发展幼儿。通

过及时反馈，让幼儿从内心品味成就感，体验成功的快乐，让幼儿变得更自信、更大胆、更主动、更积极，让幼儿得到良性的可持续发展。

（2）重视过程，促进发展

对幼儿发展状况的评价要伴随着幼儿活动的过程来进行。教师应着力捕捉一切有用的评价信息，作为重要的评价依据。如对幼儿手工作品、记录表格、自制玩具以及区域游戏活动中表现出来的主动交往、互助合作、大胆创新等，作出适时适当的中肯评价，一个竖起的拇指、一缕赞赏的目光、一句惊叹的表扬定会成为幼儿前进的动力，从而促进幼儿和谐、持续的发展。

第五章　儿童立场视角下的幼儿园主题教育活动

第一节　幼儿园主题教育活动的理论建构

一、幼儿园主题教育活动的理论基础

幼儿园主题教育活动作为幼儿园课程的重要组成部分，在设计与实施的过程中必须依据前人研究和教育学、心理学理论。

（一）陈鹤琴课程思想

中国教育家陈鹤琴先生针对幼儿园课程的编制提出了十大原则，其中指出“课程应是连续发展的，而不是孤立的”。在编制课程时，对于事物的研讨要有系统，注意事物发展的规律，以及事物与事物之间的联系，不能将一件一件的事物孤立起来，使儿童对事物的发展得不到整体的概念。陈鹤琴先生强调，儿童不是“小大人”，而是具有独特的生理、心理特点，具有学习能力的积极个体。他提倡“做中学，做中教，做中求进步”。20 世纪 20 年代初，陈鹤琴先生针对当时幼儿教育的弊病，提出了我国幼稚园发展的 15 条主张，系统地阐述了他关于幼稚园教育（特别是幼稚园教育课程）的观点。他的 15 条主张具体是：

①幼稚园是要适应国情的；

②儿童教育是幼稚园与家庭共同的责任；

③凡儿童能够学的而又应当学的，我们都应当教他；

④幼稚园的课程可以用自然、社会为中心；

⑤幼稚园的课程须预先拟定，但临时可以变更；

⑥幼稚园第一要注意的是儿童的健康；

⑦幼稚园要使儿童养成良好的习惯；

⑧幼稚园应当特别注重音乐；

⑨幼稚园应当有充分而适当的设备；

⑩幼稚园应当采用游戏式的教学法去教导儿童；

⑪幼稚生的户外活动要多；

⑫幼稚园多采用小团体的教学法；

⑬幼稚园的教师应当是儿童的朋友；

⑭幼稚园的教师应当有充分的训练；

⑮幼稚园应当有种种标准，可以随时考查儿童的成绩。

陈鹤琴先生的15条主张概括了他对幼稚园课程的基本思想，体现了他重视生活和重视儿童的课程价值取向。

陈鹤琴先生的教育思想对主题教育活动的启示：主题教育活动要具有整体性、连续性，围绕核心问题的探究活动要具有系统性和关联性，使幼儿获得围绕某一主题的整体认知和经验的建构。主题教育活动要从幼儿出发，关注幼儿的年龄特点和理解水平，要为幼儿的动手、感知、操作、体验提供更多通过“做”获取经验的机会。

（二）张雪门课程思想

张雪门先生提出“行为课程”，并将其解释为：“生活即教育。五六岁的孩子们在幼稚园生活的实践，就是行为课程。”行为课程“从生活而来，从生活而开展，也从生活而结果，不像一般完全限于教材的活动。幼稚园实施的行为课程应注意幼儿实际行为，举凡扫地、抹桌、养鸡、养蚕、种植花草蔬果等，只要幼儿能自己做的，都应该给幼儿机会去做。唯有从行动中所获得的认识，才是真实的知识；从行动中所发生的困难，才是真实的问题；从行动中获得的胜利，才是真正制驭环境的能力”。

张雪门先生针对幼儿园课程提出：“课程须和儿童的生活联络；是有目的的、有计划的活动，事前应有准备，应估量环境，应有相当的组织，且须有远大的目标；各种动作和材料全须合于儿童的经验能力和兴趣；动作中须使儿童有自由发展创作的机会，各种知识、技能、兴趣、习惯等全由儿童直接的经验中获得。”张雪门先生特别强调：“要有直接经验做根基，才能吸收间接经验，才能把间接经验当作自己的经验，才能支配这一种经验。”对于“直接经验”的解读，张雪门先生举例说：“譬如给儿童研究玫瑰花，不应用画片，也不应该用言语，更不应该用文字，应当使儿童和玫瑰花相接触，用他们的鼻子嗅花的香，用他们的眼睛看花的色彩和形态，用他们的小手抚弄花的滑度和温度，用他们的舌尝花的味。经过多数感官的联络获得了玫瑰花的观念以后，再隔绝他一种感官，用另一种感官使之认出来，才能得到玫瑰花正确的深刻印象。”

张雪门先生确定了一些幼稚园课程编制的原则：

①整体性原则。幼稚园课程不能像小学以及大学一样分成国文、数学、地理、生活等学科，各有各的时间，各有各的统属，而应打破学科的界限，让各种科目都变成幼儿整体生活的一面，构成一种具体的整个活动。

②偏重直接经验原则。直接经验具有生动、切实的特点，与间接经验相比，显得零碎和低层次。中小学课程多偏重于间接经验的传递，而幼稚园课程应以直接经验为主。

③偏重个体发展原则。教育既要适合儿童身心发展的需要，也要培养儿童成为符合社会需要的人，而在幼稚园阶段，教育则应偏重个体发展。

张雪门先生的教育思想对主题教育活动的启示：要重视幼儿的直接经验（作为学习的根基)。《指南》中也提到“幼儿的学习是以直接经验为基础，在游戏和日常生活中进行的”。主题教育活动在设计之初就要思考能否满足幼儿获得直接经验的需求，在实施的过程中要关注尽可能多地让幼儿通过多种感官的感知、动手操作、充分体验来建构新的经验。

（三）皮亚杰的儿童认知发展理论

认知发展理论是著名发展心理学家皮亚杰提出的，被公认为20世纪发展心理学上最权威的理论。所谓“认知发展”是指个体自出生后在适应环境的活动中，对事物的认知及面对问题情境时的思维方式与能力表现，随年龄增长而改变的历程。皮亚杰认为，儿童的认知是在已有图式的基础上，通过同化、顺应和平衡等机制，不断从低级向高级发展的一个建构过程。儿童的发展是主动的过程。儿童的发展是其认知结构主动建构的过程，儿童通过自己的主动活动来探索和认识现实世界。环境在儿童发展中起着重要的作用。

皮亚杰的理论对主题教育活动的启示：教师在主题教育活动中要为幼儿提供有准备的、物化教育目标的物质环境，重视幼儿主动学习的过程。教师要多为幼儿提供与各种环境、材料互动的机会，让幼儿在动手动脑的各种活动中建构认知经验。

（四）维果茨基的最近发展区理论

最近发展区理论是由苏联教育家维果茨基提出的儿童教育发展观。他认为学生的发展有两种水平：一种是学生的现有水平，指独立活动时所能达到的解决问题的水平；另一种是学生可能的发展水平，也就是通过教学所获得的潜力。两者之间的差异就是最近发展区。维果茨基的研究表明：教育对儿童的发展能起到主导作用和促进作用，但需要确定儿童发展的两种水平。也就是说，最近发展区是儿童在有指导的情况下，借助于成人帮助所能达到的解决问题的水平与独自解决问题所达到的水平之间的差异，实际上是两个邻近发展阶段间的过渡阶段。教学应着眼于学生的最近发展区，为学生提供带有难度的内容，调动学生的积极性，发挥其潜能，超越最近发展区而达到下一个发展阶段的水平，然后在此基础上进行下一个发展区的发展。

维果茨基的理论对主题教育活动的启示：教育既要关注幼儿的主体性发展，又要关注教师的主导作用。在主题教育活动中，教师要敏锐觉察幼儿的兴趣和需要，判断幼儿的已有水平，依据预期的发展目标提供有效的支架，激发幼儿的积极性，引导幼儿主动探究和自主学习。优秀的教师能够通过有效引导，不断让幼儿在获取新经验的过程中蹬上新的“台阶”，激发幼儿应对挑战、不怕困难、坚持不放弃的良好品质。

（五）加德纳的多元智能理论

多元智能理论是自 20 世纪 80 年代中期以来风行全球的国际教育新理念，是由美国当代著名心理学家和教育学家加德纳于 1983 年在《智能的结构》一书中首先系统地提出，并在后来的研究中得到不断发展和完善的人类智能结构理论。该理论认为，智能是解决某一问题或创造某种产品的能力，而这一问题或这种产品在某一特定文化或特定环境中被认为是有价值的。就其基本结构来说，智能是多元的，每个人的身上至少存在七项智能，即语言智能、数理逻辑智能、音乐智能、空间智能、身体运动智能、人际交往智能、自我认识智能，智能的分类也不仅仅局限于这七项，随着研究的深入，会鉴别出更多的智能类型或者对原有的智能分类加以修改，如加德纳于 1996 年提出了第八项智能——认识自然的智能。

加德纳的理论对主题教育活动的启示：教师应关注幼儿多方面智能的发展，为幼儿提供多种学习途径，支持幼儿在参与活动中选择适合自己的、自主的、多样化的活动过程，尊重和接纳幼儿表现出的个体差异，并且因材施教。同时，在选择和制定主题教育活动的过程中，要先了解幼儿的实际水平，关注不同幼儿的感受和表现，采取多样化、适宜的形式实施活动。

二、幼儿园主题教育活动的核心概念

“主题”从字面理解是指文艺作品中或者社会活动等所要表现的中心思想，泛指主要内容。幼儿园主题教育活动作为教育内容的一种组织形式，是围绕一个核心话题展开的、指向五大领域的系列活动。厘清主题教育活动的概念，对幼儿园教师设计和实施适宜的主题教育活动有重要意义。

（一）幼儿园主题教育活动的含义

幼儿园主题教育活动是幼儿园课程实施的形式之一，一直被幼儿园广泛应用。幼儿园主题教育活动应如何界定呢？齐放认为，幼儿园主题教育活动主要是指幼儿园综合课程中围绕某个中心开展的、具有一定时间跨度的、不具有理论倾向的一系列教育教学活动的集合体，是以主题为组织中心的幼儿园课程表现形式。南京师范大学教育科学学院虞永平教授提出，主题活动意指课程的某一单元、某个时段要讨论的中心话题，通过对这些中心话题的讨论，以及对中心话题中蕴含的问题、现象、事件等的探究，使幼儿获得新的、整体的、联系的经验。北京教育科学研究院早期教育研究所徐明老师提出，主题活动是指在一段时间内，教师和幼儿围绕一个核心话题（即主题），开展多种活动的过程。由此可见，幼儿园主题教育活动与领域教学活动最明显的区别在于，活动的内容是围绕一个中心话题展开的、通过多个关联活动组成的、渗透多个领域目标的、让幼儿获得整体新经验的一系列活动的过程。

（二）幼儿园主题教育活动的特点

1. 整合性

幼儿园的主题教学活动不是单一指向一个内容、一个时段、一个领域或一个环节，而是体现为多领域、多内容、多形式的整合活动。这里谈到的“整合”，一方面是指活动形式的整合，如主题活动与区域游戏的整合、主题活动与生活教育的整合、主题活动与户外游戏的整合等。在一个主题活动的进行过程中，班级的墙饰环境和区域游戏活动材料经常随主题活动的推进而不断变化。

2. 连续性

因为主题活动要围绕一个中心话题开展多个不同的教育活动，因此往往需要一周以上的时间，大班的一些大型主题活动因其内容的丰富性甚至会延伸到一个月的时间。由一个个独立的教育活动组成的整个主题活动呈现出有机的内在联系，具有连续性和推进性，这是主题活动与一些综合活动的区别。

3. 灵活性

主题活动从设计到实施的过程都是灵活的。在设计和生成主题活动的过程中，来源相对灵活。活动的来源既可能是幼儿近期感兴趣的话题，也可能是幼儿日常活动中的一个问题、一种行为。预设好的主题内容也有可能根据幼儿的兴趣和需要扩充或减少内容。因此，对于实施主题教育活动的教师来说要求较高，教师需要细致地观察幼儿，深入地了解幼儿，熟知各领域的发展目标，在实施的过程中才能融会贯通，灵活运用。

4. 综合性

一般主题活动往往有不同的侧重点，有的侧重于认知学习，有的侧重于情感体验，有的侧重于技能练习，但都不会割裂，更多的时候是综合的。在一个主题活动中，往往有语言领域的内容、艺术领域的内容或社会领域的内容，指向不同领域，目标的活动都以主题中的核心话题展开且相互关联，充分体现主题活动的综合性。

（三）主题教育活动设计的原则

1. 活动性原则

“活动是连接主体与客体的桥梁”。从幼儿的特点分析，幼儿本身就是好动的，有与生俱来的好奇心和求知欲。当幼儿进行活动时，幼儿作为活动的主体，凭借自身现有的条件，主动地作用于活动的对象（环境中的人和物），同时对来自客体的信息有选择地接受和反映，建构自己对外部世界的认识体系。主题活动要作为载体实现幼儿个体因素（主体）与环境因素（客体）的相互作用，使幼儿的发展成为现实。教师在设计主题活动时要全面地考虑幼儿的生理和心理活动需要、实践活动需要、人际交往活动需要等因素。

2. 目标性原则

主题活动的目标是《指南》《纲要》的具体化，是确定和选择主题活动内容的依据，对整个主题活动过程起着指向作用。教师在追随幼儿兴趣的基础上，结合《指南》《纲要》中的发展目标生成主题教育活动。但主题活动的设计不能完全依赖于幼儿的兴趣，教师需要在把握教育目标的基础上预成主题活动。

3. 发展性原则

《幼儿园快乐与发展课程》中提出：幼儿的发展一方面是当前获得充分发展，每天有进步；另一方面，当前的发展应该是未来发展的基础，有利于他们将来的发展，有利于他们入学以后的学习，有利于他们终身的可持续发展。幼儿的发展不是被动地接受外界影响的过程，而是以幼儿自身为主体的个体因素与环境因素互动的过程。维果茨基在关于儿童心理发展与教育的观点中提到，教学要走在发展的前面。主题活动的设计应当是幼儿目前能够有效学习的，而不是无意义的，或是适合他们今后要学习的，否则就会浪费幼儿的时间和精力。因此，促进幼儿有效发展的主题活动一定能通过教育目标、教育内容对幼儿构成适宜的挑战，在幼儿的“最近发展区”内调动幼儿主体与周围环境相互作用。因此，教师需要敏锐地觉察到幼儿的兴趣和学习需要，提供支架，引发幼儿主动探索和学习。

幼儿园主题教育活动是整合幼儿园各领域教育的重要形式，体现各学科的相关性和综合性，这种联系的线索不是学科，而是幼儿的发展目标。因此，制定科学、合理的主题活动的目标，选择适宜的、为达成目标服务的内容成为实施主题活动的关键因素。

第二节　幼儿园主题教育活动的实施原则

幼儿园主题教育活动是教师为促进幼儿发展而有计划、有目的地开展的一项创造性工作，它是建立在教师把握和分析幼儿已有经验和学习特点的基础上确立的具有核心价值的活动形式。主题活动所选择的活动内容要有内在的逻辑关系，并要渗透多个领域。以某个核心内容或词汇为中心或延伸、或拓展、或组织的一系列活动，为了让主题活动发挥其特有的教育功能，同时能够有效地促进幼儿多方面发展，有必要在设计中提出并遵循一些基本的准则和要求。

一、发展性原则

（一）发展性原则

发展性原则是指幼儿园的主题活动要能促进幼儿个性的全面发展，即智力、体力、道德、意志、情感等的发展，使幼儿从现有的发展水平向“最近发展区”发展。幼儿园主题教育活动的设计应遵循发展性原则，即在设计中必须准确地把握幼儿的原有基础和水平，并以此为依据着眼于促进幼儿在身体、认知、情感、个性以及社会性等方面的全面而整体的发展。首先，教师必须遵循从幼儿身心发展的现实水平和已有的“内部结构”出发，既照顾到幼儿的现实需要、兴趣和能力水平，也要考虑到幼儿长远发展的需要和价值，以促进幼儿在现有基础上的进一步发展和提升。正如著名心理学家维果斯基所认为的，教师应在儿童的两种发展水平，即较低层次上的已有发展水平和较高层次上的需帮助而达成的水平之间确立其“最近发展区”，从而使主题教育活动能更好地真正促进幼儿的全面发展。其次，主题活动的设计要以促进幼儿的发展为落脚点，应当始终贯彻以“发展”作为主题活动的核心价值，主题活动目标的制定、内容和材料的选择以及方法和组织形式的运用等各个层面都要以如何有利于促进幼儿的发展作为依据和准则。前提是这种发展应当是全面而综合的，既包括幼儿在身体方面的发展，也包括幼儿在智能、情感和社会性等方面的发展，它们应当是以一个合理而有机结合的整体，体现在幼儿园主题教育活动的设计之中的。

（二）发展性原则的应用

①深入了解本班幼儿实际发展水平和发展潜力，并对其作出正确的估计。结合本年龄段幼儿实际的理解能力和接受能力，确立主题活动目标，主题目标要略高于现有发展水平，又不超过发展的可能性，要求幼儿经过一定的努力才能掌握。

②整合多领域内容，由浅入深、由易到难、循序渐进地安排主题活动中的小主题和各个教学活动。采取适当的教育教学形式，选择相应的教学方法，灵活运用多种教育手段创造性地设计主题活动，促进幼儿有个性地全面发展。

③根据实际情况，充分利用现有教育资源，创设适宜的主题环境，引导幼儿多动脑、多操作、多实践，最大限度地发挥其积极性和创造性，让幼儿在体验中获得多方面的经验。

④科学合理地安排幼儿一日活动，根据主题活动内容有机地渗透到一日生活中。发挥随机教育的价值，最大限度地使幼儿获得全面、和谐的发展。

二、整合性原则

（一）整合性原则

整合性原则是指把幼儿园主题教育活动设计看作一个系统工程，看作一项把各种教育因素联系起来的整体性工作，看作一个构建主题活动结构的基本历程。主题活动的设计必须贯彻整合性原则，注重幼儿人格、情感认知的整合，建立各种知识之间有机的联系等。

（二）整合性原则的应用

①在设计某主题活动时，必须考虑与这一主题在目标、内容、形式、时间上相关的另外一些活动，必须考虑与这一活动相关的各类环境，使主题下的每个教育活动真正成为整个主题的有机组成部分。

②主题活动内容的整合应注意两点：一是充分遵循相关学科领域内在的结构及逻辑联系，遵循幼儿在相关领域中学习的特点和规律，尽可能保护教育内容固有的系统性；二是发挥教育内容之间的有机联系，抓住教育内容之间的联系核心，发现教育内容的一般整合机制，把相关的教育内容通过教育活动设计有机地联系起来，以提高主题活动的有效性。

③幼儿主题教育的活动形式是多样的，应该根据不同的活动目的择取不同的活动形式，并注意不同活动形式之间的搭配和联系。具体地说，就是要合理地、有机地安排上课、游戏、劳动、参观及其他日常生活活动，避免死板和僵化。在

某一个具体的主题活动中，也应注意各种组织形式的协调和结合，以使教育活动生动、扎实有效，具体地在设计主题活动时应注重全班集体活动、指定小组活动、自选小组活动、个别活动、自由活动等活动形式的组合。

④每一个主题活动都是在一定的教育环境中进行的，主题环境是否适合相应的主题活动，直接影响主题活动的成效。在设计主题活动时，应注意特定活动环境（如参观活动、集体教学活动）与固有环境之间的整合。所谓固有环境，是指班级环境、园环境及社区环境，并注重固有环境的合理优化，使环境中的物质因素、精神因素更好地促进幼儿的活动，促使幼儿获得发展。

三、渗透性原则

（一）渗透性原则

幼儿园主题教育活动设计的渗透性原则是指在主题活动设计中将不同领域的内容、各种不同的学习形式与方法加以有机的融合，将其作为一个互相联系而不可分割的完整体系来对待。首先，幼儿园主题教育活动是以幼儿的生活和经验为起点而构建起来的，活动的内容涉及科学、艺术、语言、社会、生活等各个方面，将这些不同领域的内容以一定的主题活动的方式加以整合，使其在一个或若干个教育活动中相互渗透、补充，既符合幼儿的年龄特点、认知特点，也有利于幼儿对活动的介入和参与。其次，在主题活动的设计中要将不同的学习形式与方法加以相互渗透和有机组合，让幼儿在谈话、讨论、操作、实验、游戏、体验、表现、创造等不同的学习形式下加深对主题活动的理解和认识，进而更好地获得活动经验和学习经验。

（二）渗透性原则的应用

①教师要对主题活动的核心价值进行充分的了解和把握，有利于教师在开展主题活动中将不同领域的目标相互渗透，避免活动的单一性，符合幼儿整体认知的学习特点。

②幼儿园主题教育活动在充分体现整合性的基础上要特别注重各领域目标的相互渗透性。主题中设计的各个活动之间要相互连接，知识要相互衔接，有利于幼儿从多方面理解事物，更好地获得有益的生活和学习经验。

③主题活动的渗透性要体现主题目标的实现贯穿于幼儿一日生活的各个环节。

四、生成性原则

（一）生成性原则

生成性原则是指教师在教育教学过程中要根据各种因素的差异和变化，机智、灵活、富有创造性地组织活动。也就是说，保证幼儿园教育教学内容丰富多彩、形式活泼多样、方法灵活多变和过程随机应变。在幼儿园主题教育活动的发生、发展的全过程中，无论是教育环境的选择和创设，还是活动计划的制订和执行，教师都会遇到许多不能意料的情况，由于幼儿生理、心理、知识经验、认知能力等方面的差异以及幼儿兴趣点容易转移的特点，教师要正确估计幼儿的实际水平和发展状况，随着各种因素的变化不断地调整计划，主题活动要设计出多种发展的可能性，对于突发情况教师要有生成理念进行及时调整。灵活运用多种教育手段和方法，因地制宜地实施主题。只有这样才能充分利用任何一个教育的机会，取得良好的教育教学效果。

幼儿园主题教育活动的生成，都是在预设活动的基础上产生，而不是凭空生成的。每个预设的主题，在开展的过程中，都可能生成新的活动，也可能生成新的主题，教师可以依据幼儿发展的需求进行把握。

（二）生成性原则的运用

①深入了解每一个幼儿的知识水平、智力水平、学习态度和兴趣、意志和个性特征、道德品质和行为习惯等，根据每个幼儿的不同情况因材施教、量力而行、循序渐进，适时地作出调整，推进主题的发展。

②充分了解本班幼儿对主题的理解程度和接受能力，对预设主题进行随机调整或生成新的主题分支，以激发幼儿的求知欲望和探索精神。

③在幼儿一日活动的各个环节中注意观察主题活动对幼儿的影响力，依据幼儿的兴趣点，结合主题的核心思想进行调整。

五、思想性原则

（一）思想性原则

思想性原则是指在幼儿园主题教育活动中，必须向幼儿进行辩证唯物主义观及真、善、美的品德教育，贯彻完成幼儿园德育教育的任务。也就是说，要寓德育于主题活动之中。根据幼儿身心发展的特点和实际情况，以主题活动的形式开展有效的德育教育。幼儿的品德并不是天生的，而是在社会道德舆论的熏陶和家庭、幼儿园道德教育的影响下，在与周围成人和同伴的日常生活交往过程中，逐渐形成和发展起来的。主题活动源于生活，是实施品德教育的最好形式。

幼儿园的德育教育除了一日生活处处体现外，主要还是在幼儿园主题教育活动中进行的。贯彻思想性原则，就是要通过主题中的各个活动，运用多种教育手段和方法，遵循一定的准则，对幼儿实施品德教育。其宗旨主要是培养幼儿爱祖国、爱人民、爱劳动、爱科学、爱护公共财物以及团结友爱、诚实、勇敢、不怕困难、有礼貌、守纪律等优良品德，养成文明行为习惯和活泼开朗的性格。从小就进行良好的品德教育，将为培养有理想、有道德、有文化、有纪律的一代新人打下坚实的基础。

（二）思想性原则的运用

①中华民族的振兴需要一代又一代有理想、有责任，能够立志报效祖国的人，幼儿园主题教育活动是实施品德教育的良好途径，幼儿在主题活动中模拟社会角色，在玩中体验成功感、荣誉感，通过角色中的榜样作用对幼儿进行有效的影响，树立正确的人生观。

②幼儿园在开展主题活动时，要通过幼儿一日活动的各个环节渗透主题思想，以幼儿的实际活动为基点，潜移默化地对幼儿进行真、善、美的影响，萌发其辩证唯物主义世界观，使幼儿形成良好的品德、行为习惯和活泼开朗的性格。

③在主题活动设计中要关注家庭、社会各方面的资源，做到协调一致、相互配合，避免各持不同的观点，相互对立，造成幼儿思想混乱、是非观念模糊，甚至形成双重人格。

六、实践性原则

（一）实践性原则

实践性原则是指在幼儿园主题教育活动中，教师要以幼儿的实际活动为基点，创设各种情景，组织各种活动，使幼儿在原有的发展水平上，通过与环境相互作用的操作活动及与教师和同伴的交往活动，使各方面的能力都得到训练和提高。在幼儿园的主题活动中，幼儿身心的发展都离不开实践活动。在实践活动中，幼儿的各种感官充分协调地运动，大脑也处于积极的活动状态，通过各种感官接触外界事物首先得到的是对事物表面特征及外部联系的认识，即感性认识。随着实践活动的继续，在对外界事物的感性认识积累到一定程度时，就会从感性认识上升到理性认识，即形成对事物本质及内部联系的认识。但从感性认识上升到理性认识后，认识活动并没有结束，从实践中得到的理性认识还必须作用于实践，在实践中接受检验。由于一切事物都是陌生的和复杂的，同时受主客观条件以及幼儿认识事物的片面性特点的限制，只有不断地、反复地实践、认识、再实践、再认识，才能使幼儿在道德品质、行为习惯、智力水平以及知识、技能等各方面都不断地得到发展和提高。另外，为了提高教育主题活动的有效性，教师必须不断地进行教育教学实验活动，探索教育教学规律，研究教育教学模式和方法，总结教育教学经验，不断改进工作，这也是实践性原则的基本要求。可见，实践性原则既贯穿于幼儿园一日活动的各个方面，又贯穿于幼儿园主题教育活动的始终。

（二）实践性原则的运用

①应根据幼儿身心发展的特点，向幼儿提出一定的要求，使幼儿在主题活动中反复练习、反复训练、反复实践。

②既要相信幼儿，放手让幼儿进行操作实践活动、交往活动，又要进行必要的指导，以促进幼儿在活动中全面健康地发展。

③教师要为幼儿提供丰富的、不同层次的物质材料、实践的环境和充分的活动时间以及与同伴、老师交往的机会，如设置各种活动区域、组织各种游戏活动、创设各种活动情景等。

④教师应鼓励幼儿在实践活动中发挥主动性、积极性和创造性，使实践活动真正成为幼儿个性全面发展的手段。

七、可操作性原则

（一）可操作性原则

可操作性原则是指幼儿园主题教育活动的设计易于教师理解，操作简单易行，便于实施。主题活动的可操作性是主题活动顺利实施的保证，也是主题活动目标达成的关键所在，要考虑多方面元素及各种资源的可利用性，避免纸上谈兵，发挥幼儿的自主探究精神，引发幼儿动手动脑。

（二）可操作性原则的应用

①在主题活动设计时，要考虑到主题实施的可行性，不可要求过高、内容过多、和实际脱节，从而造成主题实施的困难。

②在主题活动设计时，要考虑到主题实施的可操作性，要有具体的要求、目标利于把握。目标不可过于抽象，过于理论化、复杂化，造成主题实施的困难。

③应该立足本班幼儿的身心发展水平，进行主题设计时不可过高估计幼儿现有的发展水平，造成幼儿无法操作，失去参与的兴趣；不可过低估计幼儿的发展水平，造成幼儿在原有水平上操作，失去挑战性，使活动低效或无效。

第三节 幼儿园主题教育活动的环境创设

一、空间环境

环境为幼儿提供真实可感的对象，以及学习和探究的基本条件。作为教师，我们应从儿童的视角出发，创设回归生活、追随自然的环境，支持幼儿的发现与探索。幼儿具有探究自然的天性，在与自然环境充分接触时，他们能够得到丰富的刺激，从而产生自己的思考、兴趣和问题。在主题活动推进的过程中，幼儿发展了观察、推理、判断等科学探究能力，好奇、好问、实事求是等科学探究态度，以及积极主动、认真专注、不怕困难、敢于探究和尝试等学习品质。

因此，教师要充分利用已有的自然环境空间，引导孩子们观察和发现，产生问题，建构经验。

二、主题墙饰创设

主题墙是幼儿园教育环境创设的重要组成部分，能够有助于幼儿梳理和提升主题活动经验，促进幼儿思维的发展。

（一）主题墙创设原则

在主题活动中，主题墙为每个幼儿提供了一个表现、交流的平台，幼儿可以借助于这一平台展示个性化的自我。主题活动环境的每一个部分都应该展示幼儿的所思所想，激起幼儿的情感共鸣，使幼儿获得快乐的情绪体验，这样的环境才是有生命力的。因此，在主题教育活动的墙饰创设中，应遵循以下三条原则。

①主题活动墙的设计应是主题发展线索的儿童化过程。

②主题活动墙应支持幼儿主动学习，内容互动性较强，吸引幼儿不断探索新的问题。

③主题活动墙要提炼和整合幼儿在主题活动中的表达和表现，帮助幼儿感悟所经历的学习过程，不断形成新经验，获得新方法。

（二）创设有价值的主题墙

主题墙一般是指幼儿园教室环境中的墙面。它主要是根据各班所开展的主题活动内容而设计和布置的。作为环境创设中的重要板块，“如何追随课程，创设幼儿真正喜欢又能互动的主题墙？”变成了大家讨论的焦点。为使主题墙具有教育价值，有效地促进幼儿的学习和发展，教师应创设不断与幼儿相互作用的主题墙，将主题墙与课程联系起来，并使幼儿真正成为环境的主人。

1. 创设符合幼儿年龄特点的主题墙

在创设主题墙的过程中，教师应把握幼儿的兴趣和需求，根据幼儿的年龄特点以及课程需要，创设他们感兴趣的主题墙饰，同时不断融入有价值的教育内容，引导幼儿积极、主动、有效地学习，使幼儿获得符合其年龄阶段的关键经验。

2. 创设平等参与的主题墙

陈鹤琴先生说过："环境的布置要通过儿童的大脑和双手。通过儿童的思想和双手所布置的环境可使他们对环境中的事物更加认识、更加爱护。"主题墙的创设往往以主题活动的开展为线索，在配合教育需要进行主题墙的布置时，教师可根据主题活动的开展需要，让幼儿积极参与构思、创作、安排，与幼儿共同创设与主题活动相关的墙饰，加强幼儿对墙饰创设的参与性。

3. 创设内涵丰富的主题墙

教师要想幼儿持续关注主题墙，在创设时就应做到内容丰富、形式多样。除了展示与主题活动有关的文字资料、片、实物外，主题墙应更多地展示幼儿学习与探索的过程和对结果的记录，可增加活动调查表、活动趣闻以及与主题活动相关的幼儿作品。

4. 创设有启发性的主题墙

在创设主题墙的过程中，不仅要考虑幼儿的年龄特点和经验，还要注意对幼儿的启发性教育，可将提出问题、解决问题的过程融入主题墙，让墙面设置具有"潜在学习的气氛"，充分发挥环境的暗示作用，激发幼儿的探索欲望。

（三）各年龄班主题教育活动下的主题墙创设

1. 小班主题墙的创设

小班幼儿的思维特点是以直观的具体形象思维为主，动手能力不强，参与意识较弱，但年龄特征决定了他们对环境的认识是感性的、具体的、形象的，他们更容易对生活化、情景化的环境产生兴趣。所以教师既要从外观上考虑到小班幼儿的年龄需求，也要从内在的内容上寻求突破点，真正发挥小班主题墙的作用。

在"外观"上，教师可以根据幼儿的年龄特点，利用色彩鲜艳且生动形象的造型和充满趣味性、直观情景性的内容，创设能吸引幼儿注意力且安全的主题墙饰。在"内容"上，因为小班幼儿知识面窄，参与意识弱，所以在创设主题墙时，教师要从小班幼儿的能力和内在需求出发，针对正在进行的主题活动的相关内容进行创设，可以呈现整个主题活动的内容，也可以针对活动中的某个点进行创设，使幼儿能明白主题墙所表达的意思。因为幼儿园的活动是幼儿与环境相互作用、主动建构认知结构、获得发展的过程，所以教师还要引导幼儿参与主题墙的创设，呈现互动式的主题墙饰。

2. 中班主题墙的创设

中班幼儿的思维特点是以具体形象思维为主，通过感知觉以及各种操作活动来认识周围世界。他们对事物的认识是直接的、简单的和表面化的，对事物的操作和感知活动是其积累经验的重要方式。相较小班幼儿来说，中班幼儿已有了一些主题活动探究经验。在活动中，幼儿的参与性、动手操作性较强，因此他们对主题活动有着浓厚的兴趣。在确定中班主题活动时，教师常常会以幼儿的问题为出发点，因此在创设中班主题墙饰时，教师也应该以幼儿的问题为主线，利用绘画、手工制作等多种方式展现幼儿在活动中所遇到的问题、解决方法及活动过程，提高幼儿对墙饰的参与性，融入幼儿在生活中常见的废旧材料。由于中班幼儿的思维特点以及实际生活经验的限制，主题墙的创设往往源于幼儿的问题，但不会过于深入。

3. 大班主题墙的创设

大班幼儿在感知大量事物的基础上，逐渐能够整理、加工已有的知识经验，初步理解事物之间的内在联系，发现一些浅显的规律。同时，大班幼儿思维的主要特点仍以具体形象思维为主，抽象逻辑思维开始萌芽。但相对于中班幼儿来讲，大班幼儿思维活跃，动手及其他方面的能力都有所提高。这时的主题墙面布置对幼儿来说是一个思考、探究、参与的过程，是他们展现自我的平台。根据大班幼儿思维活跃、计划性强等特点，墙饰中还可以有计划、分类、对比等内容。与此同时，大班墙饰要注意图文并茂，并体现幼儿参与的痕迹。

三、区域环境创设

皮亚杰提出："儿童认知发展是在与周围环境的相互作用中积极主动建构的。"环境作为幼儿园教育的一种隐性课程，在开发幼儿智力、个性健康、自主发展等方面都发挥出独特的作用和功效，而活动区是幼儿每天所接触的，幼儿的身心发展、社会性、个性发展都受到它潜移默化的影响。因此，教师应充分认识活动区对幼儿发展的价值，为幼儿创设适合其发展的活动区环境。

（一）创设有价值的活动区环境

1. 区域环境符合幼儿的兴趣及需要

《纲要》中指出：教师要善于发现幼儿感兴趣的事物、游戏和偶发事件中所隐含的教育价值，把握教育时机，提供适当的引导。兴趣与需要是幼儿学习的动力，有了兴趣与需要，幼儿才会主动思考、主动学习，而少了兴趣，即使是重要的学习活动，幼儿也会觉得乏味。所以，教师应随时关注幼儿，了解幼儿的兴趣与需要。在创设区域环境时，要尊重幼儿的兴趣与需要，同时根据本班情况尽可能地创设一个宽松的环境，提供条件让幼儿在区域游戏活动中有所动、有所思、有所想。

良好的环境是幼儿发展的基础。在创设区域环境时，要充分考虑环境的适当性与兴趣性、层次性与教育性、灵活性与多功能性。要使幼儿在区域游戏活动时愿意玩、乐于玩，还要根据幼儿的个体差异提供区域材料，使不同水平的幼儿都有所发展。同时，要根据教学和游戏的需要进行适当的调整。

2. 区域环境的创设要与教育目标适应

一个教育目标要用各种教育手段来完成，而良好适宜的环境能使幼儿在与其交互中得到潜移默化的教育，从而实现预期的教育目标。

3. 区域环境要引发幼儿的探索与操作欲望

材料是区域的灵魂，幼儿在与材料的互动中发展，因此提供的材料一定要与幼儿的年龄特点、已有经验、能力和需求相适应，使幼儿在没有压力的环境中进行操作与探索，使幼儿感受到学习的乐趣，使其更积极地参与到活动中。

在投放材料时还应注意材料的趣味性、层次性和操作性。例如，小班幼儿以无意注意为主，先做后想也是幼儿的一大特点。因此，我们给幼儿提供的各种成品与自制玩具都应是形象生动、色彩鲜艳、具有操作性的材料，在提供材料时还应注意幼儿的个体差异，为幼儿提供不同难度的材料，从而满足不同能力层次的幼儿。

在遵循以上原则的基础上，材料的投放还要有计划、有目的，不要一次把材料都投放进去，以致一两个月不更换材料，导致幼儿参与区域游戏活动的积极性减弱，从而阻碍区域游戏活动的深入开展。应把材料按由易到难的原则，循序渐进、分批分次地不断更新，不断提高幼儿参与区域游戏活动的主动性与积极性。

4. 区域环境要充分发挥幼儿的主体性

要引导幼儿成为环境的主人，引导幼儿对区域墙饰进行设计。教师可以把幼儿的想法和创意记录下来，及时与幼儿进行商讨，拟定计划。同时，教师应尽可能地多在区域墙饰中展现幼儿的作品，让幼儿做环境的主人。在进行区域环境创设时，教师还应充分利用室内的空间进行合理布局，使各区空间得到合理的利用。

（二）各年龄班主题教育活动下的区域墙饰创设

幼儿园的环境以满足幼儿的发展需要为目的。它充分发挥孩子的主体作用，调动孩子参与的积极性。墙面布置是幼儿园环境（尤其是教室环境）的核心，因此在创设活动区时，不仅要关注空间的安排与材料的投放，也要注重区域墙饰的创设。

1．小班游戏化的区域墙饰

小班幼儿应拥有游戏化的一日生活。游戏是孩子的天性，是出于自己的兴趣和愿望，主动地进行活动。游戏也是幼儿主动学习的一种方式，是幼儿认识世界与快乐成长的途径。所以小班教师应创设游戏化的区域墙饰。这种游戏化的区域墙饰主要通过互动性游戏的手段呈现，让幼儿在游戏的过程中体验探索的乐趣，感受到探索后的成功。

图书区墙饰环境：在这个环境中，教师创设可操作的故事墙，孩子们可以边操作边讲述故事，可操作的墙饰为幼儿的讲述提供了动态化的情境支持，引发幼儿主动回忆故事情节，或者基于自己的操作对情节进行简单改编。

2．中班启发式的区域墙饰

随着年龄的增长，中班幼儿有了一定的自主探索的经验，但他们对事物的认识是直接、简单和表面化的，所以教师需要为幼儿呈现具有引导性的启发式区域墙饰。所谓启发式区域墙饰环境，就是指当幼儿进行新的区域游戏活动时，为幼儿提供具有引导性的墙饰，使幼儿能够顺利地探索新的事物或在幼儿遇到困难时为其提供具有支持性、启发性的墙饰，引导幼儿继续进行探索。

3．大班探究式的区域墙饰

大班幼儿喜欢进行自主探索，并且非常愿意接触新的事物，有自己解决问题的愿望，但有时无法自主解决新事物所出现的问题。所以教师需要为幼儿呈现探究式区域墙饰。所谓探究式区域墙饰就是在区域墙饰中呈现出幼儿所关注或遇到的问题，引导幼儿主动地进行探索、总结。

四、生活环境创设

陈鹤琴先生曾说："怎样的环境，就得到怎样的刺激，得到怎样的印象。"所以，要培养幼儿良好的生活习惯，就要从良好的生活环境入手。创设良好的生活环境，可使幼儿在与环境的相互作用中积累各种生活经验，产生相应的情感体验。同时，环境的创设有助于激发幼儿的情感，培养认知与能力，对孩子的行为起着提醒与暗示的作用。

针对幼儿不爱喝白开水的现象，教师创设了“饮水”环境：一方面在集中喝水环节，教师会通过播放轻音乐、碰碰杯等创设宽松的环境氛围；另一方面，教师创设了“我为小树浇浇水”的生活墙饰，小树上有每个孩子的照片，幼儿喝完水后可以在自己的照片上插一个小竖棍，代表“我为小树浇了一滴水”，激发幼儿主动喝水的意愿。同时，为引导幼儿排队接水，教师除了在地面贴小脚丫标识外，还在墙饰中设计了小蜗牛排队喝水的情景，给予幼儿隐性指导，通过环境的提示，让孩子的行为变成自主的行为。

总之，班级的教育环境对幼儿的探究、发现、学习发挥着重要的作用。教师应把物质环境变成探究性教育环境、“会说话的环境”，突显环境的隐性价值，最大限度地激发幼儿的探究潜能，让环境的创设和利用成为幼儿课程的内容，真正融入幼儿的生活。

第四节　幼儿园主题教育活动的主题建构

一、以幼儿经验为出发点的主题活动

主题活动在幼儿园课程中越来越受到重视，它使幼儿零散的经验获得了整合，使片段化的知识获得了组织，主题活动是经验与知识衔接的中介，具有不可替代的价值。以经验的逻辑来安排主题活动还是以知识的逻辑来安排主题活动，反映了课程的出发点和立场的不同。尽管知识在课程中的价值不可否认，但如果忘记了幼儿的经验，这种课程是失败的，是“无儿童”的课程。经验是松散的，但又具有行动的逻辑；是碎片性的，但又自成体系；是私人的，但又可以与人分享。课程只有关注到了幼儿的经验才能满足幼儿的需要，才能成为幼儿课程。主题如果按照知识的学科逻辑进行组织就意味着对幼儿个性的忽视、对幼儿生活和存在的忽视。然而，知识和经验并不是水火不容的，关键是如何让知识适应幼儿的经验，因为知识来自经验。当我们设计主题活动时，首先应该考虑的是幼儿的经验。

（一）从幼儿的话题（谈话或疑问）中寻找

幼儿在进行自由活动、区域游戏活动或生活活动的时候，经常有一些自由的交谈，努力倾听他们的对话，就会发现他们的经验在哪里。如自主活动中有小朋友谈论“蜘蛛是不是昆虫”的话题，大家开始争议起来：“蜘蛛是昆虫，他喜欢吃小虫子。”“蜘蛛不是昆虫，因为它没有翅膀，而且有 8 只脚，昆虫只有 6 条

腿。”……从这一段幼儿关注的话题，我们可以设计相关的主题“有趣的昆虫”“我的昆虫朋友”“神秘的昆虫”“益虫和害虫”“蜘蛛王国”等。

（二）从幼儿的角色行为中探寻

主题活动“小鬼当家”顺应了幼儿的角色行为需要，引领他们从成人角色中吸取一切有利于自身发展的养料，让他们在模仿成人的过程中显示自己的潜能，为幼儿主动发展创造了良机。“小鬼当家”就是站在孩子的角度，用孩子的眼光去看待成人世界，体察成人世界：他们是谁？他们在做些什么？他们是怎样做的？我能像他们那样做吗？我们可以选取幼儿身边便于接触的糕点师和建筑师为主要认识对象，把现场观察、文学性描述、调查、游戏、操作等活动手段综合起来运用。与此同时，充分利用父母及社区环境资源，扩大孩子对成人劳动的认识范围，在“左邻右舍大聚会”的活动中把幼儿对劳动者的情感推向高潮，从这一主题还能挖掘出对其他职业的认识，比如孩子们喜欢的警察、医生等。

我们不主张主题内容全盘生成，因为教师完全随着幼儿的兴趣跑，会出现一些重复或低效教育的情况。这就要求教师具有一定的教育机智，在实施过程中能够对孩子的不同反应有所应对：当发现孩子真正感兴趣而且有价值的事物时，大胆打破原来的计划，调整教育活动内容；当发现原定的活动时间、进度不符合实际情况时，不要拘泥于原订计划，应顺应事情的自然发展，因势利导；经常对实际进行的教育活动的目标、内容、结构进行反思，如果发现不对，应该及时调整。教师要学会根据活动的需要，适当地传授知识、技能，以达到“教”与“学”的和谐统一，使幼儿在获得主体性发展的同时，掌握基本的知识和技能。

（三）在日常活动中观察探寻主题活动内容

日常生活的内容是十分广泛的，要重复利用周围的事物和孩子已有的生活经验。主题活动的开展需要教师真正融入幼儿的活动中，用心去倾听幼儿语言，观察幼儿的行为，及时把握幼儿的兴趣点，从而引申为有价值的主题活动内容。

通过对班级区域游戏活动、户外活动等一些幼儿的活动情景观察记录，教师可以捕捉到有用的信息，预设幼儿活动目标，拟定出新的主题思路。

二、以文本内容为出发点的主题活动

（一）从幼儿感兴趣的艺术作品和文学作品中选择主题

小班幼儿思维的特点决定了他们喜欢在动作模仿和游戏情景中学习。因此，我们就可以选择幼儿感兴趣的文学作品设计主题，就拿绘本《小老鼠上灯台》为例进行分析。《小老鼠上灯台》是一首经典的儿歌，具有童趣，儿歌有节奏感，易于幼儿理解，深受孩子们的喜爱。让孩子们在参与学习、表演儿歌的过程中，真正感受儿歌内在的乐趣，体验与老师、小朋友共同表演的乐趣。《小老鼠上灯台》还是一个传统的民间游戏，其中的儿歌生动形象，诙谐有趣，生动地刻画了小老鼠上灯台偷油吃的情形。小班幼儿大多数时间是通过模仿进行学习的，此次活动通过创设游戏情境，让幼儿模仿“小老鼠”玩游戏，帮助孩子积累更多的游戏经验，同时，培养孩子遵守规则和促进孩子动作和情感上的发展。此外，这首歌曲不但故事情节很完整，还非常适合幼儿表演。

（二）从吸引幼儿的事件中寻找主题

小班幼儿入园时间不长，对幼儿园的环境和小伙伴还比较陌生，我们以幼儿已有的生活经验为基础，围绕他们喜欢的糖果、水果和喜欢的动物等，引导他们开展了“我喜欢……”这一主题活动。幼儿在活动中颇感兴趣，糖果、水果、动物等对于小班幼儿来说，吸引力很大。通过这个主题活动，幼儿学会关注身边的事物，体验和表达了自己对食品、对小动物的喜爱之情。随着主题活动的不断深入，幼儿自信心也不断增强，在活动中变得敢于表达、敢于尝试，愿意与同伴共同合作，体验学习、生活的乐趣。同时，促进了教师与幼儿的互动和情感交流。

为了激发幼儿的兴趣和参与热情，我们可以将“我喜欢……”这个主题细化为“我喜欢的糖果”“我喜欢的小动物”“我喜欢的水果”三个小主题进行，通过看看、说说、玩玩、尝尝、做做多种形式，激发和调动幼儿参与活动的积极性。无论在哪一种活动中，幼儿都感到很开心，精神集中，乐意与教师进行面对面的交流，乐于表达自己对喜爱事物的各种发现和感受。结合主题还可以开展一系列的活动，如画糖果、包糖果、为喜欢的水果涂色、粘贴水果宝宝、打扮小熊等，让幼儿学会了用多种方式去表达自己的喜爱之情，也可以锻炼幼儿的动手能力以及做事的耐心和细心。特别是一些平时动手能力较差的幼儿，让他们完成一件作品并不容易，但在喜欢事物的吸引下，他们也都很认真地操作，尽力完成。在与主题相联系的故事表演“小兔乖乖”和音乐游戏“网小鱼”中，幼儿用喜欢的动作欢快地表现动物的形象；在创编歌曲《跳跳糖》《苹果》时，幼愉快地用歌声尽情歌唱自己喜欢的食物。一系列活动深受幼儿欢迎，几乎百玩不厌。幼儿从中体验了自己对事物的喜欢之情，感受了与教师、与同伴共同活动带来的无限快乐。

（三）从绘本中引申主题活动

绘本文学也是主题的来源之一，它不同于领域作为主题的来源。语言或艺术中的绘本文学主要是让幼儿欣赏或让幼儿了解作品中的词句。绘本文学具有课程整合的功能。因为，绘本文学本身就涉及艺术和语言两个领域，尤其是故事、寓言等，其具体的内容往往是与科学、社会等领域紧密相关的。如果将绘本文学作为主题的来源，则可以进一步扩大文学作品的整合功能。将某一个绘本文学作为主题的来源，除了对作品进行欣赏外，还要利用作品中的某些有价值的话题进行发挥，容纳更多相关的内容。绘本文学中的人物、事件、物品、道理、场景等都是主题内容生成的线索。

1. 绘本在主题活动中的应用价值

绘本与其他同类的文学作品相比，有其自身的特点。它表述的是一个故事，内容相对集中，图示大，画面多，画面与画面之间联系紧密，幼儿容易在观察画面时根据角色的行为判断和推理故事情节的发展，能激起幼儿编讲故事的欲望。我们主张幼儿的学习应以促进幼儿的发展为出发点和归宿点，在学习中应给予幼儿思维的机会，激发其学习积极性，培养幼儿（尤其是大班幼儿）简单的逻辑推理能力，体验学习中的快乐。

所以，将绘本作为背景引入我们的主题中，把更多有价值的话题挖掘出来，通过一个主题的活动不仅能提升幼儿的语言能力，还能发展各方面的能力。

（1）增长认知学习

图画书的内容包罗万象，举凡天文、地理、历史、人文、社会、自然、科学等种种常识皆有所描述，对阅历不多、经验有限的孩子而言，它犹如百科全书般，提供各种观察性、思考性与感受性的认知学习经验。

（2）增进语言学习

透过图画书的朗读，孩子从中体会语言之美并丰富语汇。孩子一旦享受图画书的乐趣，必会不断问问题，不断表达自己心中的想法，父母也会以感情洋溢的丰富语言回应，无形中促进了孩子沟通与表达能力的发展。

（3）提供生活经验

孩子的生活经验大多局限在周遭的家人与朋友关系间，然而图画书的内容多彩多姿，孩子可以从中体会到不同的生活方式，不同的人、事、物，甚至人生百态。许多无法直接接触的生活体验，通过图画书这个媒介，间接地让孩子了解与体会，无形中开阔了视野，丰富了生活体验。

（4）提高涵养美学

图画书大多具备简浅的文字、调和的色彩和精美的印刷特质，是可以陶冶孩子心性、创造视觉效果的艺术品。

（5）增进阅读乐趣

朗读图画书给孩子听时，将其语言、情感、思想毫不保留地传递给孩子，让孩子在无形中体验阅读的乐趣，自然他就会乐于看书，终生与书为友。

(6) 培养创造想象的能力

图画书的文字简明，插图细腻，因此，孩子的想象方与创造力得以自由驰骋，并产生迁移的效果，奠定了日后探索思考、解决问题的基础。

2. 由绘本生成主题活动

要将精彩的绘本故事演绎为生动的主题活动，首先需要教师能选择适宜的绘本，例如故事内容本身是否具有科学性，能否拓展主题相关内容。就绘本《是谁嗯嗯在我的头上》来说，本来关于大小便的事是很难以启齿的，但是，这本书以一个有趣的故事从科学的角度来阐释这个问题，让幼儿学会以科学的眼光坦然面对光明正大的生理问题，不仅不会让幼儿觉得尴尬，反而会让他们获得许多经验。经过教师的阅读引导和幼儿的探索之后，幼儿不仅获得了有关鸽子、马、野兔等动物“便便”的经验，更建立了对“便便”这件事情的科学态度。本书不是传统意义上的科普书，它并没有把关注点放在解释动物如何“便便”上，而是让幼儿对动物“便便”有了解的冲动，知道动物的“便便”是不同的。本书对于幼儿父母也是很有裨益的：它教会父母怎样回应幼儿的好奇，怎样理解幼儿对事物的认识，怎样给幼儿讲解科学知识。《是谁嗯嗯在我的头上》所反映的主题内容，并不适合幼儿通过自己动手操作做科学小实验来得出结论，而由幼儿通过自己的细致观察、判断、推测得出结论是比较合适的。因此，我们可以设计两种探索方法：一是观察排除法，利用绘本的画面制作成PPT，跟随小鼹鼠视线，让幼儿做小侦探，通过一一比较这些动物便便的大小、颜色、形状、质地来推测是谁嗯嗯在小鼹鼠的头上的；二是卡片配对法，设计动物和他们“便便”的操作卡片，让每个幼儿通过自己的动手操作——将动物和动物的“便便”进行配对，以巩固幼儿对动物“便便”的认识。

有的班级幼儿分享阅读了绘本《铁马》《机器人》《我有一个机器人》等后，他们对“机器人”产生了强烈的好奇心。他们经常在一起谈论有关机器人的一些话题，喜欢翻看有关机器人的书籍，并乐于模仿机器人的动作等。显然，在孩子眼中，机器人既神秘又很神奇，但他们对机器人的认识是很单一、很片面的，因此，“机器人”这个主题活动就生成了。

《纲要》作为幼儿园课程的文件，它又在“教育内容与要求”中说：“幼儿园教育内容是全面的、启蒙的，可以相对划分为健康、语言、社会、科学、艺术五个领域。”

三、以社会热点问题为出发点的主题活动

（一）把社会热点问题转化为幼儿园主题教育活动

社会热点问题不仅被成人们重视，也常常能引发孩子们的兴趣。关注社会热点问题有助于幼儿更全面地接触社会，更多元地了解社会，更有效地掌握一些解决社会问题的基本技能，更理性地对待社会，从而逐步树立科学的、积极的世界观和人生观。对社会热点问题的聚焦需要幼儿园教师以幼儿的年龄特点、心理特点以及身体和心理的发展规律为基础，依据幼儿园的教育特点和办园特色，有智慧地进行开发，转化为幼儿可以接受并“乐学”的内容。

（二）把社会热点问题转化为主题活动的策略

教师们在设计主题活动时，根据幼儿园的特色以及本班幼儿的实际发展水平，适当地采用这些策略，可以凸显热点问题的时效性，提升幼儿园课程内容的丰富性，提高幼儿园各项活动的有效性。

1. 根据年龄特点简化概念，引导幼儿理解关键词，科学理性看待社会热点问题

“幼儿园的小朋友懂什么呀？社会热点问题的关键词也许是他们耳熟能详的，无数次从成人口中或者各种媒体里听到、看到，但是，热点问题所代表的真正内涵离他们太遥远了！”有的老师如是说。诚然，社会热点问题意义相当深远，内容极其丰富，领域非常宽广，无论对谁而言，想要全面、深刻地了解都是困难的事，尤其对幼儿园的孩子们更是如此。作为教师，必须从3～6岁幼儿的年龄特点和认知水平出发，将关键词的含义简单化，使幼儿能明白其中的意义。小班幼儿的注意力仍以无意注意为主，凡是生动、活泼形象的事物都容易引起他们的注意，可以给他们介绍一些社会热点问题的吉祥物等；中、大班幼儿思维处于具体形象阶段，但已有抽象概括性的萌芽，教师可以用简单的话语解释社会热点问题的关键词，帮助幼儿对这一现象进行正确的、客观的认识，以便幼儿逐步形成积极地、理性地看待社会热点问题的习惯。

2. 根据幼儿已有经验误区与空白设计集体活动，让幼儿初步了解社会热点问题

关键词的理解有助于引导幼儿培养客观看待社会热点问题的态度和价值观，它可以通过教师与孩子的谈话随机地进行。但是，要想对社会热点问题的相关信息作更多的了解，集体活动的形式显然更加有效。

教师在设计集体活动的时候，必须对幼儿的已有经验进行分析，分析的目的是提供更加有针对性的点拨、解惑、启发和引导，以帮助全班幼儿更进一步地了

解有关社会热点问题的基本情况和相关信息。

教师要找出幼儿已有的正确经验，这些内容在集体活动设计时可以不作重点考虑。更为重要的是，教师要找到幼儿已有经验的误区与盲点。社会热点问题由于受到较高关注，孩子们很容易通过电视、网络、广告等各种媒体或教师、父母等成人口中了解到相关内容，但是，这些内容可能具有一定的片面性、某种程度的深刻性，孩子们可能完全无法领会，也可能一知半解或是错误理解。作为教师，要能敏锐地找到孩子们原有经验中存在的误区和盲点，将这些内容选择出来，转换为教学活动内容，通过精心设计的活动，帮助幼儿走出原有经验中的误区，填补原有经验中的空白。

3. 根据幼儿园特色，以社会热点问题为主题组织全园活动，推动幼儿全面发展

将社会热点问题转换为幼儿园课程内容时，教师可以紧紧地围绕本身的课程特色组织全园活动，以切实提高活动的有效性，切忌形式主义，人云亦云。

幼儿园组织此类活动时，还可以结合《学前课程指南》中的课程内容，在活动中有目的地丰富幼儿的基础知识，促进幼儿基本技能和能力的发展。例如，某幼儿园的教师们组织全体幼儿和家长一起参与环保袋设计活动。由教师发放免费白色环保袋，小朋友在家长指导下共同在环保袋上发挥创意，内容、材质不限。这一活动通过环保实践，渗透了“回收及利用废品美化环境”的课程内容。

在幼儿园课程内容中关注社会热点问题，教师、幼儿园必须根据幼儿与社会热点问题相互作用过程中直接的、整体的体验，以幼儿参与的不同层次活动，包括谈话活动、班级集体活动、幼儿园全园活动为核心，设计、组织具有本园特色的课程内容，以促进所有幼儿在原有水平上全面和谐地发展。

第五节　幼儿园主题教育活动的组织与实施

一、幼儿活动兴趣激发策略

要发挥幼儿活动或学习的主体作用，引起幼儿参与活动的热情和主体倾向性，激发幼儿对学习活动的兴趣是最重要的。因此，把培养幼儿对学习或活动的兴趣放在每一个活动开展的首位是最重要也是最明确的活动目的。兴趣包括直接兴趣和间接兴趣。直接兴趣是幼儿对当前活动本身感兴趣；间接兴趣是幼儿在学习或活动过程中，不断体验求知的满足与成功的快乐而逐渐对其产生兴趣的过程。激发或培养幼儿的直接兴趣和间接兴趣，可采用以下策略。

（一）情趣性策略

情趣性策略是指教师为幼儿创设有趣味的活动情境，使他们在“身临其境”的活动氛围中产生兴趣的方法、手段。大量实践表明：幼儿对富有情境和趣味的活动感兴趣，这种活动因其本身具有的生动、直观、形象、可感触、富于变化而容易吸引幼儿。

（二）真实性策略

研究中我们发现，随着社会的进步和人类文明的不断发展，21 世纪儿童的思维方式与以往儿童有了很大的改变。现在的幼儿已不再满足于“做假戏”，而是更看中“假戏真做”的真实效果。例如，在“认识解放军”的主题活动中，大班幼儿更喜欢和在远方的解放军叔叔真正地通上几分钟电话，亲自说几句心里的话，要求老师带他们到解放军叔叔的训练营，看一看操练，摸一摸枪支，而不喜欢老师设计的假场景、假角色。所以，在有条件的情况下，教师设计的活动一定要使幼儿能够涉及真实的情境、真实的物体与材料。

（三）挑成性策略

教师在考虑幼儿是否对活动感兴趣的同时，还应考虑活动对幼儿是否具有挑战性。因此，教师在设计活动时还需要注意以下一些问题。

1. 考虑活动难度与幼儿能力达成度之间的落差关系

幼儿对通过努力能够取得成功的挑战有兴趣。因此，教师设计的挑战活动应考虑小、中、大班幼儿的活动能力和特点，设计各年龄段幼儿能“跳一跳，够得到”的活动，这也符合维果斯基的“最近发展区”理论。

2. 考虑挑战难度的递进性

当幼儿已成功完成某一挑战任务时，教师应渐进增加挑战的难度，使幼儿能够有机会迎接新的挑战，这样，幼儿不仅会对活动产生新的激情，使活动进一步延展和深入，而且能使他们“看到”由于自己的胆量和勇气让自己进步的过程，由衷地为自己的进步感到骄傲和自豪，从而树立自信。

（四）选择性策略

幼儿对自己能够选择的活动会表现出极大的兴趣。教师可根据幼儿的学习风格、特点、爱好等设计不同类型、不同难度、不同性质的主题活动来供幼儿选择。如在“小朋友生病了”主题活动中，教师提供了电脑、电话、皱纸、细丝、信封、信纸、图片等，让幼儿根据自己的意愿，选择网上发电子邮件、打电话问候、制作鲜花、礼品、贺卡、写信等，以满足孩子们多元的表达方式。教师在提供可选择活动时可从以下几方面做准备。

1. 活动材料的可选择

教师围绕活动设置的材料应是丰富多样的，让幼儿能够根据自己的喜好选择成品、半成品材料或自然物进行活动。如以上活动中，幼儿可根据自己的经验和特长，选择电脑、电话、皱纸、细丝、信封、信纸、图片等材料进行活动。

2. 活动内容的可选择

幼儿在选好材料后，同样可以选择自己喜欢的内容进行活动。如以上活动中，幼儿拿到了不同材料，可以根据自己的意愿发电子邮件、打电话慰问、制作鲜花、礼品、写信等；同样的皱纹纸，幼儿可用来制作玫瑰花，也可用来制作菊花、喇叭花，还可以用来装饰自己的贺卡。

3. 活动程度的可选择

幼儿也可根据自己的活动能力选择程度不同的活动。在以上活动中，同样是写信，幼儿可以直接用“绘画”和“字词”表达自己的问候（写信），也可用简单的排图（幼儿根据自己的需要选择并匹配事先准备的图片）方法表达自己的意思。

4. 活动方式的可选择

教师应为幼儿提供丰富多样的活动以发展幼儿多方面的智能。实践中我们发现，大部分3～6岁的男孩爱好拆卸、拼装的操作活动或建构活动，而同年龄的女孩则更喜欢角色模仿或艺术表演活动。因此，即使在同一活动中，也需考虑性别差异，为幼儿提供多样化的操作形式。

二、情感、态度、价值观培养策略

情感、态度、价值观培养是主题活动实施的关键。《幼儿园工作规程》《纲要》等幼教章程文件无处不体现这样的教育教学的原则和思想。那么，培养幼儿的情感、态度、价值观的策略是什么呢？那就是教师对教育活动内容的情感性处理，是教师从情感维度上对教育教学内容进行加工、组织，设计适当的组织形式的教育活动，在向幼儿呈现的过程中能充分发挥其在情感方面的积极作用。

（一）情动——感受策略

情动——感受策略是指教师通过创设情境直接刺激幼儿感官，打动心灵、激发情感，产生觉知体悟的一种指向目标的活动设计策略。教师首先要打开幼儿的各种感官通道，为视觉、听觉、嗅觉、触觉、运动觉提供全方位的感受机会，而且要设法让幼儿的感受丰富、强烈、深刻，然后才会有自己的体悟和理解。所谓“情境打动人，情境感染人”也就是这个道理吧。

情境创设包括艺术情境、人为情境的创设和现实情境的利用等。艺术情境的创设可以借助多种艺术手段，如借助绘画、音乐、照片、影像、多媒体等构建一种有感染力的氛围。

现实情境的感染力同样不可小觑。研究者认为，对于当今幼儿尤其是养尊处优的城市幼儿来说，开展远足和郊游等活动是非常必要的，让他们无拘无束、全身心地投入大自然的怀抱，奔跑嬉戏于虫吟鸟鸣的林间小道，摸爬滚打在芬芳的泥土中、草地上，赤脚走进温暖的小溪流，欣赏着山水一色的自然风光以及盛开着五颜六色鲜花的绿色田野，闻着各种植物的清香，品尝酸甜可口的野果菜根……孩子们在感到身心愉悦的同时，领略着一种对美的潜在的感悟；在跋山涉水锻炼体能的同时，也锻炼了毅力、耐受力；虽然离开家庭独自露宿在外，却获得了自立、自主的真实感受……

（二）体验——理解策略

体验——理解策略是指教师通过设计一定的活动，引发幼儿的行为意向，强化幼儿的感受和理解的策略。

在参观、考察、探访与调查等活动中，幼儿能够亲自接触社会中的人和事，在与社会的互动中了解社会生活的方方面面，了解社会事物之间相依相存、不可或缺的关系，从而逐步形成对社会的基本态度和观点。如在“我们的城市”“美丽的乡村”等主题活动中，幼儿通过自己的所见所闻、在与各种人物的接触当中，了解了城市现代与古代交相辉映的灿烂文明，了解了农村的种种事物，体验了农村孩子的生活现状和淳朴浓郁的乡情，了解了农村与城市之间血肉相连、生息与共的密切关系，了解了处于各种不同社会阶层的人们的生活状况，了解了各种关系中的社会规则……

“情动于中而形于外”，孩子们通过自己的亲身体验，理解了农民的艰辛，理解了与他们同龄的农村孩子的生活学习状况，由内心引发的同情使他们自发地组织了“义卖”“捐赠”活动，把自己的玩具、图书与别人分享。这样的活动设计是任何口头的说教所无法相比拟的。

（三）智慧——审美策略

实践表明，智慧和审美的活动能够激发幼儿积极的情感，调动整个身心对当前活动的全部参与。如在“认识电”的主题活动中，教师设计了这样的程序：首先让幼儿操作电动玩具，接着修理坏的电动玩具，启发幼儿发现电池有电、电流有方向性的道理。然后就可以让幼儿展开想象“我发明的电器是什么样子的”以及了解用电的安全常识……

这里智慧的活动包含了智力、情感、思维、意志、方法等全盘参与，这种智慧活动的过程也伴随着审美的活动和审美的心理体验。“认识电”这个主题活动，我们说它是智慧的，因为这一活动过程中包含了智力、情感、思维、意志、方法等投入；我们说它是审美的，因为它尊重了事物本来的面貌和事物发展的自然运行轨迹，它的美表现在尊重了幼儿在活动中思维的流畅性。所以，一个好的主题活动，在活动中应充分体现幼儿与幼儿之间、教师与幼儿之间思维与智慧、情感与意志力的交锋碰撞、交流与沟通，形成“共振”的过程，从而使活动的双方都获得了审美的体验。有了审美和情感体验，幼儿才能对当前的活动保持不懈的激情，产生进一步探究和学习的恒心和意志力。

三、促进幼儿获取学习方法、经验和技能的策略

启发幼儿对自己学习的过程和活动的方法的“元认知”就是对认知的认知……让幼儿明确感受到自己经验的获得过程，是幼儿园主题教育活动目标设计的点金石，也是每一个活动开展的重要目的之一。

教师在考虑这一目标的时候，应注意让幼儿自己发现并明白自己在进行这一主题活动中，迁移了什么样的经验和知识，运用了什么样的技能，这些知识经验和技能技巧是在何时、何种情境中习得的，是如何运用的？体现这一目标的策略主要有以下几方面。

（一）经验迁移策略

经验迁移策略是指教师启发幼儿运用自己已经获得的经验背景、动作技能、情感态度等解决另一问题的策略。这一策略的运用过程如下所示。

1. 了解幼儿的原有经验

任何迁移都是在幼儿原有经验的基础上产生的。一个活动开展之前，教师应采用设疑、问卷、访谈等方式了解幼儿都具备了哪些方面的经验，这些经验是否可以迁移到当前的活动中。

2. 帮助幼儿形成假设和作预测

形成假设和作预测是“发现学习”和“探究学习”的重要途径。幼儿通过对事物发展变化结果的多种假设和预测并通过自己的操作和实验来验证自己的预测，或在多个假设中寻找正确的假设。研究表明，幼儿在活动前同时形成多个假设更有利于形成正确的假设，他们可以有效地利用实验结果同时排除若干假设，而无须长时间地逐一来验证自己的假设。

3. 教师要积累能够帮助幼儿进行经验迁移的技巧

教师应善于发挥语言、动作、情境、暗示及启发联想等教育教学方法、技巧的作用，以能够引起幼儿对过去经验的回忆。

（二）精细加工策略

精细加工策略能够帮助幼儿在活动中将新获得的经验和信息存储到长时间记忆中，使新获得的信息和原有的经验加以联系，以此来增加新信息的意义，帮助幼儿应用已有的认知，使新信息合理化。

第六节　幼儿园主题教育活动的总结评价

《纲要》中指出："教育评价是幼儿园教育工作的重要组成部分，是了解教育的适宜性、有效性，调整和改进工作，促进每一个幼儿发展，提高教育质量的必要手段。"教育评价应伴随幼儿园教育工作的全过程。在幼儿园主题教育活动中，要把评价作为很重要的部分，将评价潜移默化地贯穿到主题活动中。

一、主题教育活动评价的概述

在开展主题教育活动的过程中，教师应将评价环节融入不同的阶段，使主题活动的开展更加具有科学性、系统性。

（一）评价的作用

幼儿园教师每一天都在进行评价性行为，即了解现象、分析原因、制定方案、采取措施、对比效果等。那么，主题教育活动中的评价有哪些作用呢？

1. 帮助教师更全面、更客观、更具体地了解幼儿的发展水平

在评价的过程中，教师不仅可以对全班幼儿的发展水平有一个整体的、全面的认识，更能对每名幼儿的发展情况有具体的、客观的了解。

在日常生活中，教师对幼儿的随机观察比较多，但是这种观察往往缺乏目的性、有效性，这样容易使教师因幼儿的某些突出表现而对幼儿形成整体印象，充斥着主观色彩。因此，在主题教育活动评价中，要从系统的、全面的、客观的角度对幼儿进行评价，从而使教师更加深入地了解幼儿的发展水平。

2. 帮助教师进行经验梳理，对主题活动的开展进行指引

在主题活动开展之前，结合幼儿的兴趣，教师应根据班内幼儿的实际水平和教育目标制定较全面的、综合的主题活动总目标和主题开展网络图，为主题活动的开展指明方向。随着主题活动的开展，主题教育活动评价可以帮助教师对幼儿的发展状况进行梳理，了解幼儿存在的问题和活动中幼儿的表现，针对评价结果对主题的走向进行修改，设计更为适合幼儿发展的活动。可以说，评价的过程和结果可以使教师清楚下一步将要从哪些方面入手，怎样提供更为适宜的引导，从而制定出下一次活动的主要目标，这样不断地完善主题活动，使教师和幼儿更迅

速地得到提升和发展。

3. 为家园沟通提供有力依据，帮助家长了解幼儿的发展情况

家庭资源是幼儿园教育必不可少的部分，在幼儿的教育和发展中有着不可替代的作用。随着时代的发展，越来越多的家长认识到幼儿园教育的重要性，也越来越重视幼儿园教育，因此教师与家长之间的沟通也逐渐频繁。主题教育活动评价能够帮助教师与家长沟通，为家园沟通提供有力的依据，使家长更加清楚地了解幼儿的发展状况，从而与教师共同研究教育方法，使幼儿更快地获得发展，同时增进幼儿园与家庭之间的关系。

（二）评价的类型

1. 整体性评价与个体性评价

根据主题教育活动中评价对象的范围，可将评价分为整体性评价与个体性评价。

整体性评价是指：在主题活动开展之前，教师根据全班幼儿的发展现状制定相应的评价指标，在主题活动开展之后，教师根据幼儿的活动表现做出相应的评价。然后用另一种特性来进一步分类。

2. 诊断性评价、形成性评价与总结性评价

根据主题教育活动中评价的时间与时机，可将评价分为诊断性评价、形成性评价与总结性评价。

诊断性评价是指教师在主题活动确定和设计阶段，对幼儿的发展现状进行评价，以达到了解幼儿的目的。

形成性评价是指教师在活动开展的过程中对幼儿表现的观察和评价过程。教师通过叙事的方式，对幼儿在主题活动中的表现进行客观而全面的记录，并对幼儿的行为进行分析与解读。通过形成性评价，教师能够了解幼儿的兴趣和需要，以及参与活动的主动性和积极性，解读幼儿的经验水平和发展需要，并通过对幼儿的引导、支持、回应等，激发幼儿活动兴趣和热情的延续，促进更加深入的学习和探索。

总结性评价是指在主题活动末期教师进行的综合性评价。总结性评价一般是考察主题活动目标最终在幼儿的身上体现得如何，幼儿的各方面是否都有一定的发展，从而对整个主题活动进行评价。

（三）自我评价与他人评价

根据主题活动中评价的主体可将评价分为自我评价与他人评价。

自我评价是指教师对自己设计、开展的主题活动进行的评价。自我评价容易实施，但由于参照物有限和教师的主观性，所以评价受到一定的限制。

他人评价是指除主题设计教师之外的人对主题活动进行的评价，如幼儿园领导对主题活动的评价、骨干教师对主题活动的评价、专家对主题活动的评价等。

他人评价比自我评价的客观性更强，但操作的时间及工作较多。

（四）个体内差异评价与相对评价

根据主题活动中评价的参照体系可将评价分为个体内差异评价与相对评价。

个体内差异评价是指将评价对象的过去与现在进行比较，或将各个方面进行比较和评价的过程。

相对评价是指在一类评价对象中选取一个或几个与目标进行比较，并进行判断和评价的过程。

二、主题教育活动评价的基本原则

我们在进行评价时，通过长时间不断地摸索，总结出评价的几条基本原则：综合性原则、发展性原则、客观性原则和全面性原则。

（一）综合性原则

《纲要》中指出："管理人员、教师、幼儿及其家长均是幼儿园教育评价工作的参与者。评价过程是各方共同参与、互相支持与合作的过程。"

在主题教育活动评价的过程中要注重综合性原则，不仅仅是针对幼儿的一方面进行评价，而是要遵循评价的综合性。例如，在以往评价艺术活动时，教师只注重这首歌唱得好不好听、这个舞蹈跳得美不美、这幅画画得像不像等，评价的目的是片面的。而主题教育活动的评价注重综合性，既有对幼儿的感知与欣赏、表现与创造等艺术能力的评估，又包括对幼儿在艺术活动中的兴趣、情感、态度、价值观等人文素养的综合发展的评估。

（二）发展性原则

幼儿是否得到发展，教师是否得到提升，主题活动是否具有综合性，是主题活动评价的基本标准，主题活动评价的根本目的是促进幼儿、教师、幼儿园的发展。在评价的过程中，教师通过信息的交流、反馈，对评价指标、方法、过程不断地调整、改进、完善，从而发挥最大功效。

（三）客观性原则

客观性原则就是指在主题活动评价的过程中，评价者采取实事求是的态度，根据评价标准客观公正地进行评价。教师不能凭主观的意愿，随心所欲地对幼儿的发展进行判断。

教师遵循客观性原则的前提是要选择系统的、科学的评价体系。评价过程一定要根据幼儿的表现进行，为主题教育活动评价提供公正、有价值的判断。

主题教育活动的评价一定要注重评价的多元化和全面性。全面性原则是指在对主题活动进行评价时要考虑不同的方面，搜集足够的信息，对幼儿各方面的发展情况进行综合的评价。教师既不能只对发展的单一方面进行评价，又不能只运用一种方法进行资料、信息的搜集，而要保证评价的准确性、客观性。

三、主题教育活动评价的方法及实施

主题教育活动评价综合采用谈话、观察、调查等方法。除此之外，教师可以运用一些较有特色、更为系统的评价方法，经过具体的实施，势必能够收到很好的效果。

（一）作品取样系统

1. 作品取样系统的含义

作品取样系统是一种真实性表现评价，能够协助教师运用真实的现象、活动和作品来记录和评价幼儿的技巧、知识和行为。作品取样系统包含七个学习领域和三个系统。

2. 作品取样系统的优势

①作品取样系统是一种呼应教室情境的教学评价，教室内实行的评价是动态的、允许变化的，并且涵盖多样的学习风格和经验。

②系统能够着眼于幼儿所能做的和做到的，同时增强幼儿主动发展的动机。

③系统涵盖非常广泛的能力，适合不同发展水平的幼儿，符合主题教育活动评价的原则。

④系统可以提供较为一目了然的评价信息，降低了评价结果被误用的风险。

作品取样系统结合众多优势，并且非常契合主题教育活动评价的原则。因此，教师可以选用作品取样系统来进行评价。

3. 作品取样系统的实施要点

比《纲要》的领域分类更为细致的是，作品取样系统涵盖七个领域和三个系统，其中每个领域都在三个系统中出现。这七个领域分别是：个人与社会发展、语言与文学、数学思考、科学思考、社会文化、艺术、体能发展与健康。

同时，作品取样系统包含三个基本的实施要素：教师运用发展指引与检核表进行观察和记录，收集幼儿的作品于档案，将前两项资料进行综合做综合报告。三个要素形成一个整体：发展指引与检核表以教师期望与国家标准为评价的标准，记录幼儿的成长和主题活动的发展；档案以视觉的方式呈现幼儿作品的质量以及幼儿跨越时间的进步；综合报告将上述资料综合于一张报告表，不仅能让教师一目了然，也能让家长了解幼儿的情况。

4. 作品取样系统的实施策略

综上所述，作品取样系统是一种较为全面的评价方法。那么，如何将作品取样系统运用到综合主题活动当中呢？

（1）发展指引与检核表

发展指引与检核表即结构化的观察、记录及评价。发展指引是一套用来评价幼儿在不同时期的表现与成就的合理期望。发展检核表是依据不同年龄的发展指引所延伸出来的表现指标，用来总结和诠释教师的观察。

结合主题教育活动的特点，教师在主题活动开展之前会对幼儿的发展现状进行整体测查。测查包括各个领域，能反映全班幼儿的整体发展水平。

升入中班后，幼儿换了新的运动场地（由幼儿园前院的草地转变为宽阔的操场），户外玩具也增加了很多，幼儿对新的户外活动环境和玩具十分感兴趣，同时提出了很多问题，比如：我们都有哪些新玩具？我们可以玩哪个？新玩具怎样玩？教师借助于幼儿的问题和兴趣，引导幼儿对户外游戏玩具进行探索，开展一系列的主题活动。通过主题活动，幼儿能了解几种常见的项目，并能积极参与，从而在运动中获得满足感、愉快感和成功感。幼儿喜欢参加多种体育运动，初步形成良好的运动习惯。幼儿在体育活动中尝试学习保护自己，使自己能够完成体育活动。教师鼓励幼儿大胆地与别人交流自己的看法，提出问题，并学习自己找到问题的答案。

作品取样系统的发展指引及检核表两者合起来，为教师提供一个观察、记录和评价的架构，帮助教师了解每一个孩子，提醒教师观察主题活动的全面性，协助教师判断自己的教学策略何时有效和无效，为主题活动的下一步做指引。

（2）档案

档案指搜集、选择和评价幼儿的作品。教师搜集档案的目的是为主题活动提供更多的有关幼儿思考与学习的质性信息。教师必须根据幼儿的表现、行为、语言和作品进行研究和思考。档案比发展检核表提供更多的有凭据的信息。

档案由核心项目和个人项目组成，核心项目就是指在几个领域中针对一些特定的学习目标所搜集的代表作品。

个人项目与核心项目的区别是，个人项目不需要教师事先规划，也不限领域。

教师根据幼儿的作品和当时的表现，将幼儿的作品进行深入的分析和简单的记录。

除了记录和搜集幼儿的作品，教师在进行评价时会对幼儿的一些突出表现或语言进行文字记录，在主题活动中进行随机观察。

与其他档案不同的是，作品取样系统的档案注重搜集幼儿在不同阶段及不同领域的表现与进步。为了发现幼儿的进步，教师在主题活动开展时至少要有三个搜集期，更好地展现幼儿的进步和发展水平，档案能够让教师了解每名幼儿的优缺点，为主题活动的下一步做指引，并为教师指点下次的指导重点，督促教师及时调整主题活动的脉络和活动。

（3）综合报告

综合报告即总结表现及进步，是一种取代传统成绩单，用来向家长和学校呈现幼儿表现及进步信息的形式。评价牵涉两个互补的历程，分别是记录和评鉴。

（二）幼儿观察记录表

1. 幼儿观察记录表的含义

在主题活动中，教师的评价主要依据客观、真实的资料，这些资料主要来自依据各方面要求所制定的有关主题活动的幼儿观察记录表。幼儿观察记录表最显著的特征是真实性，真实性评价能为教师提供更多有价值的信息，更好地为主题教育活动服务。

2. 幼儿观察记录表的优势

①评估幼儿思考和解决问题的能力，而不仅仅是评价知识积累。

②有助于教师和家长形成更多有关幼儿发展的了解。

③是对幼儿在真实情景中而不是在预定好的测试场景中的行为表现的评价。

④鼓励主题活动更加以幼儿为中心，站在幼儿的角度看主题活动的发展。

3. 幼儿观察记录表的实施要点

幼儿观察记录表主要用于3～6岁幼儿，同时可用于评价那些在一个或多个领域的发展顺序和时间上与普通幼儿有很大不同的特殊幼儿。教师根据主题活动的内容，可对指标进行更细化的改进。

幼儿观察记录表的使用是一个长期、持续的过程。教师要根据幼儿在主题活动中的表现客观地进行观察记录，并定期将这些观察记录进行整合。

4. 幼儿观察记录表的实施策略

（1）观察记录

观察记录是教师对幼儿在主题活动中的言行、举止的观察和记录。记录并回顾这些事情，有助于教师了解和思考幼儿是如何发展的。观察记录的目的是记录发生了什么，而不去做评论。

（2）分析评价

教师依据观察记录进行分析和诊断，并且根据发现的问题，在之后的主题活动中，特意观察这个幼儿或领域，对幼儿进行有针对性的指导。

第六章　儿童立场视角下的幼儿园主题教育活动的观察与支持策略

第一节　幼儿园主题教育活动的观察内容

在主题活动的实施过程中，教师要关注幼儿学习与发展的过程，由此判断问题情境、鉴别关键经验、分析探究行为，反思幼儿是否运用经验解决问题，并获得新经验的提升。通过反思来改进环境的创设、问题的提出、材料的投放以及活动的设计等，不断引发幼儿在认知冲突中获得新发展。要明确观察内容，避免漫无目的的观察，真正达到“观”和“察”的效果。

一、观察要点

观察是教师应具备的重要能力，但教师们经常发出这样的感叹：“我想观察幼儿，但不知道观察什么。”那么，在主题活动中我们都应该观察什么呢？首先，我们应该清楚，主题活动包含教育活动及区域游戏活动。在教育活动及区域游戏活动的众多行为中，“观察什么”是需要先澄清的问题。唯有如此，观察才具有意义。

人的行为有许多层次，每个层次的行为都与预期特有的环境关联，研究者所需要关注的是一个完整的实体行为，即具有一定目标指向的、在一定情境中发生的、具有一定意义的自主行为。观察这些行为，可以让教师清楚地知道幼儿在每时每刻的所作所为，而不是那种在自然条件下发生的单纯的物理行为。这些物理行为没有经过认识处理，没有组成有意义的事件。由此，我们可以清晰地知道，教师所要观察的行为，并非幼儿的全部行为，而是在一定情境中反映幼儿成长和发展情况的有意义行为。

（一）观察幼儿的兴趣、需要和已有经验

所谓的兴趣，从本质上来讲，就是幼儿对某种事物产生了好奇心。受这种好奇心的驱使，幼儿往往会对成人提出各式各样的问题，这时教师需要认真且实事求是地回答幼儿的问题，并且坚持具体问题具体分析原则，根据孩子的性格特点、已有经验对其进行正确引导，从而激发孩子的求知欲望。

幼儿在活动中也会出现一些需求，这些需求在总体上分为物质、精神两个层面，还可以分为基本生存需求、情感需求、发展需求、自我实现的需求等。例如：幼儿在活动过程中取得了一些进展性的突破，他希望教师肯定他的做法；在遇到问题犹豫不决时，他希望得到教师的鼓励；在有一些突发奇想，需要一些材料辅助时，他希望得到一些物质上的支持。

此外，我们还应观察幼儿的已有经验——已知、已会、已能。有意义的学习具有两个基本条件：一是新的经验建立在已有经验的基础上；二是在实际生活和学习中运用新的经验。因此，在观察中，教师应观察和了解幼儿在数理逻辑、社会性等方面的经验有哪些，从而在原有经验上促进幼儿的发展。

（二）观察幼儿的发展现状和个体差异

每个幼儿都有自身独特的发展速度。遗传因素和环境因素都会影响幼儿发展的步调，从而使幼儿的发展水平有所不同。教师应该允许幼儿个体之间存在差异性。不过，所有的儿童在总体上都遵循共同的发展序列。我们要观察儿童的重要原因之一，就是要看看他们的发展现状是否遵循一般的发展模式。

教师应结合《指南》对幼儿各年龄阶段发展目标进行分析，判断幼儿的发展现状是否符合其年龄阶段所应达到的目标。要想评估班级中年龄相同的幼儿，采用结构性观察是一个很好的方法。教师可以在观察幼儿前列出一系列发展清单，根据观察所得到的结果，进行比较，分析幼儿的发展现状。教师也可以对同一名幼儿在不同情境中的表现、能力做比较。同时，教师应该关注个体差异，观察幼儿有哪些不同的性格、偏好、学习风格、优势、速度、节奏等差异，从而因材施教，促进幼儿富有个性的发展。

（三）观察幼儿面临的困难与挑战

针对幼儿遇到的问题及困难，教师应采取“六介入、五等待”的方法，对幼儿进行具体性的指导。结合实际案例，我们总结了六介入、五等待的介入方式（见表6－1）。

表6－1　六介入、五等待的介入方式

六介入	五等待
一是存在安全隐患要介入 二是出现过激行为要介入 三是表现消极行为要介入 四是出现消极内容要介入 五是无法拓展游戏要介入 六是受到幼儿邀请要介入	一是遇到困难要等待 二是发生纠纷要等待 三是经历挫折要等待 四是出现新兴趣要等待 五是同伴提问要等待

（四）观察材料、环境所起的作用

研究表明，游戏材料和幼儿发展之间存在一种双向关系，也就是说，材料的种类特点能刺激幼儿的行为方式，而幼儿也会根据自己的需要来决定对材料的操作方式。开放性的材料环境会诱导幼儿的游戏行为，这表明幼儿控制材料；而对材料进行封闭式投放，将诱导幼儿个别化的“作业”活动，这表明材料控制幼儿，限制幼儿想象力、创造力的发展。因此，当幼儿在与操作材料或墙饰互动时，教师应思考：

①环境材料对幼儿产生了哪些影响？（哪些激发了幼儿？哪些限制了幼儿？）

②环境材料引发了幼儿哪些自发练习性行为和自发探究性行为？

教师应通过观察及时调整环境及材料，从而让幼儿在直接感知、实际操作、亲身体验中获得发展。

二、观察的核心经验

（一）依据观察要点及发展提示进行观察

在开展有计划的观察活动前，教师应拟定明确的观察项目，列出观察要点。这样按计划进行的观察，才更具有针对性。在主题教育活动下的区域游戏活动中，教师可以参考《上海市学前教育课程指南（试行稿）》中的“游戏观察要点及发展提示”（见表6－2）进行对比观察、分析。

表6－2　游戏观察要点及发展提示

幼儿行为		观察要点	发展提示
表征行为	动机与认知	动机出自材料的诱惑、他人行为模仿、自身意愿	行为的主动性
		分辨自我和角色的区别	自我意识
		行为指向哪些对应的角色	社会关系认知
		行为与角色原型的行为、职责的一致性程度	社会角色认知
	思维与表征	出现哪些主题和情节	社会经验范围
		同一主题情节的复杂性、持久性	行为的目的性
		行为是以操作玩具材料为主，还是以角色关系为主	认知风格
		行为仅仅指向玩具材料，还是指向其他角色	社会交往、语言表达
		是否以物代物进行表征	表征思维的出现
		同一情节中是否使用多物替代	想象力
		用同一玩具材料品进行多种替代	思维的变通和灵活
		用不同玩具材料品进行同一替代	思维的变通和灵活
		简单改变物品后再用以替代	创造性想象
		替代物与原型之间的相似程度	思维的抽象性

续表

幼儿行为		观察要点	发展提示
构造行为	意识与经验	造型时先做后想、边做边想或想好再做	行为的有意性
		构造作品主题	生活经验
	材料与创造	是否对材料形状、颜色、大小按一定规律有选择地建构	逻辑经验
		是否会用多种不同材料搭配构造	创造性想象力
		构造作品外形的相似性	表现力
		构造作品的复杂性	想象的丰富性
		是否能探索和发现材料特性并解决构造中的难题	新经验与思维变通
		结构材料拼搭接插的准确性和牢固性	精细动作、手眼协调
合作行为	交往与合作	独自游戏、平行游戏、合作游戏	群体意识
		指示别人，还是跟从别人	独立性
		是否善于调整自己的行为以适应他人	自我意识
		主动与人沟通，还是被动沟通	交往的主动性
	意识	是否会采用协商的办法处理玩伴关系	交往机智
		是否会同情、关心别人和取得别人的同情、关心	情感能力
		交往合作中的沟通语言	语言与情感的表达与理解
规则行为	意识	是否喜欢规则游戏	竞赛意识
		是否自觉遵守游戏规则	规则意识
		是否应用一定规则解决玩伴纠纷	公正意识
	行为	是否创造游戏规则	自律和责任
		是否能爱惜玩具材料、坚持收拾整理、物归原处	行为习惯
		游戏规则的复杂性	逻辑思维

1. 抓住幼儿的表征行为进行观察

幼儿的很多“表征行为”来源于玩具的诱惑、社会经验的学习应用，可以帮助我们了解幼儿社会角色认知、想象力、创造力、思维能力、表达交往能力等方面的发展水平。

2. 抓住幼儿的构造行为进行观察

通过幼儿在与玩具材料互动中的行为表现来分析：

①幼儿想做什么？做了什么？

②幼儿遇到哪些问题？如何解决问题？

③教师是否在时间、空间上给予幼儿自主？

3. 抓住幼儿的合作行为进行观察

幼儿在游戏中不仅影响别人，也受别人影响。在自发游戏中，角色扮演、表演节目的编排、建筑物的设计和搭建、棋类游戏中的对弈等均是促进幼儿合作行为发展的有利契机。

4. 抓住幼儿的规则行为进行观察

孟子曰："不以规矩，不能成方圆。"规则是对人们行为的规范，是协调人们之间关系和行为冲突的社会标准。同样，游戏规则是幼儿顺利进行游戏活动，实现游戏性体验的前提。

（二）结合幼儿学习品质进行观察

重视幼儿学习品质的培养是世界幼儿教育领域的主流。相关研究结果表明，仅仅追求知识目标，只重视立竿见影的、可测量的、可应试的外源性知识学习，忽视幼儿内在的学习品质培养，是不利于幼儿可持续发展的。幼儿教育应重视哪一方面的教育呢？理所当然的回答是：重视那些对幼儿成为人具有不可估量的影响力的东西。良好的学习品质就像充盈在生活中的氧气，尽管看不见、摸不着，却须臾不可缺少。只有呼吸到新鲜的氧气，个体的身心才健康，只有培养幼儿良好的学习品质，才能保证幼儿学习与发展的质量。因此，在主题教育活动中，观察活动的重点在于对学习品质的观察与分析（见表6—3）。

表6—3　幼儿学习品质指标及标准

内容	指标	评价标准
敢于探究和尝试	喜欢探究	能够在探究中感到兴奋与满足。
	具有初步的探究能力	能够通过观察、比较与分析，发现并描述物体的特征与变化。
	在探究中认识周围事物和现象	能探索并发现常见的物理现象产生的条件或影响。
解决问题	坚定的信心	有解决问题的决心。
	解决问题的能力	能够发现问题、分析问题和解决问题。
	个人控制	能够控制自己的情绪和行为，并主动解决问题。
积极主动	敏感	能迅速发现环境中的细微变化，往往伴有积极的情绪。
	关注未知	关心自己所不知道的或将要发生的事情。
	好问	对新事物和未知事物总是刨根问底。
	喜欢摆弄	喜欢观察和探索、操作感兴趣的事物。
	做出选择和计划	能用细节具体说明自己的选择和计划。
	参与	能够主动参与活动，在活动中表现持续的兴致和热情。
	合理冒险	主动接受和参与有挑战性的任务。

续表

内容	指标	评价标准
认真专注	集中注意力	做事情时十分专注和投入，全神贯注于活动。
	对困难任务的坚持	发现正在做的任务挺困难时，也会努力坚持做下去。
	目标坚持	不轻易放弃或改变自己的既定目标。
	坚持完成任务	能自觉完成需要坚持一段时间的任务，不需要提醒。
想象与创造	新颖	总是能从新角度去思考、分析，提出独特的、新颖的见解。
	丰富	针对问题可以在短时间内反应迅速，从不同角度和方面产生很多的联想，表达较多的观点。

第二节　幼儿园主题教育活动的观察方式

幼儿的行为具有情境性、复杂性和多变性，因此选择适宜的观察方式对幼儿行为的鉴别十分重要。明确观察方法和观察路径，能够帮助教师在主题教育活动开展的不同情境下，保证观察与记录的正确性、及时性和完整性，从而更好地帮助教师理解和分析幼儿的行为与发展，以便给予更加适宜、有效、有针对性的支持和引导。

一、观察方法

“工欲善其事，必先利其器。”想要取得良好的观察效果，教师必须掌握适宜、有效的观察方法。由于观察的主题和条件不同，观察的方法也各有所异。为了观察幼儿的主题活动，教师可以使用以下几种方法。

（一）直接观察与间接观察

直接观察，是指教师在活动现场凭借感官对幼儿进行直接而具体的感知观察。间接观察，是指教师以一定的仪器或其他技术手段为中介对幼儿进行观察。

（二）参与性观察与非参与性观察

参与性观察，是指教师直接参与幼儿的活动，通过与幼儿共同进行活动，在活动内部观察。根据参与的程度，参与性观察可以分为完全参与性观察和不完全参与性观察。完全参与性观察，是指教师隐瞒自己的真实身份和观察目的，自然地加入幼儿群体并进行观察。这一观察方式能使教师深入地了解到幼儿的真实情况，但教师参与过深，容易失去客观立场，对参与程度的把握有一定难度。不完全参与性观察，是指教师不隐瞒自己的真实身份和研究目的，在被幼儿接纳后观察。由于幼儿的接纳，他们避免了心理上的紧张，但容易使幼儿故意隐瞒或掩饰对自己不利的行为或夸大某些表现，使观察结果失真。

非参与性观察，是指教师不参与幼儿的互动，完全以局外人的身份进行观察。观察时教师对幼儿的活动及周围的环境不加以改变和控制，在自然的状态下进行观察。这种观察方法的优点是不受幼儿的影响，教师能自然地进行观察，不足之处是教师不容易了解到幼儿的内部活动情况。

（三）结构性观察与非结构性观察

结构性观察，是指教师事先制订详细的观察计划、明确的观察指标体系，严格按照计划进行观察。这种观察结构严谨，计划周密，观察过程标准化。教师能对整个观察过程进行系统、有效控制和完整、全面记录，但容易缺乏弹性，影响观察结果的深度与广度。

非结构性观察，是指教师事先没有制订详细的观察计划和观察指标体系，只有总的观察目的和要求，可以根据现场实际情况随时调整观察的内容和计划。这种观察方法适应性强，简单易行，但随意性大，所收集信息的整理难度大，不容易做定量分析。

（四）片段性观察与连续性观察

片段性观察，是指对特定区域、特定时间段里某一时刻发生的事进行抽样。教师运用这种观察法，通常是为了发现幼儿园或教室中的哪些区域在使用中。它也可以用来观察哪些幼儿在一起玩。这种观察的记录方法相当灵活，但教师不容易对整件事有总体了解，存在片面性。

连续性观察，是指针对幼儿某项能力、某种行为进行的持续一段时间的观察，通过多方面、多渠道、多形式的信息，更好地判断幼儿发展的连续性。这样的观察有助于我们对幼儿进行全面的、整体的评估，看到幼儿发展变化的轨迹和过程。在观察时采用何种记录方法以及如何确定观察时间间隔，取决于进行连续性观察的初衷。

二、观察路径

观察的意义不只在于了解幼儿，观察更是教育幼儿的前提和基础。通过真正的观察，教师可以了解幼儿的能力，发现幼儿之间的个体差异，探寻幼儿行为背后的原因，从而分析、解释幼儿的行为，最终推动幼儿的全方面发展。那么，我们应何时进行观察？答案应该是随时随地。针对“幼儿园主题教育活动”，教师较为常用的两种观察方式为教育活动的观察和区域游戏活动的观察。

（一）主题教育活动下教育活动的观察

观察的有效性和完整性取决于教师在观察时所依据的理论观点以及教师的观察技能。教育活动是一种有计划、有目的的活动，因此教师要用一种有所控制的结构化的方式寻找所要观察的事物。“有所控制”意味着观察不是随机的或偶然的；“结构化”意味着观察者事先要知道观察什么，到哪里去观察，以及怎样观察。有效地运用观察记录，是将观察记录的理论知识很好地运用到实践中，并且能在不同的活动中选择最适合的观察记录方法，在观察结束后对记录材料进行分析与反思。教师可以在课前有目的、有计划地结合教育目标或学习品质，设计一些等级评定量表或儿童发展检核表，根据表中的内容对幼儿的行为进行有目的性、针对性的记录（见表6－4）。

另外，教师可以利用作品取样或时间取样的方式进行连续性观察或片段性观察，以观察幼儿的活动行为，从而分析幼儿的发展与活动设计的适宜性。

表6－4　主题下数学活动幼儿发展检核表

观察指标	是	否
对本次活动感兴趣		
能够摆弄活动材料并与同伴进行交流		
能够大胆表达自己的想法		
能够利用材料拼摆出 ABAB 模式		
能够利用材料的特征摆出多种 ABAB 模式		

（二）主题活动下区域游戏活动的观察

著名教育家陶行知先生说：“教育为本，观察先行。”当幼儿进行区域游戏时，观察是教师发挥主导作用的重要手段，也是实现区域游戏目标的前提，因为只有全面、深入地了解幼儿，才能有目的地、适时适度地进行引导。当然，观察绝不是教师随便看看，而是要在活动前想想要看什么，在活动后回顾看到了什么，有哪些要继续看，有哪些要补充看，前思后省，体现观察的连续性和目的性。教师只有运用科学合理的观察方法，才能为教育行为起到较好的支撑作用。通过相关研究可知，教师在区域游戏活动中的观察分为整体观察和局部观察。

1. 整体观察

整体观察主要是为了了解各个区域中幼儿不同的学习兴趣、发展水平、学习方式、情绪状况、对规则的遵守以及对物品的整理等。常用的方法是扫视和巡视，所花费的时间较少。在区域游戏活动的起始和结尾阶段，教师常采用整体观察。因为在活动开始时，经常有幼儿对操作要求不了解和对活动目的不明确，教师对全体幼儿蜻蜓点水式地关心，即可了解幼儿的活动状况。在活动结束时，教师应整体了解，以便确定结束的时间，并注意个别幼儿的活动进程，以帮助他们做好结束活动的心理准备。

2. 局部观察

（1）对能力特别强或弱的幼儿进行局部观察

教师应留意幼儿的学习动机、目标和困难，在适当的时候提出建议，以帮助幼儿完成学习任务。例如，教师观察幼儿在美工区中做帽子的活动。在观察的过程中，教师发现幼儿掌握不好帽子开口大小和头围的关系。面对幼儿的困惑，教师请幼儿尝试使用桌上的工具和材料，能力强的幼儿有的用双面胶粘住帽子开口的反面，有的用胶水涂在纸条上把开口大的地方改小，还有的用小订书器把开口的两头订住。能力弱的大部分幼儿会模仿别人的做法，也有小部分幼儿会请求他人的帮助。教师细致、深入地观察，适时地引导，使幼儿解决问题的能力大大提高。

（2）对新投放的操作材料进行局部观察

观察孩子操作材料的情形是否与教师的预期相符，进展的步骤、递进的层次是否与计划相同，尤其要关注那些意料之外的现象和情况。例如，教师观察在甜品店中的小朋友制作奶油蛋糕。奶油是新投放的操作材料，要成为教师局部观察的重点。教师在观察中发现，虽然自己在示范时向幼儿强调手要捏在三角包的最上面，从上往下挤奶油，可是大部分幼儿由于手劲不够，都从中间挤，使奶油从三角包的上面溢出，这是教师在活动前没有考虑到的情况。观察到这一现象后，教师及时调整操作材料，把三角包的顶端用牛皮筋扎紧，这样孩子操作起来就方便多了，再也不用担心奶油会溢出来。解决了后顾之忧后，孩子们的创造更大胆了，有的孩子在蛋糕上裱出了漂亮的花纹，还有的孩子裱出了小兔、小猫等动物形象。

（3）对与主题活动目标紧密相扣的活动内容进行局部观察

区域游戏活动往往受到阶段性主题活动内容的影响，幼儿会产生一些共同的关注热点，所以教师一旦发现这些热点，就可以注意观察有可能作为讲评或讨论内容的素材。例如，在“水果化妆舞会”主题活动中，美工区中动作快的小朋友做好帽子、服装后，拿彩色纸条串成项链并戴到了脖子上，有的孩子做手链。当教师观察到这一情况后，便在讲评时组织幼儿讨论：“除了做帽子、服装，我们还能怎样装扮自己呢?”“做好这些服饰后，我们可以玩些什么游戏呢?”小朋友们提出可以做包、眼镜、扇子、腰带等，还有的小朋友说“我们待会儿把这些做好的东西卖给别人或者装扮小舞台吧”。于是教师调整了环境，根据幼儿的谈论热点和创造性建议，投放了相关的各种材料，以供幼儿在下一次游戏时使用，并且鼓励幼儿和小舞台、超市等区域进行互动。

第三节　幼儿园主题教育活动的观察记录

观察记录为教师提供反思幼儿行为与发展、反思自身教育实践的依据。观察记录需要教师将观察到的具有典型意义的行为和过程描述下来，借此对幼儿进行更深入的理解和分析，并判断教育内容、教育方式、环境和材料的适宜性等。

一、观察记录的方式

（一）观察记录的一般构成

无论是哪种形式的观察记录，基本应该包含以下要素。

1. 观察记录名称

就像写作文需要一个题目一样，观察记录也需要一个题目，但题目不要起得太大，应具有一定的指向性。要避免“音乐区表演”“中班幼儿搭建”这样的题目，因为它们过于笼统，没有针对性。题目可以为“户外搭建夏日小凉棚”“逃家小兔”“一起来造船”“缺少的头饰”等，让人一看到题目就知道活动的内容和方向。

2. 观察目标

在现阶段，幼儿教师的观察记录中比较突出的问题是缺乏观察的目的性，比较随意。这说明教师在观察时是孤立在课程之外的，我们应该把观察记录与幼儿评价、环境材料投放、教师指导、教学计划联系起来，再利用观察记录进行有效的教研活动，以便更好地改进教育和教学工作。例如：

观察目标：益智区农场游戏棋材料的适宜性

做观察记录时可以记录每天来玩的幼儿人数、幼儿持续玩的时间、幼儿的玩法、幼儿在玩的过程中遇到的问题，以及他们解决问题的办法等。持续观察一周后就可以判断“农场游戏棋”的适宜性。

观察目标：大班幼儿在益智区的合作能力发展

做记录时可在益智区观察幼儿是否愿意在活动中与同伴进行合作，以及沟通和协调情况如何。幼儿和几名同伴进行合作？合作的形式是平等的，还是一个人为主导？

3. 观察对象、观察人或者记录人

教师在写观察记录前，要填写观察对象、观察人或者记录人，有助于别人对观察记录的基本信息一目了然。

4. 观察时间、地点

在观察时记录时间有助于教师更好地评价幼儿在游戏中的行为。比如：在9月份的观察记录中，记录的是幼儿在入园初期的活动情况；在12月份的观察记录中，记录的就是来园3个月并已逐步适应后的幼儿的活动情况。虽然都处于小班阶段，但幼儿的行为表现会有明显差异。之所以要记录观察地点，是因为这是幼儿的行为发生的背景之一，幼儿在室内和户外的行为也很不同。

5. 观察内容

记录观察的内容是观察记录最核心的部分，教师应客观、准确地表述幼儿活动的过程，以便后期的分析与支持。

6. 幼儿行为分析

在客观描述幼儿的游戏后，教师应对幼儿的行为进行专业的分析，这个过程需要教师运用幼儿发展心理学理论和相关的教育理论。对于很多教师来讲，这可能有一定的难度，却是观察记录很重要的一部分。记录不是为了记录而记录，而是为了更好地了解、判断幼儿的发展，以便为其提供更适合发展的支持。

7. 教师支持与反思

在分析幼儿的行为后，教师应该对所创设的环境、提供的材料、介入的时机与支持方法等进行观察，从而帮助幼儿在原有基础上获得发展。

（二）观察记录的形式

1. 逸事记录

逸事记录是教师对幼儿在自然状态下发生的一些典型行为或者偶发事件进行客观描述的记录方式。它是一种简短的叙事报告。客观真实地描述对教师来说是很重要的行为。逸事记录能够帮助教师分析幼儿的成长和发展过程，了解幼儿的个性特点，探讨影响幼儿的发展因素。它可以记录群体幼儿的活动情况，也可以记录个别幼儿的行为变化。

2. 表格记录

逸事记录的内容涉及动作、情绪等，能够呈现栩栩如生的画面。但是对于分析、支持能力较弱的新教师来说，有时候记录的内容可能会具有片面性，不够清晰明了，记录的过程也比较耗费时间。如何让观察记录更便于检索？表格记录的形式更有利于教师有目的地观察，支持教师与《指南》等教育指导思想对接。

（1）检核表

检核表更具有针对性，观察者在选定观察的对象和情境后，可在特定时间内对研究对象是否出现表中所描述的各种行为进行检核。

（2）叙事记录表

叙事记录表能够指引教师记录所观察到的情境，清晰地呈现幼儿探究与发现的过程，同时展现出教师思考、分析和支持的过程。为了帮助教师更有效地观察与分析幼儿，我们依据维果茨基的最近发展区理论研制了叙事记录表。

维果茨基认为，“儿童虽然不能独立地解决问题，但是，可以通过成人指导或有经验儿童的帮助而成为解决问题的主人”。他人的帮助被称为“支架”，支架的位置在原有经验与最近发展区的交接处。教师在这个地方进行支架，才能推动幼儿的发展。那么如何准确地找到这个交接处呢？教师要深入了解目标，并进行连续、客观、真实的观察，随后结合《指南》对观察到的行为进行解释、分析，由此才能准确、有效地支持幼儿的活动。

因此，叙事记录表呈现出“观察—分析—解释—支架—推动—反思”六个步骤。它既可以作为观察记录表来使用，也是教师观察和指导幼儿行为的依据和抓手。

二、观察记录的原则

（一）目的性、计划性

幼儿教师每天面对30多个幼儿，不可能完全靠随机观察就能了解每个幼儿的学习与发展情况。因此，在观察幼儿时应该有一定的目的性和计划性。

1. 有目的的观察

观察总是带有一定的目的，落实在一个具体的观察中。我们需要清楚地知道“我想了解什么”，有了清晰的认知，才有可能在幼儿活动的过程中看到观察对象或目标，才能有效地记录反映观察期望的有意义的行为和经验。

2. 有计划的观察

针对幼儿的学习和发展，《指南》中列明了5个领域、11个子领域、32个目标。为了促进幼儿全面且富有个性的发展，教师应有计划、有重点地进行观察。在每个学期对幼儿进行能力测评，在一段时间内根据幼儿上学期发展的弱项进行观察。例如，为了了解幼儿的动作发展，教师可以在户外游戏时，在幼儿进行拍球活动的过程中观察每个人的表现。切忌采用测查的方式让幼儿一个个过关，而应让幼儿感觉到自己和平时一样玩，而不是完成一个明确的任务。对于个体幼儿来说，教师在观察时也应基于幼儿的特点确定观察计划。

（二）客观性、真实性

客观、真实地观察、了解幼儿，是我们有效地满足幼儿的需要和促进其学习与发展的前提。应该怎么观察、了解幼儿，才能做到客观、真实呢？首先应在幼儿的活动中观察幼儿的表现，其次应客观地记录和描述幼儿有意义的表现。

观察记录中要避免主观词汇，客观地用事实进行描绘（见表6—5）。

表6—5　观察记录适用词

要避免的观察记录词汇	合适的用词
他很勇敢……	他能够自己站在平衡木上行走。
他认真完成了……	他用……分钟做……
他喜欢……	他……时间都在……
他看起来好像……（很难过）	他低着头，不说话。
她画的画很漂亮。	她画了……在颜色方面……
……	……

观察记录有很多种形式，观察者可以根据需要选择不同的形式，选择哪种形式并不重要，重要的是在练习观察和记录时，不断反思、与同伴交流，从而促进观察的敏锐性、记录的客观性。

三、观察记录书写应注意的问题

（一）系统、完整、有逻辑、有重点

观察记录应描述一个完整的故事，并能反映幼儿典型的游戏特点或发展特点。

（二）描述清晰、有条理、准确

叙事的关键在于让别人看明白，所以描述得清楚、有条理很重要。如果能描述得比较详细、准确，就容易凸显事件的意义。

（三）真实、非主观判断、无偏私

观察记录最有价值的就是客观记录幼儿在幼儿园里的活动过程，以此帮助教师和家长判断幼儿的发展，反思教育的适宜性。

第四节　幼儿园主题教育活动的支持策略

幼儿园主题教育活动是教师基于幼儿的兴趣、需要、新问题和新发现，不断推进的系列性活动，关注幼儿持续性的、有深度的探索与学习。因此，教师要随时关注幼儿的学习与发展，分析和解读幼儿的兴趣需要和经验水平，抓住恰当的时机，引发幼儿的认知冲突，激发幼儿产生新的思考，为幼儿提供适宜的、必要的支持和引导。

一、解读幼儿

解读是指透过幼儿的行为进行分析、评判幼儿的发展及缘由。会观察的教师一定能通过幼儿的行为、语言和材料的使用情况，比较准确地判断出幼儿动作、语言、认知、情感、社会性等方面的发展水平和个体差异。

（一）结合《指南》《纲要》的精神和要点进行分析

幼儿教师专业素质的核心就是了解幼儿、有效地帮助幼儿学习和发展。《指南》就是一个很好的参考。《指南》能够帮助教师全面地、系统地把握幼儿学习与发展的内涵，掌握各领域的核心价值与关键要素，引导教师通过与目标相应的“各年龄段典型表现”，了解幼儿的学习与发展水平、行为特点、年龄特征等，并且通过“教育建议”的引导，为教师的教育和教学提供相应的支持。因此，在观察中或观察后，教师应将幼儿的行为与《纲要》《指南》中的目标进行对照，结合《指南》《纲要》的精神和要点进行分析，从而更加科学地分析幼儿（见表6—6）。

表6—6　中班观察记录一究活动中的教师支持策略（科学领域）

原有经验	观察：描述幼儿的典型行为表现	在科学区中，豆豆和然然在玩摩擦棒。豆豆拿的是橡胶棒，拿着皮毛摩擦了一会儿，用橡胶棒吸纸片。她接着把皮毛给了然然，然然用她的玻璃棒摩擦后吸纸片。豆豆一边吸纸片一边说：“看我的，能吸起来这么多。”然然也毫不示弱地说：“我的也能吸起来好多。”说着，便把我叫过来：“老师，看看我俩谁吸得多？”“好啊，那我们通过比赛来看看谁吸的纸片多吧。”经过一段时间的实验，他们通过对比发现，橡胶摩擦皮毛后吸的纸片最多，其次是玻璃摩擦丝绸。玻璃和皮毛摩擦后吸的纸片很少，而橡胶和丝绸摩擦基本上不能够产生吸力。
	分析联系《指南》中的发展目标	《指南》科学领域中科学探究方面的目标“在探究中认识周围事物和现象”中指出：4～5岁幼儿能感知和发现常见材料的溶解、传热等性质或用途。 幼儿在橡胶棒和皮毛的摩擦中发现了它能吸起纸片，其原理是橡胶棒和皮毛在摩擦中产生了静电，静电可以吸起纸片。

续表

<table>
<tr><td rowspan="2">最近发展区</td><td>解释联系《指南》中的教育建议</td><td>教师应该引导幼儿根据常见物质、材料的特性和物体的结构特点，推测和证实它们的用途（如带轮子的物体方便移动，不同的车辆有不同的结构等），引导幼儿在探究中思考，尝试进行简单的推理和分析。</td></tr>
<tr><td>支架判断恰当的教育时机，实施教育策略</td><td>语言支持：“这个不仅可以吸起纸片，还能把卫生纸吸起来，我们一起试一试吧。”“橡胶棒和玻璃棒不仅可以用皮毛来摩擦，还可以用丝绸来摩擦，你们可以尝试一下。”“你们可以比赛试一试，看谁吸的纸片最多。”
行为支持：①把橡胶棒、玻璃棒迅速地和皮毛、丝绸进行摩擦（告诉他们正确的摩擦方法）。②探索、创新游戏的不同玩法（如从教室内选择其他可以摩擦或者可以吸起来的物体）。</td></tr>
<tr><td>潜在发展区</td><td>推动幼儿获得的经验</td><td>幼儿在玩游戏的过程中，经过教师的引导，积极动手动脑、大胆地进行尝试，知道如何摩擦可以迅速产生静电，静电有正极和负极，以及静电产生的原因，探索出更多关于静电的游戏，在游戏中感受到了科学的有趣。</td></tr>
<tr><td colspan="3">反思：
在游戏中，幼儿有主动探究的愿望和兴趣，教师在幼儿提出需要的情况下，介入幼儿的游戏，通过引导拓展幼儿游戏的内容，激发幼儿有更多的尝试与探索。</td></tr>
</table>

在表6－6中，教师将幼儿的行为与《指南》中的一个领域及目标进行对应，结合目标提供了更具有针对性的支持。

（二）结合幼儿心理年龄特点进行分析

幼儿的发展是一个持续、渐进的过程，同时表现出一定的阶段性特征。我们应以不同的方式对待不同年龄阶段的幼儿，才能满足幼儿发展的需要。例如，小班幼儿主要为直觉行动思维，中、大班幼儿主要为具体形象思维，因此，决不能超越幼儿的发展阶段，强迫他们过早地达到下一阶段的目标。正如卢梭所说：“大自然希望儿童在成人之前就要像儿童的样子。如果我们打乱了这个次序，就会造成一些果实早熟，它们长得既不丰满也不甜美，很快就会腐烂。”所以，在观察幼儿的行为后，我们应该结合幼儿的年龄特点对其进行分析，寻找其行为产生的原因及适合其年龄的支持方式。

（三）结合教育理论、游戏理论进行分析

为什么幼儿的表现是这样的？这个年龄段幼儿的特点是什么？我们应该如何提供更好的支持？对于许多类似的问题，教师要借助于哪些教育理论才能寻找到答案？教师只有不断学习，丰富自己的理论知识，让理论与自己的实践对接，才

能增进对幼儿的理解，提高观察、分析、支持的能力。

教师可以了解和学习陈鹤琴的活教育理论、张雪门的行为课程、卢梭的《爱弥儿》、弗洛伊德的精神分析理论、维果茨基的精神发展理论、皮亚杰的认知发展理论等心理及教育学理论。教师还可以围绕某一主题进行文献检索，了解他人的理论和观点，更好地理解与分析幼儿的行为，调整自己的教育行为。

（四）结合幼儿的成长背景及已有经验进行分析

成长背景对幼儿的发展具有最直接的影响。分析和反思幼儿的成长背景，积极进行调整和改善，能在积极的环境中促进幼儿的发展。有些幼儿心理能力较差与家庭成员的包办代替有很大关系：有些幼儿出现攻击性行为与家长的错误教育理念有很大关系。只有我们找到背后的原因，实现家园配合，才能达到更好的支持效果。

（五）纵向对比分析

纵向的对比、分析和反思，可以让教师发现和掌握幼儿在不同方面的发展水平和发展速度，是分层指导和干预的重要基础。这样的对比更适用于幼儿的个案追踪对比，通过对幼儿某一行为的连续观察，对比和分析其变化的过程，从而促进幼儿某方面能力的提升。

（六）横向对比分析

对横向对比的分析和反思，为教师针对不同的群体和个体进行个别教育提供了有力的支持，可以是年龄班与年龄班的对比，也可以是个体与个体之间的对比。

二、教师支持

（一）明确教师角色

尽管自主游戏强调幼儿的自发性和自由选择性，但是教师在支持幼儿游戏的过程中仍然有具体的作用。教师是游戏环境的创设者——满足幼儿的游戏需要；是游戏过程的观察者——观察是教师介入游戏的前提，通过观察得到的信息能成为教师预设教育活动的依据，更是评价幼儿发展水平的机会；是游戏开展的支持者——适时介入游戏，出发点是幼儿游戏的内在需要，而不是教师的教育意图。教师还是示范者、提问者、应答者等。本节具体从观察者、设计者、参与者、支持者、榜样、提问者、应答者七种角色进行阐述。

1. 观察者——了解幼儿

实施教育，观察先行。要了解幼儿，就需要进行观察。观察的目的是准确地了解幼儿在活动中的需要和表现，并在此基础上进行分析，从客观实际出发，给幼儿适当的帮助，促进幼儿发展。

2. 设计者——明确活动发展方向

幼儿的主题活动和教师的设计是一体的（尽管听起来这违背了以幼儿为主体的原则）。这是指设计来源于教师对幼儿所处环境的观察以及对幼儿兴趣、需要及已知经验的了解。在支持幼儿进一步发展的过程中，教师要设计材料和活动，让幼儿从现有水平向下一阶段的学习和兴趣方向前进。教师的设计并非建立在“儿童将学习什么”的狭隘目标上，而是基于更广阔的目标进行设计，儿童将找到他们自己的课程。

教师在活动中要渗透科学、艺术、社会、语言等领域的诸多目标，让幼儿获得了对事物的多种角度的认识和了解，并将经验迁移到生活中加以运用。

3. 参与者——满足幼儿个性需要

教师的角色不但是引导者，而且是富有童心的游戏伙伴。对于新事物，有些幼儿不敢尝试，教师应该鼓励或带动他们一起活动。对于需要帮助的幼儿或受到幼儿的邀请，教师也应该以同伴的身份介入活动。例如：在跨跳活动中，教师把小河的宽度设计出不同的层次，满足幼儿在跨跳能力方面的差异。幼儿在多次尝试练习中不断挑战自我，提升了跳跃能力，同时增强了自信心。

4. 支持者——推动幼儿发展

幼儿教师专业素质的核心是了解幼儿、有效支持幼儿学习与发展。幼儿的活动水平体现着幼儿各项技能的水平。教师应为幼儿提供“脚手架”，促进幼儿的活动，找到适宜的介入方式和时间，使幼儿达到新的水平。教师应在观察幼儿的基础上，有计划、有步骤、有目的地进行支持和引导，促进幼儿有效、高质量的发展。

5. 榜样——引出观点和信息，支持游戏

教师作为榜样，承担着游戏者的角色，应该通过巧妙地引出观点和信息来支持游戏。这些信息不是通过告知，而是通过展示、示范和交谈传递的。这种方式更适用于经验较少的幼儿。当幼儿缺少主意时，教师可以拓展他们的思考。

6. 提问者——推动活动深入

在幼儿活动时，最及时、有效的支持就是进行提问，因此，教师就会成为提问者。这不是说教师是测试者，抛出一些测试的问题来测试幼儿的概念与知识。

好的问题大部分是开放式的和发散的，不是预先知道答案的问题，而是能引发幼儿追问的问题。好的问题有如下特质：

①好的问题帮助幼儿将注意力集中在自己的行动上，重新思考并理解因果关系。如“你怎么发出这么大的声响？”“你怎么将这个盒子立在那个盒子上？”等等。

②好的问题可以引起幼儿思考不同的选择。如“你还可以怎样玩球？”“你还有什么方式让身体发出声音？”等等。

③好的问题可以引起幼儿在头脑中重构之前的体验和学习所得。如“你们用什么办法将玉米小人立起来？”“你们是如何给黄瓜搭架子的？”等等。

④好的问题能够激发幼儿联系以往的生活经验，并拓展新的经验，在体验和学习间进行心理表征和联系。如“你见过什么东西可以浮在水面上？”“你们什么时候会去公园？”等等。

⑤好的问题鼓励幼儿建构事物之间的区别与联系，关注现象以及现象背后的差异。解决差异能够使幼儿重构他们对世界的认知。如“为什么土豆会沉在水底，而辣椒会浮在水面？”“为什么我们种出的萝卜大小、形状不一样？”等等。

⑥好的问题可以被用来回答幼儿提出的问题。如下面的一个小例子。

幼儿：这是什么？（幼儿指着一个南瓜。）

教师：你觉得它是什么？

幼儿：它好像是个西瓜。

教师：西瓜是什么颜色的？西瓜上面的花纹是一条一条的。

幼儿：它是黄瓜吗？

教师：黄瓜是什么形状的？

幼儿：黄瓜是细长的。它是哈密瓜吗？

教师：哈密瓜的表面有一些裂开的花纹，这个有吗？

幼儿：没有。那这是什么瓜？

教师：南瓜。你能找到它和其他瓜的不同吗？

当教师回到幼儿的问题并给出需要的信息时，他们就恰到好处地促进了幼儿的认知发展，帮助他们在最近发展区获得发展。幼儿提出的问题有利于教师认识幼儿所处的认知水平，从而使教师以最适宜的方式支持他们，并掌握他们的思维发展水平。

7. 应答者——构建学习认知

教师的应答应基于幼儿的个体差异，帮助幼儿降低难度或提出新的挑战，有助于引导幼儿建立新的学习认知，形成具体化、个性化的经验。当看到幼儿遇到困难时，教师可以通过回应来帮助幼儿降低难度，使其符合幼儿的最近发展区，保持幼儿的自信心和探索欲望。需要注意的是，所有可能的回应应聚焦在幼儿所做的事情上。这是真正的回应，成人并不是主导。

（二）寻找适宜的介入时机

盲目地介入会打断幼儿正在进行的游戏，会影响幼儿通过独立思考来解决问题及伙伴间的相互作用，会让幼儿对教师产生依恋，甚至反感。所以，教师要学会观察幼儿、了解其想法，从而选择适当的介入时机。只有恰当、适宜的介入才能更好地支持幼儿进行探究与学习。

1. 介入时

如果不恰当地介入幼儿的活动，那么就会抑制幼儿的发展。如果过早地介入幼儿的活动，那么他们的潜能可能不会得到充分的挖掘；如果介入得晚，可能就会引起一些不安全因素的发生或使幼儿形成在遇到困难时退缩的习惯等。因此在游戏中，我们应该细心地观察幼儿的各种行为表现，应该适时、适度地介入幼儿的活动，而且应该注意介入幼儿游戏活动的方法。

（1）存在安全隐患要介入

游戏中存在安全隐患。因为幼儿年龄小、自控能力差，所以游戏中难免会存在危险、不安全、矛盾或攻击性行为等问题，这时需要教师适当介入来化解不安全的因素。

（2）出现过激行为要介入

幼儿由于年龄较小，缺乏处理问题的能力，所以在游戏过程中难免会出现争吵、打架等行为，教师需要介入和调节，使游戏顺利进行。例如，在户外游戏中，当幼儿因争抢皮球而发生动手拉扯的情况时，教师必须介入并予以指导。

（3）表现消极行为要介入

在现实世界中，幼儿满眼都是有趣的事情，他们会以自己的方式来尝试认识和理解这个世界。但由于幼儿的能力各不相同，他们所表现出来的行为方式就会不同。

（4）出现消极内容要介入

在当今社会中，信息传播速度飞快，传播途径多样化（尤其是电视和网络的普及），幼儿每日接收到的信息多且杂。由于年龄小，他们无法辨别信息的好坏，因此在游戏中有时可能会反映出消极的信息（如消极词汇、消极话题、负面行为等），教师需要使用恰当的策略，进行正面的引导。

当幼儿的游戏中出现了消极的内容和表现时，教师应及时、恰当地进行介入，帮助幼儿发展健康、积极的身心。游戏是孩子们生活的写照，能够反映他们经历的、看到的或听到的事物和现象。有时幼儿会在游戏中反映消极的内容，教师给予的态度应该是正面引导，将游戏内容进行转化。

（5）无法拓展游戏要介入

幼儿在游戏中难免会出现停滞不前的现象，即遇到“认知结”。“认知结”是指幼儿在探索和思考的过程中，遇到可能会使其行为受到阻碍后产生停顿的某个问题，出现认知失衡时刻。这些“结”的解决可能意味着在同化和顺应的基础上重新建构知识结构，也可能意味着创造性智慧的产生。教师要注意这些“结”，并适时介入幼儿的活动，使这些“结”成为幼儿注意的焦点，从而使幼儿对问题有更深层次的理解。

（6）受到幼儿邀请要介入

对于幼儿来说，教师是他们最信任、最信赖的人。所以在幼儿遇到自己认为有意思的事情或困难、困惑时，自然而然地会想到向教师进行求助。这时，为了促进幼儿的发展，满足幼儿的需要，推进游戏的进程，教师就要介入游戏。但是，在此过程中，教师并不是一个教导者，而是一个促进者。当幼儿把“球”抛向教师时，教师要以适当的方式去接，并以适当的方式把“球”抛回，在抛接的过程中不露痕迹地促进幼儿的发展，起到介入的目的。显然这种介入是支持性的，而不是干预性的，千万不要生硬地抢幼儿的“球”。教师应是回应者。当幼儿邀请或者求助时，教师应积极地回应幼儿的活动。

2. 等待时机

（1）遇到困难要等待

面对幼儿的困境，教师需要了解幼儿的困难之处，静静地在旁边观察，不要急于帮助幼儿并给出问题的答案，要为幼儿提供自主解决问题的空间，让幼儿在“发现问题—提出假设—进行实验—再提出假设—进行实验—得出结论”的过程中，提高做事的条理性，学会用科学的步骤来探究和解决问题。

（2）发生纠纷要等待

许多幼儿在进入幼儿园后，才真正有与同龄伙伴进行交往的机会。幼儿在交往中或多或少会发生冲突，比如在游戏活动中会出现幼儿都要做娃娃家里的妈妈或者争抢新玩具的现象。一旦出现此类事件，有些教师会担心幼儿不能很好地解决而马上介入，进行阻止和规劝，这就使幼儿丧失了自己解决冲突，以及达成理解和共识的机会。当幼儿出现纠纷时，教师要认真观察，给他们独立解决问题的机会，当幼儿解决不了时再进行调解。这一点在中、大班中更为重要。

（3）经历挫折要等待

幼儿的探索兴趣无穷无尽，他们经常会遇到一些挫折，教师这时要“学会等待”。只有当幼儿进行活动的兴趣即将消失时，教师的干预才是积极的。在教学或游戏中，教师如果不耐心等待，过早介入幼儿的活动，那么就可能导致幼儿想要克服挫折的初始欲望消失，对教师产生依赖性。

（4）出现新兴趣要等待

在活动中，幼儿会因为一些细节活动而对事物产生新的兴趣，偏离了原本教师想要达到的效果。教师不急于干预幼儿，使其回到主线上，要观察幼儿能否自主或在同伴的提醒下自己继续完成活动。这样做既能够保证活动的顺利开展，又不影响幼儿探索的乐趣。

（5）同伴提问要等待

幼儿与同伴的交往和互动是其学习与发展的重要途径。当遇到问题时，幼儿有时会通过向同伴提问来寻求帮助。此外，幼儿时常会观察同伴的游戏，并基于自己的已有经验来提出疑问，或者提出建议和解决办法。所以，当同伴之间进行互动时，教师要给予他们时间和空间来共同解决问题。

当不满足于现有的游戏形式时，幼儿能够协商创新游戏玩法；当遇到“推不动的问题”时，幼儿能够再次通过协商，不断寻求解决方法。因此，当幼儿与同伴互相提问时，教师不要急于告诉幼儿答案，应让幼儿在共同探究中，增强合作意识及问题解决的能力。

（三）支持原则

1. 针对性原则

根据幼儿的年龄、性格及遇到问题的不同，教师应针对幼儿在活动中提出的问题或遇到的困难进行支持，这样的支持能够有效解决当前的问题，同时促进幼儿实现富有个性的发展。

2. 自主性原则

随着时代的发展，社会需要的是具备自立、自信和自控能力的自主性人才，而这些正是自主性的外在表现。自主性是指幼儿在一日活动中对自己的活动具有支配和控制的能力，能够按照自己的意愿，带着自己的问题，在自己的探索中解决问题，在自己的尝试中逐渐完善结果，具备自主、主动负责的个性特征。因此，在游戏活动中，教师要鼓励幼儿根据自己的兴趣和需要，以快乐和满足为目的，创设自由选择、自主开展、自发交流的精神氛围，从而促进幼儿的主动性、创造性等各方面的发展。

3. 探索性原则

探索是幼儿内在生命力的外部表现。儿童的自发性探索活动是幼儿教育得以进行的起点和基础。幼儿的探索性是在游戏和生活活动中实现的。因此，在支持幼儿活动的过程中，教师应采用多种多样的活动形式，最大限度地支持和满足幼儿通过直接感知、实际操作和亲身体验获得经验的需要，让幼儿在探索中不断地发展对自我、对他人、对社会的认识，进行有意义的建构。

4. 目的性原则

教师在支持幼儿的活动时，应结合幼儿现有的活动兴趣及经验，结合主题活动的教育目标、区域游戏活动的近期目标、本年龄段幼儿的各领域发展目标，有目的地进行支持，从而促进幼儿在原有基础上获得发展。

（四）选择适宜的支持方法

通过实践研究，我们发现教师支持主要分为直接支持与间接支持。直接支持主要为在不影响幼儿游戏意愿的情况下，教师通过语言、行为与幼儿面对面活动，进行支撑、维持、回应、供应、把持、支援。间接支持主要指根据幼儿的兴趣及最近发展，教师借助于第三方媒介对幼儿进行活动支持与推进。

1. 直接支持

（1）语言支持

在幼儿自主游戏指导策略的研究中，我们发现，教师的语言指导起着相当重要的作用，语言策略也是教师最常使用的一种策略。若语言运用不当，反而会打断幼儿的游戏，从而对游戏起到不好的作用，违背幼儿最初的游戏意愿。通过实践，我们将教师的语言支持分为问题式、建议式、鼓励式、回应式、澄清式五种。此外，教师应把握语言支持开放性的度。

①问题式。一般以提问的方式呈现，主要的目的是了解幼儿游戏的现状及幼儿的具体想法或进行启发引导，帮助幼儿把游戏进行下去，及时反馈幼儿的游戏行为，启发幼儿的思维。幼儿在游戏中总是反映自己的原有经验，教师的问题可以帮助他们拓展思维的空间，从不同的角度来获取经验，使生活中零散的经验得以整合。问题式语言支持还可细分为三种：提问、追问、反问。

②建议式。有些建议的语言是以询问的方式出现的，与询问式语言的不同之处在于，它不仅提出问题，而且给予具体的暗示。常用“这样试试……”“如果不行，再想想别的办法”“我要……，可是没有……”等句式来达到指导的目的。

③鼓励式。鼓励式的表扬可以促进幼儿形成良好的行为习惯及规则意识，教师对幼儿在游戏中表现出的创造性和正向的游戏行为加以肯定并提出希望，能够帮助幼儿树立自信，体验游戏成功的感觉。对于幼儿在游戏中的某些不良行为习惯和违规行为，教师不一定要直接指出来，而应该用一种激励式的正面语言，表明期望幼儿出现的行为，让他们知道该怎么做。教师及时发现并反馈幼儿游戏中的行为表现，可以充分调动幼儿游戏的主动性和积极性。

④回应式。回应式的语言是教师在受到幼儿邀请或求助时最常用的一种语言支持。我们应该注意将回应聚焦在儿童现在所做的事情上，做出真正的回应，而不是主导幼儿的活动，将意见强加于幼儿。回应要是开放式的，这样才能更有效地促进幼儿的主动性。

⑤澄清式。幼儿的游戏是对现实社会生活的反映，当幼儿不知道如何筛选，面对一些不明白的事情，或模仿一些不良的现象时，教师不能随便评价，而应该引导幼儿讨论、澄清，帮助他们形成正确的价值观。这种语言支持的运用要建立在充分观察的基础之上，可以当时就用，也可以在游戏讲评中运用。

（2）行为支持

①身体语言。这种行为支持是指教师在指导游戏时，利用动作、表情、眼神等对幼儿的游戏行为做出反馈。例如：对于幼儿在游戏中表现出的创造性行为，教师应该用点头、微笑的表情（甚至拍手）等表示肯定；对于幼儿不遵守游戏规则或存在一些需要制止的行为，教师可以用手势、摇头的动作或面部表情等表示否定。

②肢体动作。这种行为支持以动作示范为主，指当幼儿遇到一些自己没有相关经验的活动时，教师给予幼儿适当的示范、讲解，帮助他们掌握玩法，理解并掌握规则。例如，在表演游戏中，教师可以在小舞台上向孩子们进行示范性演出，不仅能激发起幼儿的表演欲望，而且能将各种表演技巧展现给幼儿，供幼儿模仿。又如，幼儿在美工区探索折纸，利用图式学习翻转折叠，幼儿试了几次后都没有成功，于是教师进行平行介入，与幼儿一起折叠，在教师的折叠动作中，幼儿更好地理解了如何翻转与图片对应的关系。

2. 间接支持

教师主要通过环境、家园共育、社会资源进行间接支持。环境支持分为精神环境支持与物质环境支持。精神环境支持是指教师应该为幼儿营造一个宽松、自主的心理氛围及提供充足的探索时间，让幼儿敢想、敢做。物质环境支持主要分为墙面环境及玩具材料的支持，让幼儿在与墙面、材料的互动中获得发展。这些墙面和材料应是教师根据幼儿的年龄特点、近期兴趣及发展水平进行创设和投放的。家庭资源与社会资源都属于第三方支持，这些资源的加入更加开拓幼儿的视野，协调一致地帮助幼儿养成习惯，提升能力。例如，大班幼儿通过参观小学后，产生了对纸的兴趣，为了进一步加深他们对纸的了解，教师带领孩子们参观了印刷博物馆，了解纸的制作，而后在班里投放造纸机。参观活动为幼儿自己动手造纸提供了支持。

第七章　幼儿园主题教育活动的典型探索——STEM 教育

第一节　STEM 教育概述

一、STEM 教育的概念

（一）STEM 教育的内涵

STEM 是科学（Science）、技术（Technology）、工程（Engineering）和数学（Mathematics）四个英文首字母的缩写。科学是建立在实践基础上，经过实践检验和严密逻辑论证的，关于客观世界各种事物的本质及运动规律的知识体系。技术是人类为实现社会需要而创造和发展起来的手段、方法和技能的总和。数学侧重于研究现实世界的空间形式和数量关系，是学习和研究现代科学技术必不可少的基本工具。工程是应用科学和数学产出成品的过程。STEM 综合了科学、技术、工程与数学的特点，将知识的获取、方法与工具的利用以及创新生产的过程进行了有机统一，以系统的、联系的思维面对文化的全球化、多元化发展。

STEM 教育就是科学、技术、工程、数学的教育，但现实问题往往无法单凭 STEM 中的某一门学科知识来解决，必须依靠多学科的协同，因此 STEM 教育是如何综合运用 STEM 知识解决现实问题的能力的教育，也就是 STEM 素养教育。STEM 教育是 STEM 理念在教育中的反映，是付诸教育实践的一种思考。它是对科学、技术、工程、数学间关联性的强调，是对学校技术教育、工程教育的重视，旨在促进学生形成科学、技术、工程与数学的综合素养。

STEM 教育是科学、技术、工程与数学四门学科之间系统的融合，强调跨学科之间的联系，通过基于真实情境、工程设计、项目等方式的教学，促进学生探究性学习方式的形成以及综合素养的提升。综合素养包括科学素养、技术素养、工程素养和数学素养。科学素养是能够运用科学知识和流程（物理、化学、生物科学和地球、空间科学）理解并参与影响生命与健康、地球与环境、技术等有关决策。技术素养是指学生具有使用、管理、理解与评价技术的能力，不仅要了解如何使用技术、技术的发展过程，还要用批判性思维分析技术对世界发展的影响，学会创造性地解决问题。工程素养是指能够系统地、创造性地整合数学和科学知识，理解工程设计并开发造福人类的方法。数学素养是指识别、表述、理解和从事数学的能力，能够应用数学分析、判断和解决生活中的问题。综合素养囊括了四门学科，是一个跨学科交叉的研究领域，是把学生学习到的零碎知识与机械过程转变成一个探究世界相互联系的不同侧面的过程。

STEM 教育的目标就是提升学习者的 STEM 素养，但对于 STEM 教育的定义，学术界存在着三种理解：第一种认为 STEM 教育是一门后设课程，即学习者在学习 STEM 相关的独立课程之外再学习一门如何综合运用 STEM 知识的独立课程；第二种认为 STEM 教育是一门有机整合 STEM 知识的独立课程，由它代替传统 STEM 所涉及的课程，培养学习者综合运用各专业知识的能力；第三种则将 STEM 教育视为一种教学策略，其核心目标是通过灵活应用探究性学习、基于项目的学习和基于设计的学习等学习方式，来培养学习者综合利用 STEM 知识解决现实问题的能力。

（二）STEM 教育的特点

STEM 教育的提出、内涵丰富离不开系统论的审视，其在教育中的实践体现了与后现代课程观的密切联系，具体表现为综合性、开放性与动态性、回归性、实践性、丰富性、循环性。

1. 综合性

美国科学教育计划不仅视基础的自然科学与社会科学为科学，还把基础与实用的数学、工程与技术等相互交叉的学科作为科学，即提出了系统化、整体化的科学观。STEM 教育正是基于这种整体化、系统化科学观在教育事业中的延伸与发展而得以提出，它将科学教育与技术教育、工程教育、数学教育联系起来，以整体、联系的思维解决各种现实问题，因而呈现了综合性。STEM 教育的综合性表现在教育目标上，希望学生能够通过 STEM 教育，学习综合利用科学、技术、工程和数学四方面的知识与技能，从而具有逻辑思维和技术能力；能够创新设计并独立进行调查研究，有效解决问题，并架起学校与 STEM 工作场所之间的桥梁。这种综合性的目标关注了学科、学生、社会间的相互联系，强调了学生发展、社会责任的整合等。

STEM 教育的综合性反映到具体实践中，不仅表现为课程内容的综合，如工程课程内容中综合了数学、科学、技术知识的应用，而且表现为课程教学方式的多元，既可以是基于问题解决的模式，也可以是基于项目的模式。STEM 课程的评价也朝着综合性、系统性的方向发展。STEM 教育及课程的评价也试图以共享标准为基础设计清晰的、高质量的评价系统，反映学生是否达到了标准。评价内容的改革要求既要衡量学生理解、应用核心概念和原则的能力，还要考核学生进入大学和从事未来职业所需的高水平的推理能力、解决问题的能力以及科技创新能力。

STEM 的综合性也表现教育在课程资源方面，它是一个有机的、良好运行的整体模式，其资金资助来自许多不同的联邦机构，支持 STEM 教育发展的力量还包括非政府组织及科学家等 STEM 专业社群。这种多元合作形成的综合系统增加 TSTEM 教育的实践性和可行性，并有助于增进家长、学校校长、州和地区长官、公共领导对 STEM 学科的了解和掌握，推动 STEM 教育的实施和发展。

2. 开放性与动态性

STEM 教育在课程内容、课程实施及评价中表现的综合性，凸显了其开放性与动态性。区别于机械认识论视知识为客观存在，STEM 教育认为知识是不断更新的，是动态与发展的。STEM 教育不仅包括科学、技术、工程与数学领域内的知识，而且包括科学的社会应用、技术与工程中的科学及数学原理等维度，即 STEM 教育从开放的知识观角度反思了传统教育的弊端，弱化了对知识的记忆，重视了概念理解及应用。对概念的深层理解有助于学生灵活应用已有知识，并在与现实生活世界的接触中随时拓展和完善自己的知识体系。

STEM 教育在课程内容、实施方面表现的动态性离不开 STEM 教育系统的开放性及各要素间的动态关系。在以 STEM 教育为重点的学校里，不仅课程内容关注了 STEM 各领域的最新研究成果，而且其教学场所不再局限于课堂和学校，这种转变与尝试使学生有了更多接触 STEM 职业场所的机会，并获得将科学探究转化为实践以及进行科学创新的机会，从而彰显了 STEM 课程实施方式的开放性与动态性，转变了教师讲解、学生接受的传统课程实施模式，建立了学习者、教育者与所处情境对话、交流的平台，促进学生内在知识体系的创新生成。教学过程伴随着问题的解决与探究活动的开展、开放的课程实施方式及动态的课程内容，不仅有助于学生认知能力的提升，而且有助于培养学生敏锐的科学思维习惯和高效解决现实生活问题的能力。

3. 回归性

学生在 STEM 领域成就上表现出的性别差异并非源于天赋问题而是源于学生的兴趣。这一观点实质上体现了课程理念中学生观的转变，从学习兴趣的归因来传达学生是学习主体的观念。后现代课程观的提出者之一多尔认为，课程要具有回归性、可反思的价值和余地，这种课程没有固定的起点和终点，但它能够使每个人通过与环境、他人、文化的反思性相互作用形成自我感。STEM 教育的提出及课程实施实践中逐渐凸显反思的价值，在 STEM 课程内容的选择上致力于给学生提供感兴趣的个人经验和与 STEM 有关的内容；在课程实施中，突出学生的学习主体地位，关注学生主动参与学习的过程，激发学生对于 STEM 领域学科的学习动机。

4．实践性

首先，STEM 教育的实践性体现在 STEM 教育提出本身，尤其是将技术、工程学科置于与科学、数学教育同等重要的地位，这是对过程与实践的凸显，工程学里涉及的工程设计和工程思维习惯将直接影响学生的问题解决能力和创新能力。其次，STEM 教育的实践性还体现在具体的课程实施中：一方面，有效的课程组织和精良的硬件设施促进了从知识向实践关注的转变，如一些学校已经开始将微观装配实验室整合进具体的课程中；另一方面，课程强调以活动为基础、基于问题解决的学习、获得实践的课堂体验。STEM 教育通过实践性的课程建立起了师生交往的平台，使学生从平等对话的交往经验中自由地获得知识、激发创造的灵感。

5．丰富性

丰富性包括了课程的深度、意义的层次、多种可能性或多重解释。STEM 教育的丰富性表现于其教育目标的不同层次，促进不同的学生获得不同水平的 STEM 素养，在要求所有学生熟练掌握 STEM 学科知识的同时，给在 STEM 学科表现优秀的学生提供机遇与挑战，促进其在 STEM 领域获得杰出成就。正是对多维目标的追求，使 STEM 课程内容体现了丰富性的特点，如针对在 STEM 领域表现欠佳的学生，给其提供与生活相关的食物、衣物、药品等 STEM 领域知识；对于在 STEM 学科表现优秀的学生，开展顶层课程，如“工程之路”，促进其科学思维方式的养成。还可以设置竞赛、实验室实验、实地考察等课外活动及 STEM 的服务培训活动，以使 STEM 类课程与学生经验融合，同时促进学生学习参与度的提升。综合性的 STEM 教育将科学、技术、工程和数学四门课程联系起来，需要综合考虑原有课程的特点，在课程设置上需要从多角度来解释综合化课程的丰富性，使学生通过多样化的课程形式获得多种可能的自我发展。

6．循环性

随着 STEM 教育的发展，基于工程设计的课程逐渐受到重视。通过工程设计来学习科学课程，体现科学与工程的融合。工程设计本身就是多重的、迭代的、循环的，STEM 课程单元的循环性主要体现在建模前循环、解决问题循环以及每个背景活动中的循环。

学生在工程建模挑战开始之前返回到本单元最初的“提出问题”活动环节中提到的问题，确定这些问题该如何回答。如果学生对已经涵盖的背景经验存在疑惑，那么重温一节或多节课程可能是有必要的。教师在这个环节可以多次向学生提出有关设计挑战的知识、材料和细节问题，并将这些问题添加到学生设计的评价列表中，有助于学生熟悉工程流程，较容易解决问题。在解决问题的实验探究中，学生需要对记录的实验数据进行整理和检测。在检测数据环节中，学生可以对部分数据提出疑问，也可以根据数据对自己的设计进行修复和提优，直到满足构建模型的标准。在每一个活动前后都可以进行问题重述和重新设计，不断获得新体验，对核心概念形成新的理解并优化设计和解决方案。

学生在工程循环过程中，不断地发现问题、修复并提优设计，寻找解决问题的最佳方法，让学生真正意义上进行探究性学习，将科学知识转化为科学探究能力，从而培养学生的探究和创新思维。这个教学和学习过程不仅符合 STEM 的教育目标，也能体现 21 世纪所提倡的 21 世纪技能。

二、STEM 教育的应用模式

STEM 教育作为一种教学策略，在实际应用时必须以解决现实中的实际问题为目标，以 STEM 知识的综合运用为手段。根据具体目标的不同，本节把 STEM 教育分成验证型、探究型、制造型和创造型四种不同的应用模式。验证型 STEM 教育应用的目标是让学习者通过综合运用 STEM 知识验证已经明确的结果，其核心是学习者的验证过程和方法而非结果；探究型 STEM 教育应用的目标是让学习者通过综合运用 STEM 知识去发现并解释学习者未知的现象，其核心是学习者的探究过程及结果；制造型 STEM 教育应用的目标是让学习者通过综合运用 STEM 知识去完成一个已有形态物品的生产和改良，其核心是学习者的工程实践能力的培养；创造型 STEM 教育应用的目标是让学习者通过 STEM 知识的综合运用去完成一个创新物品的设计和制造，其核心是创新的设计。

根据教师在 STEM 教育应用中给定的限定不同，各个模式又可以分为支架式和开放式。所谓支架式就是由教师给定框架，包括目标和实现方式，然后由学习者在此基础上实施；而开放式则更多地由学习者自行提出目标并自行完成任务，需要学习者更多的主观能动性。当然，支架式和开放式之间并无明确的界限，教师在应用过程中可以根据学习者的不同、目标的不同灵活把握。另外，考虑到 STEM 教育应用的项目学习属性，下面的各类应用都以小组协作的方式展开。

（一）验证型STEM教育应用

验证型STEM教育应用的目标是学习者完成对已知结果的验证，如定律或现象，但这些定律或现象并不是此类应用的重点，怎样通过STEM知识的综合运用来验证这些结果并达到加深理解、领悟科学才是其关键，验证型STEM教育应用的基本步骤如下。

①明确问题。验证型STEM教育应用的目标是完成对已知结果的验证，该结果既可以由老师给定，也可以由学习者提出，同时该结果既可以是某种现象，也可以是某条定律。

②设计方案。设计方案首先必须确定要验证的现象，因为定律也必须通过现象来验证，然后再根据现象设计合适的验证方案，其核心是实现现象的可观察或可记录性。

③评估方案。考虑到方案实施的代价，实施方案必须经过师生协同评估。评估的重点包括现象和定律之间的充分性（验证定律）和方案的可行性（包括安全、成本、作用等内容）。

④实施方案。在完成方案的可行性评估之后，学习者可以开始验证计划，本步骤的重点是现象的观察和记录，如果遇到无法解决的状况一定要重新回到步骤②进行新的设计。

⑤分析数据。通过对观察得到的数据和现象进行分析，并结合必要的现象和定律之间的充分性得出本次验证的结果。如果无法验证，分析可能存在的原因，并回到步骤②进行新的设计和实施。

⑥分享反思。反思本验证方案的有效性和可改进性，并分享自己的验证过程，总结本次验证需要掌握的技能。

（二）探究型STEM教育应用

探究型STEM教育应用的目标是去发现并解释学习者未知的现象，无论是探究过程还是解释现象都将综合运用STEM知识，从而培养学习者的科学探究精神和能力。探究型STEM教育应用的本质是探究型学习在STEM教育中的特定应用，其基本步骤如下。

1. 发现问题

探究型STEM教育应用需要学习者自己去寻找需要探究的问题，根据教师限定条件的多少，学习者发现的问题具有一定的指向性，但绝对不能是限定的，发现问题的能力也是STEM素养的重要组成部分。

2. 收集证据

收集证据是探究型STEM教育应用的最重要环节，根据探究问题的类型，证据收集过程可以分为三大类：第一类是直接观察类，此类过程学习者无须借助任何设备直接靠人体自身感知即可；第二类是仪器记录类，此类过程学习者需要借助现有的仪器或设计新的仪器来记录数据，发现规律；第三类则是设计交互类，此类过程学习者需要设计专门的交互方案，通过不断交互完成环境的准备、问题现象的触发和对应数据的收集工作。和验证型 STEM 教育应用类似，探究型 STEM 教育应用的收集证据过程也可以细化成设计方案、评估方案和实施方案三个阶段。

3. 分析数据

对于探究型 STEM 教育应用来说，数据分析的过程要比验证型复杂得多，验证型的数据分析结果是确定的，而探究型则是未知的。数据分析可以采用结论推导的方法，也可以采用猜想验证的方法，数据分析的成果是可以描述的现象或规律。

4. 解释结论

考虑到证据收集和数据分析的复杂性和不确定性，学习者必须从理论的角度来解释观察到的现象和规律，否则极有可能得到错误的结论。考虑到解释结论有可能超出学习者的能力，相互协作和教师支持是必需的。

5. 分享反思

当学习者完成了问题的发现和探究以后，学习者首先需要反思本探究问题的可渗入性及可迁移性，培养更好的问题发现能力；接着归纳整个证据收集过程和数据分析过程的方法，并考虑必要的改进；然后完成相关方法和结论的发布分享。

（三）制造型 STEM 教育应用

制造型 STEM 教育应用的目标是让学习者通过 STEM 知识的综合运用去完成一个已有形态物品的生产和改良，其核心是学习者的工程实践能力的培养。考虑到学习者必然经历一个从模仿到改进的过程，制造型 STEM 教育应用的基本步骤如下。

1. 情境引入

制造型 STEM 教育应用的目标是让学习者完成一个具有实际应用价值的物品生产，并在生产过程中培养学习者的 STEM 综合能力，所以对于制造型 STEM 教育应用来说，情境引入有两方面价值：一方面是理解将要完成的物品的应用价值，激发学习者的参与热情；另一方面则是通过情境的介绍让学习者更好地领悟物品的应用场合，激发学习者的改进热情。

2. 设备培训

此处所指的设备包括工具、零件和材料。制造型 STEM 教育应用目标的完成离不开设备的支持，为了让学习者更好、更安全地使用设备，专业的培训是必要的。但需要注意的是，这里的设备培训并不是把所有设备的使用全部讲一遍，而是只针对本次将会用到的功能做一个简单介绍，重点强调设备使用的安全规则，让学习者在后面的模仿中深入学习。

3. 模仿制造

模仿制造环节的关键是让学习者尽快地完成制造，感受制造带来的快乐，所以教师在这个环节只需要描述怎么做，不需要讲解其中的原理和知识要求，学习者跟着模仿，无须深入思考，从而尽快达成目标。

4. 知识讲解

当学习者完成了既定的制造目标后，自然就会从欣赏作品过渡到思考原理，这时候教师再开始知识点的讲解，包括工作原理、加工要点、设计理念等内容，这样会起到更好的效果。

5. 协同改进

模仿的目的是更好地改进，当学习者了解了自己所完成作品的工作原理和应用情境后，就有可能激发学习者的创新意愿，通过小组之间的协作对原有设计进行合理改进，制造出更有价值的作品。

6. 分享反思

当学习者完成了改进后的作品以后，需要总结此次制造项目掌握的技能、设计思路以及改进方式，并通过与不同学习者分享交流，享受制造的乐趣，提升参与制造的热情。

（四）创造型 STEM 教育应用

创造型 STEM 教育应用的目标是让学习者通过 STEM 知识的综合运用去完成一个创新物品的设计和制造，其核心是创新性的实现，是基于设计的学习在 STEM 教育中的特定应用。当然，在实际的应用中，创新物品的方向是有指向性的，否则学习者会出现因选择太多无从入手的情况。从基于设计的学习模式出发，创造型 STEM 教育应用的基本步骤如下。

1. 情境引入

创造型 STEM 教育应用的目标是完成一个创新物品的设计和制造，虽然非物化作品的设计也在创新这列，但考虑到成果验证的方便性，STEM 教育中的创新以物化成果为主。创新来自生活中的问题，所以教师需要引入极具吸引力的情境，激发学习者从中寻找需求并明确创造方向。

2. 创新引导

当学习者有了明确的目标以后，教师需要从两方面对学习者的创新进行引导，一方面是创新的方向，教师需要根据学习者确定的创新目标提供可行的创新方向和思路指导，具体的创造行为由学习者完成；另一方面则是创新的可行性，教师需要对学习者的创新目标进行可行性分析，防止学习者设定一个在当前条件下无法实现的创新目标。

3. 协同设计

当学习者有了切实可行的创新目标以后，就可以采用小组协作的方式，让每个成员从自己的专业背景出发，完成作品的结构、机械、电子、传动、外观、动力、人机交互等方面的设计，并进行必要的评估。设计—评估—再设计是一个迭代过程，直到得到一个大家都认可的设计方案为止。

4. 制造验证

有了详细的设计方案以后，学习者就可以开始进行作品的实际制造过程，考虑到设计和制造之间的差异性，一旦在制造过程中出现无法解决的问题，学习者必须回到步骤 3 进行设计的修改。

5. 应用改进

当完成创新作品的制造以后，学习者就可以把它放到现实的环境中进行有效性的验证，包括自身功能和用户体验两方面，并形成改进意见，必要时重新回到步骤 3 开始新一轮的设计过程。

6. 分享反思

当学习者完成自己认可的创新作品以后，教师需要鼓励学习者进行必要的产品文稿设计和展示、包装，并进行充分的作品分享，通过分享让学习者喜欢上创新，同时通过分享中的观众交互，反思作品应该怎样进一步改进。

第二节　基于 STEM 的
幼儿园主题教育活动设计与实施的行动

一、STEM 教育的价值

基于一体化、全方位、立体式的建设模式，STEM 教育发展迅猛，带动了课程建设与评价、教师教育、职业教育等变革，对国内教育改革、经济发展、社会公平和人力资源储备产生了积极影响。借鉴 STEM 教育成功经验，中国需要走

STEM 教育本土化路线，加强学校教育各学段科技创新人才培养体系的连贯性，强化政府在教育与人才战略中的积极导向作用，加快立法建设，鼓励企业界等社会单元积极参与到教育发展与人才建设的进程中来。

STEM 教育在实践中体现了一定的教育价值，促进了学科之间的整合，激发了学生对领域的学习兴趣，提高了学生在领域的学习成就。STEM 教育高度关注了科学、技术、工程和数学学科教育，并将分散的学科教育集合成一个新的教育整体，通过课程改革融合科学、技术、工程和数学学科的内容，从而培养出具有综合素养、能应对复杂变化的新时代公民。在教育的实践中，高校、教育部门、社会机构等都广泛参与进来，开发了整合学科的项目和课程资源，深化了课程综合化的范围和程度，促进了领域各学科教育的发展。通过这些努力，教育对学生和教师产生了较为积极的影响。在集成性的多样化主题的项目和活动中，学生通过合作和交流的形式进行探究和设计，提高了对领域内容的兴趣与参与度，增进了对领域内容的认识和理解，培养了其综合分析问题的能力和有效解决问题的能力，提高了在领域的学习成就，推进了对领域职业的追求。学科教师通过参与高校职业发展项目的学习和对课程内容的教学，在原有孤立的学科素养的基础上获得了一种综合理解。

在世界多极化、经济全球化背景下，科技创新成为驱动经济发展的关键动力，科技人才是国家科技实力、创新实力和竞争力的重要体现，因此培养科技人才、提升创新能力成为各国教育的重要内容。近年来，STEM 教育被视为培养学生科技创新能力的有效方式受到世界各国的广泛关注。STEM 教育并非四门学科的简单组合，而是一种贯通学科知识、联系真实世界、以问题为导向的学习方式，通过训练解决问题所需的技能和素养，培养职业兴趣以提升个体的竞争力。

（一）多学科交叉融合，实现跨学科式教育

传统教育将知识按具体学科划分，割裂了学科与学科之间、学科与真实世界之间的联系，不能有效培养学生解决实际问题的能力，使学生的学习缺乏真实性和创造性。STEM 教育从真实问题出发，以多学科交叉融合的理念为指导，在解决问题的过程中灵活运用科学、技术、工程和数学学科知识。这种多学科相融合的教育方式使学习与实际生活密切相关，满足了学生的认知需要，而且通过提供多门学科的方法和视角，提高了学生运用多门学科知识解决实际问题的能力，有利于解决学校课程滞后与学科发展之间的矛盾，增强学生对社会和未来的适应性。在此过程中，一方面，学生根据具体问题灵活选择相应的学科知识；另一方面，学生在解决问题的过程中，进一步加深了对学科知识的理解。STEM 教育从多学科的视角来培养学生解决实际问题的能力，提高 STEM 素养，实现跨学科

教育。可以说，跨学科式教育是 STEM 教育的核心价值。

（二）基于真实问题情境，回归现实生活

STEM 教育注重学生学习与实际生活之间的联系，教育学生要立足于生活，从真实生活中的问题出发，强调“做中学”“学中做”的教学理念，开展基于真实问题情境的探索式学习。STEM 教育认为知识蕴含在真实的问题情境中，教师为学生创设情境，学生利用多门学科知识积极探索，培养发现、分析和解决问题的能力。真实问题成为贯穿整个学习过程的主线，把核心问题转化为一系列的学习任务，学生通过高投入的实践探索，达到对知识的意义建构和深层次理解。在 STEM 教育中，上课地点不再是黑板加粉笔、课桌椅子整齐摆放的教室，而是在配有平板电脑、传感器、电路板、单片机、模板、画刷、3D 打印机、电线、体感设备等先进科技工具的环境中。学生使用先进的学习工具，通过自主、协作和创造性地应用多门学科知识，解决实际问题，提高能力。此外，在学习过程中，教师还要为学生创设不同的问题情境，通过在多种情境下的迁移运用，培养学生的发散思维和创新思维，进一步巩固和深化所学知识，达到深度学习的层次。

（三）重视学习过程，加强学习体验

学习的实质在于对过程的体验、思考和感悟，而非体现在试卷的学习成绩上。STEM 教育重视学习过程，强调学生主动、积极参与到学习过程中。学生通过观察与实际操作来获得真实的学习体验，在学习体验中探究、反思与提高，实现理论知识与实践技能的有效衔接，促进知识的深层次建构。STEM 教育通过为学生提供多种真实情境和先进工具，加强学生的学习体验。学生应用科学、技术、工程和数学多门学科知识，协作和探究式地解决实际问题。在参与和体验学习的过程中，学生不仅获得了结果性知识，更重要的是提高了学习能力，学会了从多学科、多视角、多维度来分析和解决问题，收获了蕴含在真实问题情境中的过程性知识，实现了从“学会”到“会学”质的突破。

总之，STEM 教育是一种以真实问题解决为任务驱动、立足学习过程、多学科交叉融合的跨学科式教育，以培养具有科学素养和创新实践能力的人才为根本目标。学生在获取知识、探索意识、学科融合、技能培养和问题解决等方面的能力都发生了质的飞跃，这是 STEM 教育目标的具体体现。

二、基于 STEM 的幼儿园主题教育活动设计与实施的价值取向

（一）坚持问题导向，注重过程发展

基于 STEM 的幼儿园主题教育活动的设计与实施始终坚持问题导向，注重在过程中生发问题、解决问题、获得发展。教师在活动的前期设计中，是以幼儿

在活动中产生的、有探索价值的问题为推动，并且在过程中不断改进方向。在活动过程中，由于问题在活动发展中的不断改变，教师和幼儿将不断对活动进行“调试”，其动力也直接受幼儿在活动中出现的问题而影响。当然，幼儿在活动过程中的发展，又将直接影响下一步问题的产生。因此，问题导向与过程发展密不可分，这也是基于STEM的幼儿园主题教育活动设计与实施的核心特点。

（二）强调经验整合，实现跨领域融合

基于STEM的主题活动强调如何运用知识解决问题、获得经验、实现发展，传统的主题活动重点却在于学会知识而不是学会运用知识。例如，在“螺丝”主题中，传统的活动设计倾向于通过语言活动让孩子了解“螺丝是什么”、通过美术活动让孩子画“不一样的螺丝”、通过社会活动了解“生活中的螺丝”、通过音乐活动学唱“小螺丝”……因此幼儿参与活动后往往是认识了螺丝、了解了螺丝的构造，却没有解决如何拧螺丝的实际问题。在基于STEM的主题活动中，教师会从幼儿拧螺丝出现的问题入手，引导幼儿探索螺丝的形状、特点等，从而解决“如何成功拧螺丝”的问题，也许还会在此基础上衍生出新的关于螺丝的操作问题。基于STEM的主题活动，是跨领域融合的，它不以领域划分活动，而以一个又一个的问题推进项目式活动。

（三）立足真实情境，鼓励师幼协同

基于STEM的主题活动以幼儿真实生活为缘起，鼓励幼儿发现生活中的问题，并且通过师幼合作归纳问题、讨论解决方案、验证解决方案，最终达成问题解决。这样的发展是建立在幼儿与教师的双主体共同参与前提下的，只有通过良好的师幼协同，才能够基于幼儿已有经验，不断向最近发展区迈进。

三、基于STEM的幼儿园主题教育活动设计与实施的理论基础

（一）建构主义学习理论

建构主义最早可追溯到皮亚杰的认知发展理论，即儿童是在与外部环境相互作用过程中，通过同化或顺应过程逐步完善认知结构。而后，斯滕伯格、维果茨基等人进一步强调个体主动性、社会历史文化背景等在建构认知结构过程中的作用，使建构主义理论得到了进一步的完善。建构主义学习观认为学习者不是被动地接受知识，而是主动地建构新知识，父母、同伴、老师等起着帮助作用。这启发我们要充分认识到学习者的主体地位并在学习过程中充分调动其积极性。建构主义教学观反对单纯的知识灌输模式，倡导教师建构教学情境，引导学生主动学习，成为学生学习的合作者。这转变了教师的角色意识，进而逐步转变教师的教学观念。建构主义知识观主张知识不是对现实的客观反映，而是人们对客观世界

的一种解释或假设，因此，学习者在不同情境中会依据自身已有经验对知识进行再加工和再创造。这强调了学习者的已有经验和学习环境的重要性。建构主义在我国教学实践中运用广泛，对基于 STEM 的幼儿园主题教育活动设计与实施有以下启示：

第一，尊重幼儿主体地位，调动幼儿积极参与。将主动权还给孩子，让孩子有更多的机会去参与和实践，并且让孩子自己决定活动的方向，才能更好地引导他们在已有经验上去建构新的经验。

第二，创造真实的学习情境，激发幼儿探究兴趣。《指南》中提出，幼儿的学习是以直接经验为基础，在游戏和日常生活中进行的。要珍视游戏和生活的独特价值，最大限度地支持和满足幼儿通过直接感知、实际操作和亲身体验获取经验的需要。儿童的已有经验大多来源于真实生活情境，从真实生活情境中引发的问题和探索，更能调动幼儿的兴趣。

第三，增加师幼互动、幼幼互动，注重培养合作意识。在解决新问题的过程中，孩子间的合作明显增加。孩子需要主动向他人寻求帮助、向其他人获取知识，在讨论操作、合作的过程中，孩子能更快增长经验。

（二）实用主义教育理论

首先，儿童认识世界是通过亲身感知、动手操作和实际体验的。杜威从实用主义哲学出发，主张教育即生活、教育即生长、教育即经验的改造，由此而导出了“从做中学”的命题，导出了使用问题教学法让儿童在生活中去发现问题和解决问题的思想。杜威认为，在课程设计和教材选择中，应以儿童的兴趣和自由为导向，但也不可忽略逻辑地组织经验的价值，应将学科的知识融入儿童的经验之中。

综上，实用主义教育理论强调以孩子的兴趣为导向，基于 STEM 的主题活动也是根据幼儿的兴趣和问题，发现教育契机。此外，实用主义从动手操作中学习，在开展基于 STEM 的主题活动时，能很好地体现该理论。

四、基于 STEM 的幼儿园主题教育活动设计与实施的显著特征

（一）整合性原则

整合性原则是基于 STEM 的幼儿园主题教育活动的首要特征。首先，STEM 理念下的主题活动并不是单一学科的，十分强调在真实情境下的跨学科活动。其次，强调幼儿素养整合，反对割裂经验，倡导幼儿综合能力的培养。

（二）真实性原则

从真实生活情境中选择主题活动，引发幼儿探究兴趣，通过科学知识、数学

方法、技术手段、工程制造等支持，引导幼儿不断深入探究同一主题下系列问题，并逐步达成解决该主题下各类实际问题的效果。在过程中，数学常以记录、观察等方式显现，科学通过知识经验类来参与，技术手段通过认识工具、使用工具等方式来达成，工程制造通常会形成一些促进问题解决的工具。

（三）开放性原则

基于STEM的幼儿园主题教育活动的开放性原则体现在：一是主题来源开放。主题来源可以是幼儿在生活中感兴趣的事物、遇到的问题等。二是活动内容开放。大主题下的具体活动会根据幼儿的兴趣方向不断进行调整。三是人员合作开放。不仅有儿童、教师，还应该纳入家长、社会力量。

（四）合作性原则

在解决实际问题过程中，鼓励个体间的合作，其中包含教师与幼儿的合作、幼儿与幼儿的合作、幼儿与其他社会力量的合作。

第三节　STEM教育下的幼儿科学素养发展教学活动

现代科学的发展和社会的进步要求我们对幼儿进行科学素质的早期培养。基于新颖性的真实项目、多种感觉的表征、浸润性的物理环境以及基于幼儿共同经验的情境设计符合幼儿的认知特性。科普游戏、田园体验、科学探究、科学故事等具体情境都有助于培养幼儿的科学素养。

“生活即教育”是著名教育学家陶行知生活教育理论的核心观点。陶行知指出：“全部的课程包括全部的生活，一切课程都是生活，一切生活都是课程。”幼儿园的一日生活是指幼儿从来园到离园的整个过程。主要包括四个方面的活动：生活活动、游戏活动、学习活动和体育活动。生活活动又包括来园、喝水、进餐、如厕、睡眠、离园等常规性活动。这些活动在时间、内容、组织方式方面变化不大，因而教师不能将这些仅仅看作是保育工作，而应该充分重视它们的教育性。

一、谈话活动中的科学教育

谈话活动通常在晨间、饭前、饭后、离园前进行。谈话活动是教师与幼儿之间心灵的交换、情感的交流。成功的谈话可以增进教师和幼儿之间的了解，融洽彼此之间的情感，更好地促进教学。老师和孩子可以就今天的天气、发生过的事情等进行讨论。谈话的主题有时是有目的的谈话，有时比较随机。在谈话活动中衍生出的科学主题往往更具有吸引力。

此外，天气情况、季节变化、科学家的故事、动植物常识等都可以作为谈话活动的主题来进行讨论。要做到这些，老师首先要掌握较丰富的科学知识，才能在谈话中有话可说，让幼儿领略科学的魅力！

二、进餐、饮水活动中的科学教育

进餐和喝水环节常常被老师作为健康教育的契机，鼓励幼儿不挑食、多喝水等。时间久了不免有些单调，说教意味也太浓。那么，在这一环节可以挖掘出哪些新的教育契机呢？

在进餐前，老师为幼儿分饭时，有向幼儿介绍餐名和配料的环节，小朋友在认识蔬菜的基础上了解自己饭菜里都有哪些蔬菜和配料。受到歌曲《买菜》启发，盘子里的菜肴在老师和小朋友的口中成了有趣的报菜名游戏，如“芹菜豆干什锦饭，咖喱米饭我喜欢，木耳蘑菇烩面片，奶白馒头紫薯包”等。介绍各种蔬菜的营养价值，了解“食物的旅行”等都是饭桌前的科学教育内容。

三、散步时的科学教育

散步是幼儿园一日生活中一项较轻松的活动，和幼儿园的各种教学活动不同，孩子们散步时的心情更加愉快和舒畅。教师有时可能注重散步对促进幼儿身体健康方面的作用，却忽略了它在促进幼儿全面发展的教育价值，尤其是对科学教育的渗透作用。

在散步活动中教师可以帮助幼儿认识和了解大自然，激发幼儿对自然界中的各种事物和现象的兴趣和探究之心。散步活动环节虽小，但由于它形式自由、氛围轻松，能让幼儿在大自然中自主自由地活动、亲身体验，观察各种植物的特点，发现隐藏的小昆虫，感受不同季节的变化等，有助于培养幼儿善于观察和发现的良好习惯。

幼儿科学游戏活动形式多样，内容丰富。例如，教师组织幼儿到户外采集石头、小棒、树叶等自然材料，让幼儿按照各种物体的外形、大小、颜色、长短、轻重等特征有顺序地进行排列，玩排序游戏；又如老师拿着镜子，幼儿找镜子反射出来的光斑；再如冬天制作小冰灯，感受水的三态；等等。这些小游戏都蕴含了一定的科学道理，是幼儿非常乐于参与的。《纲要》中明确指出：“游戏与生活的结合可以使幼儿在游戏中快乐地生活，在生活中快乐地游戏。”教师将科学教育与游戏相结合，让科学成为沟通幼儿生活与学习的桥梁，才能让幼儿尽可能地去想、去探索、去创造，形成终身受益的学习态度和能力。

四、生活环境中的科学教育

幼儿园科学教育，强调幼儿的主动探索和体验。这种主动探索和发现，必然是在一定的环境中进行的，并且幼儿探索和发现的效果，很大限度上受制于幼儿身处其中的环境，包括物质环境和精神环境。

心理学家怀特说过，“在促进幼儿早期教育方面，最有效的做法是创设良好的环境。”幼儿的生活环境可以包括家庭环境、幼儿园环境以及社会环境，在本节中特指幼儿园环境。本节以幼儿园环境中的自然角、主题墙、廊道环境三个方面为例，来阐述生活环境中的科学教育。

（一）自然角

自然角是指在幼儿园室内一角开辟的，供幼儿饲养小动物、栽培植物、陈列实验用品的一个区域，也是幼儿认识自然的物质条件，有着种植园地所不具备的特殊意义。它可以保证幼儿在一年四季进行观察、实验和照料动植物。尤其在冬季，当种植园地上大多数植物已凋萎，动物因严寒不宜在户外活动的情况下，教师可根据动植物对外界条件的要求，在室内的自然角创造相应的条件，使植物正常生长，动物正常活动。

自然角的建立比较方便、易行，可作为种植园地和饲养园地的补充。没有条件开辟种植园地的幼儿园，把自然角建立起来可弥补没有种植园地的空缺。

自然角的设置宜选择幼儿常见的易于在人为条件下生长的、有趣的各种动植物，如动物方面可选择活泼可爱的金鱼、生命力强的乌龟、能变态的蚕、蝌蚪，甚至蚂蚁、西瓜虫；植物方面可以有各种各样的种子、树叶以及幼儿自己用废旧盒子种植的萝卜、葱、蒜等；此外，各种石头、贝壳等收集来的有趣物品，都可以放置在自然角中。

要充分发挥自然角在幼儿科学教育中的作用，教师应该对自然角的内容加以精心设计，注意在一日生活中随时对幼儿加以指导，同时要组织幼儿参与对自然角的日常管理。

（二）主题墙

幼儿园主题墙不仅体现幼儿园的主题课程，更是园本文化展示的重要途径。“让主题墙说话”，充分发挥幼儿与主题墙之间的互动，是现代教育思想的具体体现，也是对环境创设工作的挑战。如何在主题墙中体现科学教育呢？

首先，主题墙在呈现的内容上，除了与主题内容相结合外，还可以就幼儿感兴趣的问题进行展示。例如，在与季节相关的主题中，教师可以展示动植物的相关知识；在科学性不太明显的主题中，可以对幼儿感兴趣的话题进行展示。又如，在“我长大了”的主题中，可以向幼儿展示“食物的旅行”，帮助幼儿了解自己的身体，展示“科学家的故事”，激起幼儿对科学家的崇拜之情。再如，在“我是安全小卫士”主题中，幼儿提出了为什么禁止标示都是红色，提醒标示是黄色，允许标示是绿色，教师就可以在主题墙中就此问题展示“颜色的奥秘”等。在有条件的前提下，教师还可以专门开辟出一个主题墙作为科学墙。

其次，主题墙要体现互动性原则。教师可以为主题墙“留白”，让幼儿把自己的发现记录在主题墙上。例如，幼儿对天气、气候的理解可以设置气象站，记录天气情况；幼儿对植物观察的情况，可以设置种植记录展示；幼儿收集来的小知识图片等都可以拿来展示，让幼儿成为主题墙设计的参与者。

好的主题墙应是融审美价值、教育价值、收藏等众多价值于一体的交互载体，它能促进主题活动的深入开展，能为幼儿提供一片广阔的天地，更好地引发幼儿的互动，有效促进幼儿发展。

（三）廊道环境

环境是幼儿园的隐形课程，廊道环境也是教师可以利用的一部分。在廊道环境创设上，除了美观性，还可以表现一定的教育价值。

例如，在楼梯侧面的墙上粘贴孩子们的科学幻想画，有的是小朋友在月空中翱翔，有的是小朋友驾驶火箭飞船，有的是各种高科技器械帮助人类耕地，有的是各种各样的机器人等。平台处的墙面上，有的装饰着不同颜色和形态的苹果：红色的、绿色的、黄色的，完整的、一半的、切成块的等；有的装饰着不同表情的娃娃头；有的装饰着小朋友用各种材料制作的工艺品。孩子们发挥自己的想象力，在画纸上呈现出自己美好的憧憬和对现实世界的理解。走过楼梯处的孩子不仅仅是欣赏了好看的绘画，更是受到了一种科学情感上的熏陶。

有的幼儿园拥有比较宽阔的走廊或公共区域，可以利用这些空间开辟成专门的科学教育区，展示专门的主题，如太空、海底世界、机械工具、动植物、动力发电等。这些展示不仅仅是一种摆设，让幼儿去欣赏和了解知识，还可以与幼儿产生互动，让幼儿可以操作，增强实用价值和趣味性。生活环境中的科学教育对幼儿的影响是潜移默化的，其重要性不逊于教学活动。

五、区域游戏活动中的科学教育

区域游戏活动，也称区角活动，它是教师根据教育目标以及幼儿发展水平和兴趣，有目的地将活动室相对划分为不同的区域，如美工区、建构区、表演区、科学区等，投放相应的活动材料，由幼儿按照自己的意愿和能力，以操作摆弄为主要方式，进行的个别化的自主学习的活动。可以说，“区角”的存在是幼儿园“活动室”区别于“教室”的重要之处。

区域游戏活动可以作为幼儿园科学教育活动的一个有意义的延伸和补充，幼儿园科学区域游戏活动为幼儿提供一定的空间及操作材料，针对一定的科学教育目标为幼儿提供动脑思考、动手操作等大量活动机会，让幼儿在活动区内发挥其积极性、主动性和创造性，习得一些科学经验，并能自觉地用科学方法有效地解决实际生活中的问题。

（一）不同区域中的科学教育活动

不同区域可以为幼儿提供不同的操作材料和多样的活动形式。除科学区以科学操作为主外，其他区域中也可以渗透科学教育活动内容。在区域游戏活动的设计上应满足多样性、层次性、结构性的要求。

1. 科学区

科学区是幼儿自主探索的乐园，科学区提供的材料不仅是对主题活动的补充，还可以提供在集体活动中不方便开展的操作活动。比如下面五种活动。

（1）磁力游戏

利用各种形状的磁铁、曲别针、硬纸片等材料做有关磁铁性质的游戏，如利用磁铁吸引铁制品的特性玩“钓鱼”“磁力有多强”等游戏，利用磁铁同极相斥异极相吸的特性玩“小车动起来”“会跳舞的小人”“磁铁找朋友”等游戏。

（2）鲜花标本

采集各种花，最好选择花朵不太大、花瓣不太多，并带一两片小叶子的花，放在书中稍加夹压、展平。把花的正面贴在塑料胶布上，剪去花的太厚的部分，再贴上硬纸片，写好花的名称，压数日，干燥后取出，剪成各种图案，穿上彩色线绳，变成了漂亮的书签式鲜花标本。还可以在不同的季节收集各种树木的树叶、树芽、球果、水果、树皮，以增长有关树木的知识。树叶制成树叶标本，装订成册。

（3）光影游戏

利用小镜片、凸透镜、凹透镜、棱镜、手电筒等材料做“镜子的反光”“彩虹的产生”“皮影剧场”“神奇的望远镜”等光影游戏，让孩子们在光影世界中，感受自然的神奇。

（4）容积实验

水箱量水，找一套有各种不同体积的容器，再找一个漏斗、一个杯子、一个滤网，让孩子们在水箱里把这个容器里的水倒到那个容器里去，用这个办法来量水的多少，体会容积的概念。

(5) 电的游戏

收集塑料棒、橡胶棒、纸片、布等感受静电的存在，如“会转动的纸棒”，让幼儿自己动手操作、探索，从而发现塑料圆珠笔在头发上摩擦后会产生静电，静电会吸引纸棒顺笔杆牵引方向转动。收集电池、小灯泡、电线、纸条、木条、铁条等玩“小灯泡亮起来”“电流喜欢的通道”游戏，初步感受电的神奇。

2. 语言区

语言区也称阅读区，在这一区域中不仅可以进行阅读活动，还可以进行操作活动。语言区的材料多为颜色鲜艳的彩色图书和图片，能吸引幼儿对阅读的兴趣。语言区的科学教育可以是幼儿听老师讲述、观察图片收获科学知识，也可以是幼儿通过同伴间的分享阅读、操作讲述，巩固对事物的认识以及同伴间的相互学习。

在语言区中从幼儿的兴趣需要出发，可以提供相关的科学类书籍、嵌板、头饰和图卡等，如幼儿在户外活动中发现了毛毛虫，教师可以提供绘本《好饿的毛毛虫》、嵌板蝴蝶等，让幼儿了解毛毛虫变蝴蝶的生长过程；又如孩子对恐龙很着迷，教师可以邀请幼儿带来与恐龙相关的图书或图片分享给同伴。教师也可以根据集体教学活动主题，在该区域中有意识地投放材料，如欣赏故事《小蝌蚪找妈妈》后，在语言区提供蝌蚪生长变化的图片等材料，巩固了解小蝌蚪长大后会变成青蛙的过程。

3. 生活区

生活区可以为幼儿安排一些简易、安全的并与幼儿生活有关系的科技产品，让幼儿在探索的基础上学会简单的操作。例如，“蒸蛋”工作，为幼儿提供微波炉、鸡蛋、打蛋器等，让幼儿学习使用打蛋器把蛋打碎、打匀，然后利用微波炉蒸蛋。与同伴共同分享操作成果，充分体验通过自己劳动所带来的快乐，使幼儿感到科技产品带给人们生活上的便利。还可以鼓励幼儿利用分类、排序等知识来制作与展示各种“食物”。在活动中，幼儿亲自体验学科学、做科学是一件轻松而愉快的事。

4. 美劳区

美劳区的活动中自然而然地包含了科学教育，如幼儿玩泥工游戏时，会不停地尝试将泥压扁、搓长、团圆，进行平面或立体的造型与变化，游戏的过程中包含了幼儿对形状与空间的感知；又如在绘制颜料画中，尝试将两种颜色混在一起变成另外一种颜色；再如“蛋壳不倒翁”的制作，为幼儿提供蛋壳、牙膏、彩

笔、剪刀等，让幼儿试着做一做、画一画、玩一玩，体验其中的乐趣，了解由于牙膏挤进蛋壳底部后，蛋壳的重心下移，呈上轻下重的状态，所以不会倒的科学原理。

5. 建构区

教师要善于抓住契机，挖掘一日生活中的科学素材，因势利导，适时教育，让幼儿体验科学并不是什么神秘的事，它就在我们的身边。例如，幼儿搭建“高楼”中，教师鼓励幼儿多尝试，寻求用什么办法使楼建得又高又稳；还有怎样运送材料更轻松，感受轮子的作用，了解物体结构与功能之间的关系等；在设计桥梁、公路时，怎样利用排序的知识让作品更美观。在建构区，教师可以引导幼儿将自己所学灵活运用，帮助幼儿感受到科学是人类的好朋友，能为我们的生活提供许多帮助，我们离不开科学。这些科学的意识与情感对幼儿是终身受益的。

（二）集体活动和区域游戏活动之间的积极互动

集体活动和区域游戏活动之间是积极互动的，主要是活动内容方面的互动。例如，在科学教育活动中，开始时主要是在区域游戏活动中自由探索，当幼儿有了一些发现，遇到了一系列困惑时，就可以组织幼儿开展集体活动。在教师引导下，幼儿彼此分享自己的发现，提出一些希望得到别人帮助解决的困惑。在这种分享交流中，幼儿有了新的收获，明确了进一步探究的方向和需要解决的问题，得到了一些解决问题的启示，有可能还形成了一些解决问题的想法，并且迫不及待地想去试试自己的方案。此时，教师可以让幼儿再次进入区域游戏活动。由于集体活动的推动，此时的区域游戏活动在内容难度方面都将有新的提升，也更加深入与丰富。随着区域游戏活动的深入开展，幼儿又会有一些新问题产生，此时可以再次开展集体活动……在这种积极互动中，集体活动和区域游戏活动不断深入与丰富，形成一种良性循环。

（三）科学发现室

现在很多幼儿园配备了专门的功能活动室，如美工活动室、音乐活动室，而开展科学活动的多称作科学发现室。将科学发现室活动归为“区域游戏活动”，是因为其活动的组织形式和区角活动有共同之处，二者有共同的特点和价值。因此，可以将科学发现室看成是一个“放大”了的公共区角。

1. 科学发现室的材料选择

由于科学发现室的空间更大、材料更多、教师的指导更少，为了使这些材料更容易吸引幼儿的注意力，更便于幼儿的操作，教师设计和提供的材料还应该考虑以下三点要求。

(1) 新颖有趣

实践证明，凡是新添的材料，幼儿的兴趣通常比较大。此外，有趣的材料也会吸引幼儿。

(2) 操作方式简便易懂

幼儿对材料的操作方式是否理解，直接影响他们对材料的利用，像万花筒，幼儿很容易了解它们的玩法，很快就被其中有趣的科学现象所吸引。

(3) 种类和数量充足

活动中提供种类和数量充足的材料，可以给幼儿提供较多的选择机会，并有效地减少幼儿“无所事事”及相互争执的现象，还可以促发幼儿之间的交往活动。

科学发现室作为一种非正规性科学活动的公共活动室设立在幼儿园，为全体幼儿服务。它是幼儿园开展科学教育的重要阵地，是培养幼儿对科学的兴趣和探索精神的广阔天地。幼儿园科学发现室可以由声、光、电、力、磁、能、水、气、新材料等九个方面的系列仪器组成。这些仪器集科学性、知识性、趣味性、操作性于一体，将光的反射、声的传播、力的分解、电的产生、水的循环、能的转化、磁场变化等自然常识和科学原理以最直观的形式演示出来。由此让科学动起来，让科学更好玩，让幼儿热爱科学，在玩中感悟科学，提高科学素养。

2. 科学发现室的空间布局

除了为幼儿提供丰富的材料外，也要考虑科学发现室的空间布局。空间布局得当，不仅可以充分利用科学发现室的空间，而且可以使每个幼儿都能静心从事自己的事情，不受外界的干扰。因此，在进行空间布局时应考虑以下四点。

(1) 动静分区合理

进行空间布局时，可以把安静的桌面操作区和科学图书区放在一起，避免和容易发出噪音的活动靠近，如探索声音传播的活动。部分活动甚至可以放在室外进行，如探索空气阻力的“降落伞”的活动。

(2) 同类的材料靠近摆放

比如，有关光学的材料镜子、凸透镜、凹透镜、放大镜等活动材料可以放在一起。这不仅便于幼儿有目的地选择材料，也便于他们认识这些材料之间的关系。

(3) 保证桌面操作的空间

桌面材料不宜排列过于紧密，应留出适当的位置方便幼儿拿取。每个幼儿进行操作的桌面大小要适宜，避免互相干扰。

（4）有的材料在布置时要考虑临近水源和光源

有的活动中需要水，如探索水的浮力的活动，就要临近水源摆放。光学材料要临近窗户或光源，以便幼儿操作。

3．科学发现室的活动组织

科学发现室的活动和区域游戏活动一样，教师一般不直接指导。在组织活动方面，教师的作用主要体现在对幼儿自主性的维护，既要激发个人的自主探究愿望，又要维护科学发现室的良好秩序，以保证每个幼儿的最大限度的自由。

在活动开始前，教师可以和幼儿共同讨论，"今天你打算玩什么呢?"培养幼儿对活动的目的意识；也可以向幼儿介绍容易被忽略的活动玩法，吸引幼儿兴趣；可以根据具体情况向幼儿介绍新材料；可以有针对性地提醒幼儿科学发现室里的活动规则，如轻拿轻放、物归原位等。

在活动的过程中，教师应尽量不干预幼儿的活动。教师的角色应该是旁观者、规则的维护者。在观察中，教师对有困难的幼儿给予帮助和支持。

在活动结束后，教师可以和幼儿相互交流自己的发现，分享发现的喜悦。这不仅可以强化学习者的学习动机，同时对其他幼儿来说也许是一个不经意的提醒。

第四节　STEM 教育下的幼儿园主题教育活动发展反思与展望

一、运用 STEAM 教育理念重构幼儿园主题教育活动

（一）运用 STEAM 教育理念重构幼儿园主题教育活动

STEAM 教育理念提倡幼儿利用多学科知识解决生活中的实际问题。在主题的确定上，教师应该摒弃原有的固化思想，不要做主题的掌控者。幼儿生活游戏中的兴趣和想法才是确定主题的关键点，教师应该扮演发现者、观察者和倾听者，应关注幼儿的兴趣，发现幼儿有价值的行为与想法，进而结合其兴趣点确定主题。

（二）主题活动的内容应基于幼儿的兴趣

STEAM 教育理念提倡让幼儿利用自己已学的知识结合生活中遇到的真实问题动手完成其所感兴趣内容，在探究的过程中获得各学科和跨学科的相关知识经

验。我们在主题活动的开展中，幼儿经常会遇到问题，教师应引导幼儿尝试用自己所学的知识来解决问题。

（三）主题活动的探究方法应着力于幼儿自主探究

STEAM 教育理念提倡让幼儿利用自己已学的知识动手完成其所感兴趣并源于生活的项目。

综上所述，我们把 STEAM 教育理念融入幼儿的主题活动中，有助于幼儿更好地开展主题活动，让幼儿在生活中更加深入地学习和探究。

二、STEM 教育融入幼儿园民族文化主题活动的探索与实践

STEM 教育融入幼儿园民族文化主题活动，可以为幼儿园民族文化主题活动在创新中传承民族文化提供新的视角。相关的实践经验如下：以整合的、系统性的思维整体设计幼儿园民族文化主题活动；打破区域界限，给幼儿提供更开放、更自由的空间；选择生活化的活动内容，促进生活世界和科学世界的融合；激发幼儿探索和实践的好奇心，实现内部驱动与外部驱动的整合。STEM 教育融入幼儿园民族文化主题活动需要教师提升科学素养和地方文化素养，以开放的心态接纳新的教育理念，实现在创新中传承民族文化的目标。

（一）以整合的、系统性的思维整体设计幼儿园民族文化主题活动

STEM 教育的跨学科性强调幼儿园课程的整合性，工程设计强调为幼儿提供真实的情境，让幼儿有机会将所学的科学、技术、数学知识融合在一起，这有助于幼儿工程思维的培养。

幼儿园可将 STEM 教育理念融入幼儿园民族文化主题活动，督促教师改变固有的观念和思维模式，全面系统地从整体上设计民族文化主题活动。以整合的、系统性的思维整体设计民族文化主题活动，不仅可以提高幼儿教师的系统思维，还能促进幼儿教师的专业发展。幼儿园在开展民族文化主题活动时，首先要从顶层设计的角度设置总目标，设计课程实施计划。总目标的设置既要体现民族文化传承的重要性，又要注重区域目标及幼儿年龄阶段目标之间的层次性和连续性，以鲜明的主线贯穿幼儿园各个民族文化主题活动，将各区域的课程内容、课程实施方式依据幼儿身心发展特点进行系统的规划，形成整体的、有序的 STEM 活动方案，保障幼儿主动探索和活动的顺利进行。

STEM 教育强调在真实的情境中解决真实问题。因此，提供丰富的材料和创设有利于幼儿主动探索和深度学习的环境是 STEM 教育融入民族文化主题活动的重要保障。幼儿园要从整体上设计富有民族风情的学习环境，各个区域提供层

次不同的、丰富的活动材料，满足不同年龄阶段幼儿参与和体验不同项目的需要。同时，不同民族主题活动材料的投放要考虑互相补充、互相支持，以满足幼儿在开放的环境中探索和操作的需求。此外，STEM 教育融入民族文化主题活动，还需要幼儿园充分利用家庭、社区资源，促进幼儿更加持续、深入地学习。STEM 教育不以完成一个项目为目的，不是急于求成的，而是持续的学习过程，强调幼儿在开放的、探索性的环境和过程中学会思考，学会解决问题，获得真正关于世界的知识。

（二）打破区域界限，提供更开放、更自由的空间

传统的幼儿园民族文化主题活动一般由专门的教师负责专门的区域，教师只需指导幼儿完成本区域的教学目标和内容，对与本区域有关的其他区域主题活动不会过多关注。由于教师没有意识到各个区域之间的联系，因此，在民族文化主题活动实施的过程中，幼儿对民族文化的体验和认知是零散的、碎片化的，感受不到民族文化的整体性和系统性。深度学习理论认为，知识经验必须在一个整体的知识框架中才易于理解和提取，而产生碎片化、零散和孤立的知识经验的学习是无效或低效的学习。因此，教师要打破民族文化主题活动的界限，为幼儿提供更开放、更自由的空间，充分促进幼儿想象力、思维力、创造力等能力的发展，推动幼儿进行深度学习。

（三）选择生活化的活动内容，促进生活世界和科学世界的融合

有些幼儿园开展的民族文化主题活动之所以“冷清”，其原因在于活动内容的选择是基于成人视角，而不是幼儿视角。幼儿身心发展的特点和规律决定了幼儿园课程要紧密联系幼儿的生活经验，这与 STEM 教育强调在真实的情境中解决实际的问题的能力有高度的契合之处。STEM 教育是实现生活世界和科学世界融合的途径，对促进幼儿连接实现生活世界和科学世界具有重要的价值和意义。

在真实情境的问题解决过程中，幼儿和教师、个人和团队的不同需求激发了幼儿的思维，让幼儿进行了特别的情感体验，提升了幼儿对 STEM 学科的认知力、理解力，在问题解决过程中，幼儿也形成了关系到个人、民族、国家处境的责任感和使命感。活动融入 STEM 教育理念，不仅是 STEM 学科素养的整合，还实现了深层意义上的个人科学素养与人文素养的融合。

（四）激发幼儿探索和实践的好奇心，实现内部驱动与外部驱动的整合

STEM 教育强调培养幼儿在真实情境中解决实际问题的能力，这需要教师创设情境，引导幼儿在亲身感知、实际操作、亲身体验的过程中，获得各方面能力的提升。科学定理、定律、概念是简洁、单向度的，而真实情境是复杂、多维度

的，当把单向度知识应用于多维度的情境中，静态的知识可转变为动态的知识。

以某幼儿园的水稻种植主题活动为例，从满怀希望的播种、开心的插秧到丰收的喜悦，活动选择的内容与幼儿生活息息相关，激发了幼儿想要了解事情“真相”的强烈欲望。在项目实施过程中，教师引导幼儿共同观察、猜测、分析、计算、设计、想象，调动生活中与之相关的各种经验，联动多种感官、想方法解决问题，促进幼儿思维的发展和深层次的学习，改变了幼儿旧有的认知方式，促进了幼儿建构新的、深层次的认知结构，为幼儿思维整合提供了内部驱动。教师精心设计丰富的外部环境、营造愉悦的活动氛围，引导幼儿主动探索、观察和发现、研究、解决问题，促进幼儿积极参与活动的主动性和能动性，师幼之间、幼儿与幼儿之间有效沟通和合作，这为幼儿思维整合提供了外部驱动。幼儿在积极探索外部世界的实践过程中，可建构自己的认知结构，形成主动适应世界的独立人格。随着思维整合的深入，超越原有的学科知识的简单拼接，幼儿形成了持续的、动态的、基于学习者中心的内在联结。学生需要将跨学科的知识运用到真实的情境中，并从多样的，甚至是矛盾的观点考虑问题。

尽管STEM教育在形式上是问题导向的，但其贯穿于教学实施过程，并非强调某一问题或模式，教师在没有预设教学路径的前提下让幼儿“遭遇”STEM课程，不是让幼儿为“做”而“做”，而是在“做”的过程中，让幼儿与STEM课程“相遇”，使幼儿持续探究的内驱力和学习力在实践中转化为创造力和灵活度。幼儿是问题的解决者，更是问题的发现者。在某幼儿园的水稻种植主题活动中，幼儿体验播种、插秧、收成的过程，观察、测量、表达、创造关于水稻知识和故事，其经验的获得、情感的体验及科学素养的养成，不是拼接的，不是程序化的，而是在真实的问题解决情境中获得的。幼儿全身心投入水稻种植过程中，不仅可以获得关于水稻的知识和概念，还可以获得与水稻有关的对其他事物的认知和情感：四季变化、花鸟虫鱼、与他人的交往、远古的神话、时代的气息。活动过程中，幼儿在生活世界和科学世界融合的环境中学习，以更开放的视野达成自己与周围环境的和谐共生，每一次真实情境真实问题的解决，幼儿都可以自由地展现自我、发展自我，与周围世界交融与交流，实现内部驱动与外部驱动的深层整合，实现自我人格的超越。

从上述实践可以看出，在幼儿园民族文化主题活动中融入STEM教育理念，为培养幼儿科学素养、促进幼儿全面发展、在创新中传承民族文化提供了新的视角和方法。然而，现实中很多幼儿教师对STEM教育望而却步，其深层原因在于教师科学素养和地方文化素养的缺失。因此，幼儿教师要善于接受新事物，了

解和学习 STEM 教育理念，将 STEM 教育理念融入民族文化主题活动中，以提高幼儿园教育质量，促进 STEM 教育在中国的本土化发展。

三、基于 STEM 教育理念的幼儿园主题教育活动展望

近年来，我国积极开启教育理念探索与实践活动，中国教育科学研究院发布的《中国 STEM 教育白皮书》明确提出 STEM 教育应该纳入国家创新型人才培养战略。在学前教育阶段，加强 STEM 教育理念在幼儿园教育活动中的实施与应用，有助于加快 STEM 教育的本土化进程，促进幼儿身心的全面发展。

（一）学前 STEM 教育的指导意义

学前 STEM 教育是教育者根据一定的教育目的，有计划、有组织地开展以科学与数学学科为核心，以幼儿兴趣为主要关注点，创设融合了科学、技术、工程、数学甚至艺术等内容的真实情境与有意义活动，培养幼儿解决实际问题的能力，提升幼儿综合素质的教育理念。STEM 教育的对象是幼儿园接受学前教育的 3～6 岁儿童，尤其以认知发展较好的大班幼儿为主要实施对象。学前 STEM 教育的核心学科是数学与科学，且更加注重对幼儿 STEM 思维及意识的培养。鉴于学前阶段幼儿的身心发展程度，学前 STEM 教育并不以技能的获得为主，而是更在意对幼儿身心发展促进作用的发挥程度。

（二）STEM 教育理念下幼儿园主题教育活动发展的展望

1. 课程体系的整合与重构

STEM 教学方式关注项目教学和问题导向，在实施途径上，学龄前阶段更强调幼儿园一日活动，如在日常幼儿教育活动、户外活动开展 STEM 教育，教育内容来源于儿童的生活经验。探索幼儿园 STEM 教育活动的实施，可以通过整合课程体系来实现。而 STEM 教育课程或活动中包含科学与艺术、科学与数学、科学与技术等整合课程，幼儿可以根据自己的需要选择相应的主题教育课程。幼儿的喜爱与兴趣是最好的老师，也是 STEM 教育理念实施的有效保障。

2. 组建专业化的幼儿园 STEM 教师队伍

专业的幼儿 STEM 教师是实施 STEM 教育的最佳保障。在实施 STEM 教育理念之初，一是可以采用聘请国外 STEM 教育专家的师资引进办法。国外开展 STEM 教育的时间久，覆盖面广，几乎包含了所有学段，当然也包括早期教育和学前教育。聘请国外教育专家可以帮助我们更好地理解 STEM 教育，更有利于国内教师学习直接经验。二是自主培养 STEM 教师。国内幼儿园或教育行政部门可以有目的、有计划地组织开展自主培养 STEM 教师的系列活动，培养一批

了解幼儿身心发展特点、有学科知识背景、有科学指导思想的教师，并培养教师的学习意识，提高其专业水平，保证其尊重幼儿自主权与个体差异。

3. 创设并优化 STEM 教学环境

一是创设与优化幼儿园环境。与传统重纪律的课堂不同，STEM 教育更加注重学习者的体验，相对宽松自由的学习环境更能够促进幼儿的主动学习。教学资源丰富的幼儿园可以建立大型的实验室，让幼儿有足够的空间去发现、探索，此外，还可以建立大型的 STEM 活动中心，提供木板、铁钉、螺丝刀等各种材料及工具，让幼儿自由发挥想象力，并完成设计和制作。二是教室环境的创设与优化。教室是幼儿的主要活动空间，规划区域专业设置将对 STEM 教育有极大的促进作用。

综上所述，STEM 教育理念指导下的幼儿园主题教育活动，强调体验性、探究性、主体性，引导幼儿共同参与、相互合作、共享成果；学校、家庭、社会应为幼儿的身心发展与学习提供尽可能多的资源和平台，让幼儿能解决实际问题。同时，要倡导在具体的幼儿园 STEM 活动中，将专业的学科知识自然融入游戏中，融入幼儿一日活动中，让幼儿在生动趣味的活动体验中感知理解专业知识的要义。应立足幼儿已有生活经验建构活动内容，降低知识的专业性难度，激发儿童探究内动力。幼儿园的 STEM 教育在国内仍处于初步发展阶段，在 STEM 教育理念指导下探寻适合的新的生长点，进而形成特色，仍然需要深入思考。

参考文献

[1]王晶,冯华.幼儿文学[M].北京:化学工业出版社,2023.
[2]李贵希.教育类专业岗课赛证融通配套教材幼儿社会教育与活动指导第2版[M].北京:北京师范大学出版社,2023.
[3]李文治,熊芳.学前教育专业新形态系列教材幼儿教师师德修养与专业发展第2版[M].北京:人民邮电出版社,2023.
[4]夏薇.学前教育专业艺术素养系列教材舞蹈与幼儿舞蹈创编第2版[M].北京:北京师范大学出版社,2023.
[5]李国祥,夏明娟.学前教育专业新形态系列教材幼儿心理学第2版[M].北京:人民邮电出版社,2023.
[6]向多佳.幼儿教师必知礼仪规范与易错细节[M].北京:中国轻工业出版社,2022.
[7]肖琦.当代幼儿教师职业素养及专业发展途径[M].长春:吉林出版集团股份有限公司,2022.
[8]王哼.幼儿园教育教学实用技巧50例[M].福州:福建教育出版社有限责任公司,2022.
[9]叶生,吴傲冰,王萍.幼儿园STEAM教育的本土化实践[M].福州:福建教育出版社有限责任公司,2022.
[10]黄勤,林盈盈,陈国治.学龄前孤独症儿童融合教育模式[M].南宁:广西教育出版社,2022.
[11]张海燕.象征视角下的幼儿心理建设[M].北京:中国纺织出版社,2022.
[12]李伟.经典故事助力幼儿成长幼儿园基于传统美德故事的课程实践[M].北京:九州出版社,2022.
[13]周淑惠.婴幼儿STEM教育与教保实务[M].南京:南京师范大学出版社,2021.
[14]张根健.幼儿教育师资有效供给研究[M].上海:复旦大学出版社,2021.
[15]张光元,陆大江.幼儿足球训练游戏[M].上海:复旦大学出版社,2021.
[16]刘勇.0—3岁婴幼儿营养与喂养[M].镇江:江苏大学出版社,2021.

[17]黄翼.黄翼论幼儿教育[M].福州:福建人民出版社,2020.
[18]马焕灵.幼儿教育政策与法规[M].长春:东北师范大学出版社,2020.
[19]王丽娜.婴幼儿早期教育活动设计与指导[M].上海:复旦大学出版社,2020.
[20]鲍秀兰.婴幼儿养育和早期教育实用手册[M].北京:中国妇女出版社,2020.
[21]黄婉圣.幼儿行为观察与评价[M].上海:复旦大学出版社,2020.
[22]郭莲荣.婴幼儿心理学[M].北京:西苑出版社,2020.
[23]郑玉萍,刘乔,张艳玲.幼儿卫生与保健[M].成都:电子科技大学出版社,2020.
[24]叶璐,廖俐,黄海宁.幼儿文学[M].成都:西南交通大学出版社,2020.
[25]张楠.婴幼儿感觉统合教育实操教程[M].上海:复旦大学出版社,2020.
[26]孙英俊.全科幼儿动商教育研究[M].长春:吉林人民出版社,2020.
[27]童连.0—3岁婴幼儿保健[M].上海:复旦大学出版社,2020.
[28]张艳清.幼儿教育心理实践活动案例[M].哈尔滨:哈尔滨出版社,2020.
[29]高蓬花.幼儿教育思想文化工作实践与探索[M].东营:中国石油大学出版社,2020.
[30]陈朝珠,罗曦,刘媛媛.幼儿教师口语[M].郑州:河南人民出版社,2020.
[31]朱凯利.幼儿游戏理论与实践[M].西安:西北大学出版社,2020.
[32]魏慧娟.幼儿文学理论研究[M].长春:吉林人民出版社,2020.
[33]李浩.幼儿食育[M].北京:知识产权出版社,2020.
[34]高洁,朱彦荣.学前教育专业研究生的幼儿教师职业认同研究[M].西安:陕西师范大学出版总社,2020.
[35]陈晴,张梦笛.幼儿舞蹈创编实用教程[M].重庆:重庆大学出版社,2020.